Alvaro del Portillo

An der Seite eines Heiligen

D1661401

Salvador Bernal

Alvaro del Portillo

An der Seite eines Heiligen

Adamas

Aus dem Spanischen von Gabriele Stein

Originaltitel: Recuerdo de Alvaro del Portillo
© 1996 by Fundación Studium, Madrid

Für die deutsche Ausgabe:
© 2009 by Adamas Verlag, Köln
Paulistraße 22, D-50933 Köln
www.adamasverlag.de

Umschlaggestaltung: Ignaz Brosa
Gesamtherstellung: GGP media on demand, Pößneck

Printed in Germany 2009
ISBN 978 3 937626 09 3

Inhalt

Vorwort des Verfassers

Am Morgen des 23. März 1994 starb in Rom der Prälat des Opus Dei, Bischof Alvaro del Portillo. Kurz nach neun erreichte mich die Nachricht in Madrid. Als ich davon erfuhr, schrieb ich gerade an einem Artikel für eine Madrider Tageszeitung, den ich am selben Nachmittag um fünf Uhr abliefern sollte. Inmitten der Arbeitsanspannung überkamen mich dieselben Empfindungen, wie ich sie auch am 26. Juni 1975, dem Todestag von Msgr. Josemaría Escrivá, gespürt hatte. Und ich schrieb ähnliche Worte, wie der Vergleich mit dem Zeitungsartikel *Convertir las lágrimas en oración (Die Trännen in Gebet verwandeln)*, den ich fast zwanzig Jahre zuvor veröffentlicht hatte, zeigte.

»Man weint, wenn jemand stirbt, und man fühlt Schmerz, und das Herz betrübt sich, und alles wandelt sich in Bitterkeit«, so schreibt der heilige Augustinus in seinen Bekenntnissen. Er kannte die Widersprüchlichkeit im Herzen des Menschen sehr genau, und er wusste, dass unsere Sehnsucht nach Glück nicht durch die geschaffenen Dinge gestillt werden kann. Ich fand an jenem Morgen im März keine Worte, die meine Gefühle besser beschrieben hätten. Dieser Eindruck verstärkte sich, als mir bewusst wurde, dass ich das liebenswürdige Gesicht dieses Mannes nicht mehr wiedersehen würde, der unzählige Schlachten geschlagen hatte und doch mit vollen Händen Liebe verschenkte – eine Liebe, die immer jung war.

Ich hatte viele Stunden an seiner Seite verbracht: von 1976 an bis unmittelbar vor seinem Tod. Gemeinsam mit anderen verbrachte ich viele Sommer mit ihm: Zeiten der Arbeit und Erholung, die nichts mit den Tätigkeiten zu tun hatten, denen er in Rom üblicherweise nachging; und ich reiste relativ häufig in die Ewige Stadt, um mich diversen Aufgaben zu widmen, die der Prälat des Opus Dei mir übertragen hatte. Schon bald verspürte ich das Bedürfnis, den umgänglichen Charakter und die starke Persönlichkeit von Alvaro del Portillo ins Licht zu rücken, der immer im Hintergrund bleiben und nie aus dem Schatten des Opus-Dei-Gründers heraustreten wollte: als sein »Sohn und Nachfolger« in »vorbildlicher Treue«, wie es in dem Gebet zur persönlichen Verehrung heißt.

Im Oktober 1976 erschienen meine *Apuntes sobre la vida del Fundador del Opus Dei (Aufzeichnungen über den Gründer des Opus Dei)*, die eine weite Verbreitung fanden. Wenn ich jetzt ein Buch über Don Alvaro del Portillo vorlege, möchte ich den Leser deshalb darauf hinweisen, dass ich ihn auf der Grundlage meiner eigenen Erinnerungen und Erlebnisse beschreiben will, was die Erwähnung anderer objektiver Fakten und Sachverhalte natürlich nicht ausschließt. Meine Informationen gruppieren sich um entscheidende Momente in der Biographie von Don Alvaro und sind inspiriert und gestützt von Geschehnissen, deren Augenzeuge ich gewesen bin.

Noch ein weiterer Hinweis erscheint mir notwendig: Die folgenden Seiten setzen eine gewisse Kenntnis der Geschichte des Opus Dei und seines Gründers voraus. Ich beziehe nur diejenigen Details mit ein, die unverzichtbar sind, um meine Darstellung einzuordnen oder meine Eindrücke in einen Kontext zu stellen. Wo es möglich oder erforderlich ist, wird die persönliche Erinnerung durch qualifizierte Zeugnisse, Bücher und öffentliche Dokumente und schließlich durch autobiographische Notizen ergänzt, die sich – allerdings nur sehr mühsam – aus dem gewinnen lassen, was Don Alvaro selbst geschrieben hat. Wenn er von sich selber sprach, dann nur im Scherz oder wenn er nicht umhin konnte, seine Anwesenheit in einer bestimmten Situation zu erwähnen, um einen konkreten Charakterzug des Gründers treu und präzise wiederzugeben. Denn die Treue als menschliche und christliche Tugend, natürlich und heroisch zugleich, hat das Leben von Alvaro del Portillo ohne jeden Zweifel wesentlich geprägt.

Überdies habe ich versucht, einen Leitgedanken im Blick zu behalten, den ich im August 1976 – er war damals mit historischen Recherchen beschäftigt – von ihm selbst gelernt habe: Er wollte zeigen, wie Josemaría Escrivá im Laufe der verschiedenen Etappen seines irdischen Lebens in den göttlichen und natürlichen Tugenden gewachsen war. Einerseits hielt er es für wichtig, dies an konkreten Ereignissen zu veranschaulichen, wollte andererseits jedoch – vor allem mit Rücksicht auf die, die erst kürzlich zum Opus Dei gekommen waren oder den Gründer nicht persönlich gekannt hatten – nicht den Fehler begehen, sich auf anekdotische Begebenheiten zu beschränken, ohne die tiefe Heiligkeit seiner christlichen Antwort auszuloten.

Diese Vorsicht erweist sich auch in einem Buch über Alvaro del Portillo als unerlässlich, denn seine Existenz war von jenem Charisma der Normalität bestimmt, wie es die demütigen Menschen kennzeichnet, die zur Vollkommenheit gelangen, ohne jemals etwas Außergewöhnliches oder Spektakuläres zu tun. Eines Abends im Jahr 1985 machte ich mir folgende Notiz: »Wieder ein ganz normaler Tag, erfüllt von Gebet, Arbeit und der typischen Heiterkeit, die man an Don Alvaros Seite immer verspürt.« Er verkörperte die laikale Spiritualität des Opus Dei so vorbildlich, dass man den Eindruck hatte, in ihm wäre ein Text lebendig geworden, den der heilige Josemaría Escrivá in *Christus begegnen* (148) über die Gottesmutter geschrieben hatte: »Maria heiligt das Allergewöhnlichste, sie heiligt, was viele irrtümlich für etwas ohne tieferen Sinn und Wert halten: die tägliche Arbeit, kleine Aufmerksamkeiten gegenüber den Menschen, die wir lieben, Gespräche und Besuche bei Verwandten und Freunden. Gesegneter Alltag, der erfüllt sein kann von so viel Liebe zu Gott!«

Wenn ich mir Szenen in Erinnerung rufe, die ich mit Don Alvaro erlebt habe, kommen mir so antithetische Formulierungen in den Sinn wie: natürliche Übernatürlichkeit, Heroismus im Alltag, außergewöhnliche Normalität. Ich bin aufrichtig davon überzeugt, dass die gewöhnlichen und normalen Umstände eines jeden Tages durch seine Art, der Gnade Gottes zu entsprechen, heilig – göttlich – geworden sind. Er verwandelte – um es mit den Worten des Opus-Dei-Gründers zu sagen – die tägliche Prosa in epische Dichtung. Für ihn war das alltägliche Leben, waren die kleinsten

Dinge vom Pulsschlag der Ewigkeit durchdrungen. Und in alledem legte er eine tiefe Demut an den Tag, die aus Sanftmut und Selbstlosigkeit erwuchs. In ihm wiederholte sich das Paradox der Männer und Frauen Gottes, die sich zu verbergen suchen, damit allein Jesus ins Licht tritt – um es erneut mit den Worten des heiligen Josemaría zu sagen – und damit die Seelen den göttlichen Pfad seiner *außerordentlichen* Demut entdecken.

Seit seinem Tod ist nun schon einige Zeit vergangen. Alle, die ihn gekannt haben, sind sich einig: Alvaro del Portillo war zutiefst treu, ein guter und liebevoller Mensch. Wie es Stanislaw Dziwisz, der Sekretär von Papst Johannes Paul II., in seinem spontanen Kommentar zusammengefasst hat, als er die ersten Gebetszettel zur privaten Verehrung von Don Alvaro in polnischer Sprache erhielt: »Was war der Prälat für ein guter Mensch!«

Nie werde ich den Frieden und die Gelassenheit vergessen, die er ausstrahlte und einflößte und die ein offenkundiger Beweis seiner Einheit mit Gott waren. Ich möchte jedoch vermuten, dass diese Güte und Ausgeglichenheit – seine gewinnende Heiterkeit –, die er als älterer Mensch an den Tag legte, weniger seinem Temperament entsprachen als vielmehr die Frucht eines asketischen Kampfes waren, in dem ein energischer Charakter letztlich von Willensstärke, Vernunft und dem Gehorsam gegenüber der Gnade Gottes besiegt worden war. Ich habe versucht, dies auf den folgenden Seiten deutlich zu machen: Don Alvaro war – selbst unter den schwierigsten Umständen – überaus treu und ein Mann des Friedens mit einem aufgeschlossenen und festen Charakter, hohen Ansprüchen gegenüber sich selbst und großem Verständnis für andere. Diese Eigenschaften fügen sich zu dem Bild eines vorbildlichen Hirten im Dienst der Kirche zusammen.

1

Ein unverhoffter Ruf

Am 6. Juli 1993 war ich mit Don Alvaro zusammen; er war gerade aus Rom gekommen und wollte eine Zeit lang in Spanien bleiben. Am nächsten Tag sollte sich seine Admission ins Opus Dei zum 58. Mal jähren. Als wir darüber sprachen, sagte er – und es klang, als hätte er lange darüber nachgedacht:

»So viele Jahre! Ich werde Gott darüber Rechenschaft ablegen müssen! Wie sehr brauche ich eure Hilfe!«

Am darauf folgenden Vormittag nach der Messe dachten wir wieder an jenen 7. Juli 1935 zurück, als er im Studentenwohnheim Ferraz (Madrid) an einem Einkehrtag teilgenommen hatte, der von Josemaría Escrivá gehalten wurde. Don Alvaro wusste nicht mehr, um wie viel Uhr genau er um die Admission ins Opus Dei gebeten hatte, aber er wusste noch, dass es nach der zweiten Betrachtung am Vormittag gewesen war (damals war es üblich, dass der Gründer an den monatlichen Einkehrtagen vormittags drei und nachmittags zwei Betrachtungen hielt). Damit, bemerkte Don Alvaro schmunzelnd, hätte er sich noch vor seiner eventuellen Aufnahme ins Werk einen Schnitzer geleistet, denn der heilige Josemaría hatte gesagt, dass sie bis zum Nachmittag warten sollten … Doch »er hielt eine Betrachtung über die Liebe zu Gott und die Liebe zur Muttergottes, und ich war *fix und fertig*«.

Ähnlich lakonisch pflegte er sich über jene neue Unruhe zu äußern, mit der der Heilige Geist sein Herz erfüllte und – so fügte er hinzu – ihn dazu brachte, sein *eigentliches* Leben zu beginnen. Einmal erwähnte er, dass weder im Juli 1935 noch in den Monaten davor irgend etwas darauf hingewiesen hätte, dass der Herr im Begriff war, ihn zum Opus Dei zu berufen. Er war zwar in einem christlichen Umfeld aufgewachsen – er kommunizierte praktisch täglich und betete jeden Tag den Rosenkranz –, war aber kein

Mann, der frommen Vereinen oder kirchlichen Organisationen zugeneigt hätte. Er selbst nannte diesen Prozess »die Geschichte des vertrauensvollen und beharrlichen Betens unseres Gründers, der seit etwa vier Jahren – ohne mich überhaupt zu kennen, nur weil eine meiner Tanten ihm von mir erzählt hatte – darum betete, dass der Herr mir diese so große Gnade zuteil werden ließ: nach dem Glauben das größte Geschenk, das Gott mir hatte machen können.«

Besagte Tante – die außerdem seine Patentante war – hieß Carmen del Portillo. Gemeinsam mit ihrer Schwester Pilar lebte sie in demselben Haus in der Calle del Conde de Aranda in Madrid, wo auch Alvaros Familie zuhause war. Die beiden tiefgläubigen unverheirateten Frauen besaßen eine eigene Hauskapelle mit schönen Statuen vom heiligen Josef und der Unbefleckten Empfängnis. Sie engagierten sich in verschiedenen Werken der Nächstenliebe und beteiligten sich vor allem an den Initiativen des *Patronato de Enfermos*, eines Krankenwohlfahrtsverbands der *Damas Apostólicas*. Sie standen in engem Kontakt zu dem 1985 seliggesprochenen Jesuitenpater José María Rubio, der der Stiftung von Luz Rodríguez Casanova nahestand. Schon bald lernten sie auch Don Josemaría Escrivá, den Hausgeistlichen des *Patronato de Enfermos*, kennen und erzählten ihm von ihrem Neffen. Von diesem Tag an betete er für ihn.

Alvaro lernte den Gründer des Opus Dei nicht durch seine Tanten, sondern durch Manuel Pérez Sánchez kennen, der gemeinsam mit ihm die Schule für Bauingenieure in Madrid besuchte. Manolo, der ein paar Semester weiter war, hatte es Alvaro ermöglicht, sich an den karitativen Tätigkeiten zu beteiligen, die die angehenden Bauingenieure und die Architekturstudenten bei den Vinzenzkonferenzen übernahmen.

Als Alvaro sich für diese apostolische Initiative interessierte, erläuterte Manolo ihm das allgemeine Konzept und erzählte ihm, dass es in der Pfarrei San Ramón (Puente de Vallecas) in einem Gebäude, das »La Acacia« hieß, eine Konferenz gebe, der einige ältere Personen und fünf oder sechs Studenten angehörten. Um neuen Schwung in die Arbeit zu bringen, hatte man eine weitere Konferenz geschaffen, die nur aus Jugendlichen bestand. Guillermo Gesta de Piquer, der dieser Gruppe angehörte, berichtet, dass die Pfarrei San Ramón praktisch in einem Elendsviertel lag, dessen Hütten aus Wellblech und Pappe bestanden. Die Vinzenzkonferenz half auf vielfältige Weise: mit Geldspenden, Essensgutscheinen, die in Geschäften eingelöst werden konnten, Medikamenten und medizinischer Versorgung.

Nach seinem Gespräch mit Manolo begann Alvaro an den Versammlungen teilzunehmen, die samstagnachmittags in der Zentrale der Konferenzen in der Calle de la Verónica stattfanden. Nach einer Zeit der geistlichen Lesung wurde über erzielte Erfolge und über Notstände berichtet, die man bei den Besuchen der vorangegangenen Woche festgestellt hatte; anschließend sprach man detailliert über die erforderlichen Maßnahmen bei der Betreuung der Personen oder Familien, die in den folgenden Tagen besucht werden sollten. Sie gingen immer zu zweit. Alvaro und Manolo gingen häufig gemeinsam, weil sie sich an der Ingenieurschule sehr leicht verabreden konnten:

»Vom ersten Augenblick an«, erinnert sich Manuel Pérez Sánchez, »konnte ich feststellen, mit welcher Hingabe Alvaro sich diesen Aufgaben widmete. Besonders auffällig waren sein Mitleid und seine Liebe zu den Kindern.«

Zu dieser Gruppe gehörten Angel Vegas, Alfredo Piquer, Guillermo Gesta de Piquer und sein Bruder, der selige Jesús Gesta de Piquer, der 1936 für seinen Glauben gestorben war; des Weiteren – die Angaben stammen von Angel Vegas Pérez – Carlos Valdés Ruiz, César Granda, Florencio Caballero, José María und Alfonso Chico de Guzmán, Marquis von Campillo und sein Cousin Rafael Moreno. Sie waren Studenten unterschiedlicher Fachrichtungen und taten ihre Arbeit in den Außenbezirken von Madrid bei Menschen, die unter unwürdigen Bedingungen leben mussten, und in einem nicht selten kirchenfeindlichen Klima.

Angel Vegas Pérez, ehemaliger Professor an der Fakultät für Politik- und Wirtschaftswissenschaften der *Universidad Central*

(Madrid), denkt noch gerne an jene Gruppe und ihren spirituellen und menschlichen Tatendrang zurück. Und er erinnert sich, wie überrascht er von Alvaro del Portillo war:

»Er besaß große menschliche und intellektuelle Autorität. Er war bei jener Arbeit mit den Bedürftigen wirklich vorbildlich. Ich sage, dass er mich überraschte, weil er einer der brillantesten Schüler unserer Schule und gleichzeitig ein sehr umgänglicher und einfacher Mensch war; sehr intelligent, fröhlich, gebildet, sympathisch, liebenswert und vor allem – und genau das erregte meine Aufmerksamkeit – zutiefst demütig, von einer außergewöhnlichen Demut, die Spuren hinterließ (...), Spuren der Herzlichkeit, der Güte, der Gottesliebe.«

Die äußeren Umstände waren damals nicht gerade erbaulich, wie mir Mercedes Santamaría berichtete, die viele Jahre im Haushalt der Del Portillos in Madrid angestellt war. Ich lernte sie in ihrem Zuhause in La Granja de San Ildefonso (Segovia) kennen; ihr Haar war schlohweiß und ihr Auftreten würdig. Sie war die Mutter von Carmen Fernández; Carmen wiederum war eine Schülerin meiner Mutter gewesen, die in La Granja Lehrerin war, und hatte bis zu ihrer Hochzeit im Haus meiner Eltern in Madrid gearbeitet. Als Señora Mercedes Jahre später erfuhr, dass ich Mitglied des Opus Dei war, sprach sie voller Zuneigung mit mir über Don Alvaro, »der jetzt in Rom beim Papst arbeitet«, wie sie immer wieder sagte, wobei sie mir stolz ein Foto zeigte, auf dem er und Josemaría Escrivá gemeinsam mit Johannes XXIII. zu sehen waren.

Mercedes hatte die Dreißigerjahre bei der Familie von Don Alvaro noch sehr genau im Gedächtnis. Besonders gut erinnerte sie sich daran, wie er eines Sonntags mit einer klaffenden Kopfverletzung und blutigem Jackett nach Hause kam. Der Zwischenfall ereignete sich – das belegen unterschiedliche Quellen – am 4. Februar 1934. Seine Eltern waren ausgegangen, und um die kleineren Geschwister nicht zu beunruhigen, sagte er nur, er sei gestürzt. Ihr schien das einleuchtend, denn an diesem Tag hatte es in Madrid geschneit. Als sie jedoch sah, wie tief die Wunde war, begleitete sie ihn zu einer Erste-Hilfe-Station in der Calle de Claudio Coello.

Die medizinische Behandlung war schlimmer als die Krankheit selbst – dieser Verdacht kam Mercedes, als der Sanitäter ohne weitere Vorsichtsmaßnahmen ein Röhrchen, das er offen in seiner Tasche getragen hatte, in die Wunde einführte. Sie entzündete sich, und Alvaro hatte eine Zeitlang hohes Fieber. Er musste täglich von einem Arzt versorgt werden, und obwohl dies zweifellos schmerzhaft war, beklagte Alvaro sich nie.

Auch danach äußerte er sich nicht zu dem Vorfall, bis die Familie schließlich erfuhr, dass man ihn und einige seiner Freunde angegriffen hatte, als er zur Katechese in der Pfarrei San Ramón gegangen war. An jenem Sonntag hatte ihnen eine Gruppe von etwa fünfzehn Personen aufgelauert, um ihnen eine Tracht Prügel zu verpassen. Die Sache war von langer Hand vorbereitet worden, und auf den Balkonen standen Leute, die sich das Spektakel nicht entgehen lassen wollten. Alvaro wurde von einem Schraubenschlüssel hart ins Genick getroffen. Einem anderen rissen sie fast das Ohr ab. »Zum Glück gab es in der Nähe einen U-Bahn-Schacht«, erzählte Don Alvaro 1987 in Manila beiläufig. »Dorthin flüchteten wir, und im selben Augenblick kam eine Bahn. Wir stiegen ein, ich schloss die Türen, und wir entkamen.«

Gott bediente sich der Großzügigkeit, mit der der junge Alvaro sich in den Außenbezirken von Madrid für die Armen einsetzte, um ihn zum Opus Dei zu führen. An einem Tag des Jahres 1935 hörte er, wie sich drei oder vier seiner Gefährten miteinander unterhielten. Er wurde neugierig und fragte sie, wovon sie sprachen. Von Josemaría Escrivá und seiner apostolischen Arbeit, gaben sie zur Antwort. Daraufhin bat er sie, ihn ihm vorzustellen. Nach all den Jahren erinnert sich Manuel Pérez Sánchez noch genau, wie es damals war: Sie waren unterwegs zum Arroyo del Abroñigal, um eine bedürftige Familie zu besuchen, und kamen dort, wo heute der Barrio de la Estrella liegt, an einigen Weizen- und Gerstefeldern vorbei; an einem dieser Felder erzählte er Alvaro vom Gründer des Opus Dei – *dem Vater*, so nannten sie ihn einfach – und lud ihn ein, mitzukommen und seine Bekanntschaft zu machen.

Bis zu diesem Zeitpunkt hatte Alvaro ein solides christliches Leben geführt, jedoch weder regelmäßigen Umgang mit Priestern gepflegt noch jemals einen Hinweis auf eine mögliche Berufung erhalten. Das erste Gespräch mit dem heiligen Josemaría beeindruckte ihn tief, wie er 1975 in Rom erzählte:

»Dann fragte er mich: Wie heißt du? Bist du der Neffe von Carmen del Portillo? Sie war meine Patin, Schwester meines Vaters, die sehr alt geworden ist und dem Vater mit ihren Krankenbesuchen in den Armenvierteln von Madrid sehr geholfen hatte. Und da sie nicht nur meine Tante, sondern auch meine Patin war, hatte sie dem Vater erzählt, sie habe einen sehr gescheiten Neffen. Deshalb erinnerte sich der Vater an mich und an ein Detail, das meine Patin ihm erzählt hatte. Sie hatte ihm gesagt, dass ich als kleiner Junge sehr gerne *Plátanos*, Bananen, gemocht, jedoch Schwierigkeiten mit der Aussprache gehabt und daher immer *Palátanos* gesagt hätte. Deshalb fügte der Vater hinzu: Dann bist du also der, der so gerne *Palátanos* mag?«

Zwischen den Zeilen dieses anekdotenhaften Details, dieser denkbar kurzen Unterredung von knapp fünf Minuten spürte er, dass der Gründer des Opus Dei ihn ernst nahm. Er war sehr liebenswürdig und herzlich und gab ihm zu verstehen, dass er sich gerne länger und ausführlicher mit ihm unterhalten würde. Dann nahm er sein Notizbuch heraus, und sie verabredeten sich für vier oder fünf Tage später. Doch als Alvaro kam, war er nicht da.

»Er hat mich versetzt«, erzählte er Jahre später mit einem Schmunzeln. »Er war zu einem Sterbenden gerufen worden und konnte mir nicht Bescheid geben, weil ich ihm meine Telefonnummer nicht hinterlassen hatte.«

Dennoch hatte sich Alvaro das Bild jenes jungen Priesters tief eingeprägt. Und nach einiger Zeit, gegen Ende des Studienjahrs 1934/35, entschloss er sich, ihn erneut aufzusuchen. Er wollte sich vor den Ferien von ihm verabschieden.

»Er empfing mich, und wir unterhielten uns in aller Ruhe über viele Dinge. Dann sagte er zu mir: Morgen – es war Samstag – haben wir einen Einkehrtag; warum nimmst du nicht daran teil, ehe du in die Sommerferien fährst? Ich traute mich nicht, nein zu sagen, auch wenn ich nicht begeistert war, denn ich wusste nicht, worum es ging.«

Während dieses Einkehrtags im Wohnheim Ferraz erkannte er mit aller Klarheit einen göttlichen Ruf, den er nicht erwartet hatte, und entschied sich, sein Leben dem Opus Dei zu widmen. Der Gründer erklärte ihm, er müsse ihm dazu einige Zeilen schreiben. Das war mit Sicherheit das erste Mal, dass er sich mit den Worten *lieber Vater* an den heiligen Josemaría wandte.

»Ich schrieb vier Zeilen«, erinnerte er sich geraume Zeit später, »im Stil eines Ingenieurs. Ich sagte ungefähr: Ich habe den Geist des Werkes kennengelernt und möchte um die Admission bitten. Etwas in der Art.«

Vier Monate zuvor, am 11. März, war Alvaro 21 Jahre alt geworden.

Obwohl der Gründer in diesen Tagen des Jahres 1935 großen Belastungen ausgesetzt war, nahm er sich ausreichend Zeit, um ihn in den grundlegenden Aspekten der Spiritualität des Opus Dei zu unterrichten. Da er nicht an den Unterrichtsstunden teilgenommen hatte, die Josemaría Escrivá den jungen Leuten erteilte, wurde eigens für ihn ein Kurs eingerichtet, damit er die elementaren Bestandteile dieses Plans kennenlernte.

Alvaro seinerseits verschob seinen Sommerurlaub. Im August dann traf er sich mit seinen Eltern und Geschwistern in La Granja, während der Gründer in Madrid blieb. Die dort verbrachte Zeit nutzte er für das Apostolat unter seinen Freunden. Einigen von ihnen zeigte er das weite Panorama eines christlichen Lebens im Alltag, das die Spiritualität des Opus Dei ihnen eröffnete. Der eine oder andere entschied sich daraufhin ebenfalls, sich dem Opus Dei anzuschließen. In den *Noticias* des Monats September – hektographierte Blätter, die die Einheit derjenigen gewährleistete, die sich im Umkreis des Wohnheims Ferraz menschlich und geistlich bildeten – ist zu lesen, dass Alvaro »sich in La Granja mit Erfolg dem ruhmreichen Fischfang widmete, von dem der heilige Markus im ersten Kapitel seines Evangeliums spricht«.

Vom 7. Juli 1935 an lässt sich Alvaros Biographie mit wenigen Worten zusammenfassen: Treue gegenüber seiner christlichen Berufung im Opus Dei. Ihm war vom ersten Augenblick an bewusst, dass sein Ja zu Gott eine lebenslange Verpflichtung war:

»Herr, wie gut bist du! Wie gut bist du, dass du mich erwählt, dass du mich ohne irgendein besonderes Verdienst von meiner Seite unter so vielen Menschen ausgesucht hast!« rief er in meinem Beisein im August 1991 in Barcelona aus.

Seine Beharrlichkeit war – ebenso wie seine Entscheidung – zutiefst frei und geriet auch dann nicht ins Wanken, wenn die Emotionen ausblieben oder menschliche Träume scheiterten. Am 50. Jahrestag seiner Zugehörigkeit zum Opus Dei bekannte Don Alvaro in aller Einfachheit, dass er diese Lektion schon in seiner ersten Zeit im Werk gelernt habe:

»Wie es am Anfang immer ist, schenkte der Herr mir neben einer tiefen spirituellen Freude auch eine spürbare Begeisterung für die empfangene Berufung. Im Laufe der Monate wurde dieses menschliche Gefühl schwächer und schwächer und machte einer übernatürlichen Sehnsucht Platz, die immer die Wurzel unserer Beharrlichkeit sein muss. Als ich unserem Vater davon erzählte, verstand er mich vollkommen und nahm das, was ich ihm anvertraut hatte, zum Anlass für einige Betrachtungen, die all seinen Kindern helfen sollten.«

Auf diese Weise – bestätigte Don Alvaro – entstand Punkt 994 im Weg: »›Meine Begeisterung ist verflogen‹, hast du mir geschrieben. – Du sollst nicht aus Begeisterung arbeiten, sondern aus Liebe: mit Pflichtbewusstsein, und das bedeutet Selbstverleugnung.«

Und in wenigen Zeilen fasste Don Alvaro die tiefe Bedeutung des göttlichen Rufs und der Antwort des Menschen zusammen:

»Es ist kein Gemütszustand, und es hängt auch nicht von der Gesundheit, der beruflichen oder der familiären Situation ab, in der man sich befindet. Über dem Wellengang unseres Lebens – mit seinen Höhen und Tiefen, seinen Schmerzen und Freuden – strahlt unsere göttliche Berufung immer wie ein Stern in der Nacht und weist uns unmissverständlich den Kurs, auf dem wir zu Gott gelangen können. Das ist es, was zählt, meine Töchter und Söhne. Das ist das Entscheidende. Alles Übrige, das uns widerfahren kann, ist vorübergehend. Vergesst das nie!«

Er verkörperte die Lehre des heiligen Josemaría, der die Antwort auf den göttlichen Willen als eine *Pflicht der Liebe* ansah: Der Verliebte füllt den Tag mit Zärtlichkeiten, scheut weder Opfer noch Einsatz und lässt sich nicht auf Ausflüchte und Entschuldigungen ein. Seine Seele ist zwar glücklich, doch mit ihrem Einsatz für den Geliebten niemals *zufrieden*: schon gar nicht, wenn Gott das Ziel ihrer Liebe ist.

2

Ein christliches Zuhause

An einem Tag im Juli 1977, als sich beim Mittagessen alle bedienten, nahm Don Alvaro, ins Gespräch vertieft, außer dem üblichen Gemüse auch Kartoffeln. Als er es bemerkte, gab er sie an Don Joaquín Alonso und Don Florencio Sánchez weiter, die neben ihm saßen. Dabei fiel ihm ein, was seine Mutter zu ihm gesagt hatte, als er noch klein war. Alvaro hatte sich mit dem Mittagessen immer beeilen müssen, um rechtzeitig zum Nachmittagsunterricht in die Schule zu kommen. Schon im Aufbruch nahm er sich noch rasch etwas vom Nachtischteller seiner Mutter, die dann zu sagen pflegte:

»Deine Kinder werden dir auch einmal die Bissen vom Mund wegschnappen!«

Er hätte, wenn er an diese Szene zurückdachte, immer gemeint, seine Mutter habe sich geirrt, sagte Don Alvaro, und doch …

Sollano gehört zur Gemeinde Zalla im Baskenland. Dieser Ort wurde einst von zehn Brüdern beherrscht, von denen »jeder gleichermaßen zu bestimmen hatte« und deshalb immer mit »einer der zehn von Sollano« unterschrieb. So entstand der Name Diez de Sollano, Zehn von Sollano.

Clementina Diez de Sollano Portillo war hübsch und elegant und eine gute Christin. Sie war in Cuernavaca (Mexiko) zur Welt gekommen, wo ihre Eltern lebten, bis sie nach den revolutionären Entwicklungen, die 1910 ihren Anfang nahmen, nach Spanien auswanderten. Sie behielt ihre mexikanische Staatsbürgerschaft und den sanften, weichen Akzent, der ihre Herkunft verriet. Einen Teil ihrer Ausbildung absolvierte sie in London an der Schule der Mägde des Heiligsten Herzens Jesu: Zum einen perfektionierte sie dort ihr Englisch, das sie zeit ihres Lebens gut beherrschte; zum anderen war dies vielleicht auch der Ort, an dem sie lernte, ihr Christentum gradlinig, flexibel und unsentimental, mit gesundem Menschenverstand und übernatürlicher Sicht zu leben. Sie war eine gebildete Frau, die gerne las, und zu ihrer bevorzugten Lektüre zählten Biographien und geistliche Literatur. Thomas von Kempen hatte sie stets griffbereit. Sie ging täglich zur Messe.

Ihr Sohn Alvaro hatte einige ihrer menschlichen Charakterzüge geerbt: seine aufgeschlossene und taktvolle Art im Umgang mit anderen; das Lächeln, das auch noch die energischsten seiner Entscheidungen begleitete; sein aufrichtiges Verständnis, das ihn daran hinderte, jemals schlecht über andere zu sprechen oder andere zu kritisieren. Und er erbte etwas noch viel Grundlegenderes: die Fähigkeit, die schärfsten europäischen Gerichte zu essen, ohne mit der Wimper zu zucken, den sie reichten ja doch nie an das alte mexikanische Chipotle-Chili heran.

Das Rosenkranzgebet in der Familie prägte seiner Seele die Liebe zur Muttergottes ein. Und von den Lippen seiner Mutter lernte er ein volkstümliches und unverfälschtes Mariengebet, das er täglich betete:

Liebe Mutter, sei mir nicht fern,
wende deinen Blick nicht von mir ab,
sei immer an meiner Seite,
und lass mich nie allein.
Und da du mich beschützt
wie eine echte Mutter,
schenk mir auch den Segen
des Vaters, des Sohnes und des Heiligen Geistes.

Als Don Alvaro 1983 zu Besuch in Mexiko weilte, fühlte er sich dort sehr zuhause: »Auch wenn ich« – so scherzte er – »jetzt so ›knatternd‹ spreche; als ich klein war, habe ich genauso weich gesprochen wie ihr.« Und dann fügte er gutgelaunt hinzu, dass seine Großmutter ihm als Schlaflied immer die Nationalhymne der Republik Mexiko gesungen habe.

Auch im August 1977 bezog er sich auf seine mexikanischen Wurzeln, als er davon sprach, dass die Muttergottes – »als Ausdruck von Zuneigung, Vertrauen, Liebe« – in Asturien *Santina* genannt wird. In diesem Zusammenhang vertraute er uns an, dass er seine Mutter als Kind *Mamasita* genannt und später vom heiligen Josemaría gelernt habe, die seligste Jungfrau als *Madre*, Mutter, und sogar mit der Koseform *Madrecita* anzusprechen.

Einige Wochen zuvor, ebenfalls im Sommer 1977, hatte er – an den genauen Kontext erinnere ich mich nicht mehr – beiläufig ein heroisches Detail aus dem christlichen Leben seiner Mutter erwähnt. Obwohl ihre Seele zu zartfühlend war, um darüber zu sprechen, hatte ihr Sohn herausgefunden, dass sie sehr früh aufstand – gegen vier Uhr morgens, meine ich verstanden zu haben –, sich zur Abtötung mit kaltem Wasser wusch und dann eine Stunde lang betete. Don Alvaro brachte diese Einzelheiten mit Doña Clementinas Sorge um den Glauben eines ihr nahestehenden Menschen in Verbindung, den sie sehr liebte.

Ihr Ehemann, Ramón del Portillo Pardo, wurde in Madrid geboren und studierte Jura an der damaligen *Universidad Central*. Er arbeitete bei der Versicherungsgesellschaft »Plus Ultra« und war ein ordnungsliebender und arbeitsamer Mann, »in allem sorgfältig und korrekt«, wie sich seine Tochter Pilar erinnert, »sehr kultiviert und elegant; äußerst pünktlich und sehr exakt«. Seine hervorstechenden Charakterzüge waren Präzision, Genauigkeit und Ernsthaftigkeit. »Er war«, ergänzt sein Sohn Carlos, »in jeder Weise ernsthaft, aber nicht streng. Ich habe ihn in keiner Weise als spröde, steif oder kalt in Erinnerung.«

Dieser menschliche und liebenswürdige Mann hegte eine große Leidenschaft für den Stierkampf und für Bücher. Mit den Jahren ließ seine Sehkraft nach, was in der Familie offenbar erblich war, denn ich habe gehört, wie Don Alvaro einmal Folgendes von seinem Großvater erzählte: Er lebte in der Calle del Caballero de Gracia und ging häufig ins *Real Oratorio* an der Red de San Luis; eines Tages erzählte er seiner Frau sehr erzürnt, dass er von einer dieser *Betschwestern angerempelt* worden sei, die in die Kirche gehen, ohne die Augen aufzumachen … Daraufhin erwiderte sie:

»Ach, dann warst du das? Du hättest mich um ein Haar umgerannt!«

Clementina und Ramón lebten zu Beginn ihrer Ehe ebenfalls in der Calle del Caballero de Gracia. Doch schon bald zogen sie in ein größeres Haus in der Calle de Alcalá 75, das kurz vor der Puerta de Alcalá von Cibeles kommend auf der linken Seite liegt. Dort wurde Alvaro geboren. Fast genau gegenüber befand sich »El Sotanillo«, eine alteingesessene Schokoladenherstellung, die heute nicht mehr existiert, jedoch eng mit den apostolischen Aktivitäten des Opus-Dei-Gründers in den dreißiger Jahren verbunden ist. Später dann siedelten sie in das oberste Stockwerk eines anderen Gebäudes in der nicht weit entfernten Calle del Conde de Aranda Nr. 16 um. Sie hatten acht Kinder: Ramón, Paco, Alvaro, Pilar, Pepe, Angel, Tere und Carlos.

Alvaro kam am 11. März 1914 zur Welt und wurde sechs Tage später in der Pfarrkirche San José getauft; diese Kirche liegt in der Calle de Alcalá, genau am Anfang der Gran Vía de Madrid. Paten waren sein Onkel Jorge Diez de Sollano und María del Carmen del Portillo Pardo. Sie gaben ihm den Namen Alvaro José María Eulogio (letzteres war, gemäß einer damals in Spanien sehr weit verbreiteten Sitte, der Name des Tagesheiligen). Am 28. Dezember 1916 wurde er vom Bischof von Sigüenza, Eustaquio Nieto y Martín, in der Kirche der Unbefleckten Empfängnis gefirmt. In Spanien war es damals üblich, dieses Sakrament schon den kleinen Kindern zu spenden.

Am 11. März 1989, seinem 75. Geburtstag, zelebrierte Don Alvaro die Messe in der Prälaturkirche *Unsere Liebe Frau vom Frieden*. In der Predigt ließ er voller Dankbarkeit all das Gute Revue passieren, das Gott ihm im Lauf seines Lebens geschenkt hatte, und erwähnte dabei vor allem anderen die Tatsache, in eine christliche Familie hineingeboren worden zu sein und dort Frömmigkeit gelernt zu haben. Er erinnerte sich an Doña Clementina, »die mich eine besondere Liebe zum Heiligsten Herzen Jesu und zum Heiligen Geist und eine besondere Verehrung der seligsten Jungfrau unter dem Namen Unserer Lieben Frau vom Berge Karmel lehrte.« Und er fügte hinzu: »Gott unser Herr wollte, dass ich ein Freund meines Vaters wurde, was mich zweifellos vor schlechten Freundschaften bewahrt hat.«

Mercedes Santamaría erzählte mir, dass Alvaro schon als ganz kleiner Junge besonders durch seine Kontaktfreudigkeit auffiel: Wenn sie mit ihm von der Conde de Aranda zu dem in unmittelbarer Nähe gelegenen Retiro-Park spazieren ging, wurden die Leute oft auf ihn aufmerksam und sahen ihn an; mehr als einer fühlte sich veranlasst, ihn anzusprechen, und der Kleine antwortete ganz natürlich und schien die Unterhaltung gerne fortsetzen zu wollen. Ich bin mir nicht sicher, ob Mercedes sich hier von ihrer verständlichen Zuneigung hat täuschen lassen. Jedenfalls erwähnte Don Alvaro selbst zuweilen, dass er ein schüchterner Junge gewesen sei: Er nannte dies beispielsweise als Grund dafür, dass er nicht wie sein Vater Anwalt werden wollte; ein anderes Mal spielte er darauf an, wie leicht er rot wurde … und manchmal berief er sich aus Bescheidenheit auf seine Schüchternheit – insbesondere dann, wenn er mit Nachdruck und Kraft zu Tausenden von Menschen sprach.

Schon früh begann er unter nicht unerheblichen Schmerzen zu leiden. Mit gerade einmal zwei oder drei Jahren wurde er von rheumatischen Anfällen heimgesucht. Nach dem Essen durften seine zwei älteren Brüder ein großes Glas Milch mit einem geschlagenen Eigelb trinken, während man ihm seine Medizin verabreichte. Neidisch und mit mexikanischem Akzent sagte er zu ihnen: »Was ihr für ein Glück habt: Ihr kriegt Eigelb und ich Sanatogén.« Sanatogén war ein Medikament auf der Basis von Salicylaten und hatte einen unangenehmen Geschmack. Offenbar beruhte die Krankheit bei ihm auf einer erblichen Veranlagung, denn viel später, als beinahe Zwanzigjähriger, litt er erneut unter Rheumaschüben. Der behandelnde Arzt hieß Dr. Gregorio Marañón. Pilar del Portillo erinnert sich noch an sein Rezept, vielleicht, weil es so originell war: gehackte Knoblauchzehen in Alkohol.

Seine Streiche und Dummheiten waren die eines normalen Jungen, und gelegentlich sah sein Vater sich gezwungen, ihn zu bestrafen. Doch Alvaro entwischte ihm: Manchmal stand sein Vater schon hinter ihm und streckte gerade die Hand aus, um ihn zu packen und zu bestrafen – da flüchtete sich der Junge blitzschnell unter den großen Tisch im Esszimmer.

Als er noch klein war, nahm Don Ramón ihn und die übrigen Geschwister an den Sonntagen mit in die Messe. Von ihrem Haus in der Conde de Aranda gingen sie zu der ganz in der Nähe gelegenen Kirche San Miguel y San Benito. Danach überquerten sie die Calle de Alcalá, um im Retiro-Park spazieren zu gehen, wo ihr Vater ihnen Pommes Frites und eine Limonade spendierte. Seiner Schwester Pilar zufolge, die nach ihm geboren wurde, war Alvaro ein sanftmütiges, fröhliches und einfaches Kind, ein bisschen pummelig, mit einem sympathischen und heiteren Wesen. Sie erinnert sich nicht, aus seinem Mund je eine Unwahrheit gehört zu haben. Dagegen erinnert sie sich sehr wohl an einige kindliche Streiche und später an viele mehr oder weniger lustige Scherze. Er war so fromm, wie man es in einer christlichen Familie eben war. Das Typischste an Alvaro war, so glaubt Pilar, über die Jahre hinweg seine Beständigkeit; sie ist davon überzeugt, dass er »sich im Grunde seines Herzens jene Unschuld, jene Einfachheit und jene aufrichtige Suche nach Gott bewahrt hat, die ihn schon als Kind geprägt haben«.

3

Jugendjahre

Alvaros menschliche und christliche Bildung erhielt in dem von den Marianisten geleiteten *Colegio de Nuestra Señora del Pilar* in der Calle Castelló Nr. 46 in Madrid ihre Abrundung.

Einige Züge seines Temperaments ließen ihn eher energisch wirken. In einer schulischen Beurteilung teilte der Lehrer den Eltern schriftlich mit: »Das Bild, das wir von ihm zeichnen müssen, ist etwas schroff.« Dazu bemerkte Don Ramón:

»Wieso zeichnen? Er ist eben aus Holz geschnitzt!« – so überzeugt war er von der Charakterstärke seines Sohnes.

Er muss damals in der Schule einigen Unsinn getrieben haben, denn einer seiner Lehrer, Don Genaro, packte ihn an den Füßen und hielt ihn mit dem Kopf nach unten zum Klassenfenster hinaus. Dabei sagte er mit großer Liebenswürdigkeit – denn er war ein sehr freundlicher Mensch:

»Wenn du das noch einmal machst, dann lasse ich dich los.«

Immer, wenn sich Don Alvaro in meinem Beisein an seine Schulzeit erinnerte, erwähnte er mit großer Dankbarkeit die vielen guten Lehrer, die zu seiner intellektuellen Bildung und dazu beigetragen hatten, dass er den in der Taufe empfangenen Glauben auch praktizierte. Nur einen Namen habe ich mir merken können: Schreiben lernte er bei Eduardo Cotelo, Verfasser von Büchern und Heften, die im ersten Drittel des 20. Jahrhunderts eine recht weite Verbreitung gefunden hatten. Später erfuhr Don Alvaro zu seinem Vergnügen, dass der Gründer des Opus Dei in seiner Schulzeit ebenfalls die Hefte von Eduardo Cotelo benutzt hatte.

Seine mittlerweile hochbetagten ehemaligen Schulkameraden erinnern sich noch gut an Alvaro, mit dem sie während der Primar- und Sekundarstufe in den Sälen und auf dem Schulhof des *Pilar* so vieles gemeinsame Streben und Trachten verbanden. Einige von ihnen können sich nicht erklären, warum er ihnen eigentlich im Gedächtnis geblieben ist: Es kommt ihnen erstaunlich vor, da sie ihn nur aus ihrer gemeinsamen Schulzeit kennen. Es müsse wohl an seiner redlichen Art, die sich bereits abzeichnete, und an seiner echten Herzensgüte gelegen haben.

Einer dieser ehemaligen Schüler des *Colegio* ist Alberto Ullastres, Professor an der ersten Fakultät für Politik- und Wirtschaftswissenschaften in Madrid, der 1957 Kultusminister wurde und im Anschluss daran eine breite diplomatische Tätigkeit als spanischer Botschafter bei der Europäischen Gemeinschaft in Brüssel aufnahm. Alberto kann sich noch an Alvaro del Portillo erinnern, obwohl er selbst in einer höheren Klassenstufe war und es eigentlich häufiger die jüngeren Schüler sind, die auf die älteren achten. Doch Albertos und Alvaros Klassen hatten eine ganze Zeit lang gemeinsam Pause. Alberto ging praktisch immer zum Fußballspielen in einem etwas oberhalb gelegenen Bereich des Schulhofs. Andere spielten im gegenüberliegenden Teil Pelota gegen die Wand (baskisches Ballspiel). Und auf einem mehr oder weniger in der Mitte gelegenen Stück standen die Intellektuellen, die – und das soll nicht heißen, dass sie nicht auch gerne Sport trieben – diese freie Zeit lieber nutzten, um sich über interessante Themen zu unterhalten … An die rund neunzig Klassenkameraden, die Alvaro seiner Ansicht nach gehabt haben muss, kann Alberto Ullastres sich so gut wie gar nicht mehr erinnern:

»Es ist über 65 Jahre her«, entschuldigte er sich im Februar 1995, weil er mir keine weiteren Details liefern konnte. Doch, so wiederholte er, »ich kann es mir nicht erklären, weshalb dieses Bild sich mir so eingeprägt hat: Alvaro, der sich in aller Ruhe und Gelassenheit mit den anderen unterhält, während ich den Ball über den Platz kicke.«

Ein anderer Mitschüler erinnert sich noch genau an den Tag im Oktober 1922, seinen ersten Schultag am *Colegio Pilar*, an dem er Alvaro kennenlernte:

»Sie schickten mich in die Elementarklasse, das ist die Klasse unter der Eingangsstufe, und ich setzte mich schüchtern an eines der Pulte am Fenster, ich glaube, in die vorletzte Reihe. Links von mir saß ein achtjähriger, etwas pummeliger Junge, er lächelte und sah gutmütig und sympathisch aus. Er hieß Alvaro del Portillo.

Sie gaben mir ein Schulbuch, und ich wusste nicht, was ich damit tun sollte. Schüchtern schlug ich das Buch auf und warf Alvaro über die Schulter einen Blick zu, um zu sehen, was er las. Es war die Beschreibung des Löwen von dem berühmten französischen Naturwissenschaftler Buffon. Weil ich die Sitten an meiner neuen Schule noch nicht kannte, dachte ich, dass man das lesen müsse, und vertiefte mich in die detaillierten Beschreibungen des berühmten Naturforschers: ebenso detailliert wie ungeeignet für den Geist eines Kindes, denn nach wenigen Minuten war mir furchtbar langweilig. Dennoch folgte ich weiterhin dem Beispiel meines Pultnachbarn, der ja am *Colegio* schon ein ›alter Hase‹ war, und las weiter.«

Auf diese Weise entstanden tiefe Freundschaften. Viele erinnern sich noch an Alvaros Lächeln; er war »ein guter Junge, der anderen gerne half«. Und ein ganz normaler Junge. Einmal versah einer der Lehrer am *Colegio* Alvaros Zeugnis mit der Bemerkung »Klassenkaspar«. Wie es zu dieser Beurteilung kam, weiß niemand. Vermutlich hatte einer seiner kindlichen Späße dem wohl eher strengen Lehrer nicht gefallen. Alvaro – so fasst es einer seiner Mitschüler zusammen – war »ein fröhlicher Junge, liebenswürdig und sympathisch; und kein größerer Lausbub und ›Kaspar‹ als alle anderen auch«.

»Wer ihn von der Schule her kennt«, schrieb José María Hernández Garnica, der eine höhere Klasse besuchte, »hat ihn als einen wunderbaren Kameraden mit einem sehr noblen und mutigen Charakter in Erinnerung.«

Sprachen fielen ihm leicht: Die Entfaltung seiner persönlichen Begabung wurde überdies durch die Entscheidung seines Vaters begünstigt, Hauslehrer einzustellen, die ihm täglich Stunden gaben. Noch Jahre später erinnerte sich Don Alvaro an Mrs. Hodges, die ihn in Englisch, und Mlle. Anne, die ihn in Französisch unterrichtete; überdies hatte er auch einen Deutschlehrer (der jetzige Prälat des Opus Dei, Javier Echevarría, hat mir die beiden ersten Namen genannt, konnte sich jedoch an den letzten nicht mehr erinnern).

Seiner Schwester Pilar zufolge machte sich Alvaros große intellektuelle Begabung schon von klein auf bemerkbar. Doch er bildete sich nichts ein auf seine Fähigkeiten; so konnte er beispielsweise »sehr gut zeichnen, gab jedoch nicht damit an. Im Gegenteil, er war von tiefer Einfachheit und großer Demut«.

Im Übrigen brachte er gute Noten mit nach Hause. Nachmittags saß er viele Stunden in der Nähe des Balkons in dem Zimmer, das er mit seinen Brüdern Pepe und Angel teilte, und lernte. Von 1924 an besuchte er die weiterführenden Klassen, die er 1931 mit dem Abitur abschloss.

Alle, die ihn als Jugendlichen gekannt haben, nennen übereinstimmend drei wesentliche Charakterzüge: Natürlichkeit, eine sympathische Art und Beständigkeit über die Jahre hinweg. Und tatsächlich sollte ihnen der Ingenieur, Monsignore und Bischof später mit derselben Natürlichkeit, demselben offenen Blick und demselben Interesse begegnen, die sein Auftreten schon Jahre zuvor gekennzeichnet hatten.

In dem von den durchsichtigen Brillengläsern kaum getrübten Blick seiner blauen Augen lagen Tiefe und Freundlichkeit. Eine Besonderheit konnte ich, als er schon älter war, selbst beobachten: Wenn wir in familiärem Gespräch beieinandersaßen, richtete er seine Augen zuweilen – in einer ganz leichten, spontanen und raschen Bewegung – nach oben, als ob er dem Herrn schweigend mitteilte, was er über das Gehörte dachte, oder als ob er für die Menschen und die apostolischen Aktivitäten, von denen die Rede war, betete. Dann fuhr er sich mit einer flüchtigen Bewegung über die Stirn und wandte sich uns wieder mit ungeteilter Herzlichkeit zu. Und in den Zeiten des Gebets, wenn er mit Gott allein war, oder während der Messe kehrte sich sein Blick nach innen: Er hatte dann ein ganz besonderes, heiteres Leuchten.

Alvaro war intelligent und gut organisiert. Er improvisierte nicht gerne. Er wirkte eher nachdenklich, vorausschauend. Eine Cousine väterlicherseits, Isabel Carles Pardo, berichtet überdies, dass er niemals vorschnell war. Wenn sie eine Frage oder Bitte an ihn hatte, die er nicht sofort erfüllen konnte, dann antwortete er:

»Nun gut, ich werde darüber nachdenken.«

Und das war keine Ausflucht, kein Zeichen von zögerlicher Unentschlossenheit und kein schlichter Versuch, Zeit zu gewinnen, sondern sprach für seine Fähigkeit, nachzudenken, und für seine gelassene Art zu handeln: weil er nichts vergaß, sondern mit großem Frieden zu einem späteren Zeitpunkt agierte. Sobald er sich – zuweilen im Handeln selbst – Klarheit darüber verschafft hatte, was zu tun war, setzte er sich in Gang. Und war dabei stets gelassen, tat alles mit einem Lächeln, hatte Frieden und schenkte Frieden.

Er hatte ein einnehmendes, warmherziges und anziehendes Wesen. Der Erzbischof von Madrid, Kardinal Angel Suquía, der ihn 1938 kennengelernt hatte, erinnerte sich an ihn als an einen »jungen, gut aussehenden und angenehmen Studenten«. Und er fügte hinzu: »Er war ein wirklich guter Mensch, gewinnend in der Unterhaltung, sehr klug und sehr fröhlich und lebhaft. Ich kann mich nicht erinnern, dass ich nach dem Zusammensein mit ihm einmal nicht fröhlicher gewesen wäre als vorher.«

Am 12. Mai 1923 ging er zur Erstkommunion; damals war er noch Schüler am *Colegio Pilar*. Die Zeremonie fand nicht in der Kapelle des Bildungsinstituts, sondern in der Empfängniskirche in der Calle Goya statt, zu deren Pfarrei er gehörte. 110 Jungen und zwei Mädchen gingen mit ihm zur ersten heiligen Kommunion.

Von diesem Tag an empfing er die Eucharistie sehr häufig, obwohl ihm das damals vorgeschriebene Fasten sehr schwer fiel, denn das bedeutete, dass er nüchtern zur Schule gehen musste. Dort nahm er dann später sein Frühstück zu sich, das er in Papier eingewickelt in seinem Schulranzen bei sich trug. In *El Pilar* wurde täglich die heilige Messe gefeiert, doch ihr Besuch war nicht verpflichtend: Nur wer wollte, ging dorthin.

Es war ganz natürlich, dass er auch an anderen Andachten teilnahm, die in der Schule gehalten wurden. Noch im fortgeschrittenen Alter waren ihm die Lieder, die sie immer beim Kreuzweg gesungen hatten, unvergessen:

»An der letzten Station, der Grablegung des Herrn«, erinnerte er sich, »wiederholten wir ein paar sehr schlechte Verse, die aber dennoch geeignet waren, die Seele zu rühren, und die mich heute noch rühren. Sie lauten: *Al rey de las virtudes, / pesada losa encierra; / pero feliz la tierra, / ya canta salvación.* (Etwa: Den König der Tugenden hält der schwere Grabstein gefangen, doch schon singt glücklich die Erde das Lied der Erlösung.) Genau so ist es. Gott stirbt, damit wir leben; er wird begraben, damit wir überallhin gelangen können. Deshalb singt die Erde das glückliche Lied der Erlösung.«

In den zwanziger Jahren ging er auch während der Sommerferien in La Granja zur Messe, obwohl er keiner Vereinigung von Gläubigen angehörte. Er wollte auch nicht ministrieren; er war nie Messdiener; er zog es vor, als einer unter vielen in der Kirchenbank zu sitzen. Und er ging nicht in eine bestimmte Kirche, wie es damals normal war, sondern wechselte zwischen der Stiftskirche, dem Klarissenkloster, der Christuskirche und der *Ermita de los Dolores.* Voller Zuneigung dachte er auch später noch an die Gemeinschaft der Klarissen von La Granja zurück, auch wenn die Erinnerung zuweilen schmerzte, denn die Schwestern hatten das Kloster aufgeben müssen. Im Sommer 1935 sollte er noch einmal zu ihnen zurückkehren, um sie, nachdem er seiner Berufung zum Opus Dei gefolgt war, um ihr Gebet für das Werk zu bitten.

Einige dieser Details habe ich an einem Julinachmittag des Jahres 1978 erfahren, nachdem ich gemeinsam mit Don Alvaro in der Christuskirche den Rosenkranz gebetet hatte. Wir waren auf der Nationalstraße, die von Soría nach Segovia führt, auf der Höhe von Torrecaballeros angekommen. Beiläufig erzählte er uns, dass er in einem Sommer an diesem Weg zwischen La Granja und Torrecaballeros als kleiner Junge zum ersten Mal Fahrrad gefahren war. Und er erwähnte seine Besuche beim Allerheiligsten, wenn er, schon als Jugendlicher, gegen Abend von einem Spaziergang mit seinen Freunden zurückkehrte.

Viele Sommer hat er dort in La Granja in der Calle de la Reina Nr. 11 unweit des Palasts verbracht. Ich weiß nicht, ob es dasselbe Haus war, in dem auch die Großeltern väterlicherseits den Sommer über wohnten. Viele Jahre später erwähnte Don Alvaro im Zusammenhang mit der Eucharistie die Sonnenuntergänge in Kastilien. Ohne Zweifel hatte sich ihm dieses Bild während seiner Ferien eingeprägt, und er hatte es auch später wieder gesehen, wenn er mit dem Gründer des Opus Dei nach Molinoviejo fuhr, das ebenfalls an den Hängen der Sierra nicht weit von Segovia liegt:

»Das ist eine unermesslich weite Ebene, und in der Ferne sieht man die Sonne untergehen. In dem Moment, wo sie die Erde zu berühren scheint, ist es wie ein Feuerbrand: Der ganze Himmel färbt sich rot und die Sonne hat tausend Farben. Das ist nur eine optische Täuschung, denn in Wirklichkeit berührt die Sonne die Erde natürlich nicht … Wenn wir dagegen den Herrn in der Eucharistie empfangen, der viel mehr ist als die Sonne – er ist die Sonne der Sonnen –, und er unseren Leib und unsere Seele berührt … was für ein Wunder muss dann in uns geschehen! Wie brennt unsere Seele bei der Berührung mit Christus! Wie sehr wird sie durch die Gnade verwandelt!«

In einem dieser Sommer besuchte er einen Ort in Asturien, der La Isla heißt. Nach dem, was ich aus einer Unterhaltung im Juli 1976 aufgeschnappt habe, könnte es Anfang der Dreißigerjahre gewesen sein. Dort schloss er Freundschaft mit José María González Barredo, dessen Familie aus dem nahe gelegenen Colunga stammte. 1932 hatte José María um die Admission ins Opus Dei gebeten. Und die Bekanntschaft mit seinem Vater, der ebenfalls Alvaro hieß, war – wie wir noch sehen werden – entscheidend dafür, dass Alvaro del Portillo sich während des spanischen Bürgerkriegs wieder mit dem heiligen Josemaría traf.

Als ich La Isla kennen lernte, ein Dorf, von dem aus man eine wunderbare Aussicht auf die kantabrische Landschaft genießt, begriff ich, was ich Don Alvaro einmal hatte sagen hören: In jenem

Sommer in den Dreißigerjahren hatte er viel Zeit damit zugebracht, die Natur zu betrachten und sich dabei – ohne sich seines Betens ausdrücklich bewusst zu sein – an Gott zu wenden, um ihm für die Schönheit seiner Schöpfung zu danken:

»Und damals«, schloss er, »begann der Herr sich in meine Seele zu senken.«

In La Isla trug sich auch ein einschneidendes Erlebnis aus seiner Jugendzeit zu. Er hatte sich mit einigen Freunden zu einem Ausflug auf einem Motorboot verabredet. Sie wollten bis nach Ribadesella hinüberfahren. Im letzten Moment – an den Grund erinnerte Don Alvaro sich nicht mehr – beschloss er, nicht an dem Ausflug teilzunehmen. Unvermittelt brach der gefürchtete kantabrische Nordwestwind los. Ehe es den Jungen gelang, in den Hafen zurückzukehren, kenterte das leicht gebaute Boot. Alle ertranken, bis auf einen, den Jüngsten, der trotz des schweren Wellengangs die Küste erreichte. Während er mit den Elementen kämpfte, versprach er, sich dem Herrn zu weihen, wenn er überlebte: Kurze Zeit darauf trat er in das Seminar von Valdediós ein.

Don Alvaro erzählte, dass ihm damals der in Asturien so häufige, unerwartete Gebrauch des Adjektivs *guapo* aufgefallen sei. Nach der dramatischen, erschütternden Beerdigung jener zehn oder zwölf Freunde hörte er eine Frau aus dem Dorf sagen:

»Was war das für ein *entierro guapo*, für eine ›hübsche‹ Beerdigung!«

Eine weitere Tragödie hatte sich Jahre zuvor in Madrid ereignet. Als Don Alvaro sie einmal beiläufig erwähnte, kam mir der Gedanke, dass er, wenn auch durchaus noch im Rahmen des Erklärbaren, dennoch unter einem besonderen göttlichen Schutz gestanden haben muss.

Eines Sonntags am Ende der Sommerferien, als sie bereits alle wieder in Madrid waren, wollte sein älterer Bruder ihn ins Theater *Novedades* mitnehmen, wo eine *Zarzuela* von Maestro Alonso auf dem Programm stand. Letzten Endes gingen sie jedoch nicht dorthin – auch hier, wie bei dem Bootsausflug von La Isla, erinnert sich Don Alvaro nicht mehr an den Grund –, und genau an diesem

Tag ereignete sich der furchtbare Brand, der jenen berühmten Saal in Madrid mit 900 Plätzen, den Isabel II. 1857 eingeweiht hatte, vollständig zerstörte. Das war am Sonntag, dem 23. September 1928. Man gab *La mejor del puerto*; die Musik hatte Francisco Alonso komponiert, die Texte stammten von Fernández Sevilla y Carreño. Das Theater war bis auf den letzten Platz besetzt. Das Feuer breitete sich mit ungewöhnlicher Schnelligkeit aus und rief ein solches Chaos hervor, dass an eine Rettung praktisch nicht zu denken war – trotz der Anstrengungen der Feuerwehrmänner, die sich darauf beschränken mussten, ein Übergreifen des Brandes auf die Nachbarhäuser zu verhindern. Es war eine gewaltige Feuersbrunst: Die Flammen – so berichten es die Chroniken jener Zeit – waren noch bis nach Vallecas, Getafe oder Pinto zu sehen. 64 Menschen starben, Hunderte erlitten Verletzungen oder Quetschungen. Nicht das Feuer an sich, sondern die Panik bei dem Versuch, zu entkommen, forderte die meisten Opfer. Viele wurden zu Boden getreten und kurz vor dem rettenden Ausgang niedergetrampelt.

Ich weiß nicht, ob Don Alvaro jenes Wort auf sich angewandt hätte, das Oscar Wilde zugeschrieben wird: dass seine Heimat seine Kindheit war. Aber er fühlte sich immer sehr stark zu der Stadt hingezogen, in der er geboren worden war. Wenn er zu seinen *Madriles* kam, merkte man ihm die Freude an, eine überschäumende Freude. Obwohl er ein Weltbürger war, fühlte er sich in Madrid sehr wohl, ja, er fühlte sich als Madrider.

Während seiner Aufenthalte dort entfuhren ihm geradezu zärtliche Sätze. Zuweilen waren dies schlichte volkstümliche Details, wie als er uns erklärte, dass die ehemalige Plaza de Manuel Becerra, die damals Plaza de Roma hieß, allgemein jahrelang immer nur Plaza de la Alegría, *Platz der Freude*, genannt worden war, weil sich hier bei den Beerdigungen immer der Trauerzug auflöste und nur noch die engsten Familienangehörigen mit zum Friedhof gingen, während die anderen *froh* darüber waren, dass sie nun umkehren konnten.

Er bewahrte sich seinen volkstümlichen Madrider Witz, den man an der Schlagfertigkeit seiner Antworten und daran erkannte, wie leicht ihm Pointen und Wortspiele fielen. 1990 war ich dabei, als er mit Umberto Farri scherzte, der im Begriff war, von Rom nach Chile zu reisen:

»Sag ihnen, dass ich große Lust habe, sie besuchen zu kommen … und bei der Lust bleibt es leider auch.«

Kurze Zeit später, im Juli 1991, kam er in ein Zentrum des Opus Dei in Iza (Navarra). Die Ärzte hatten ihm immer wieder nachdrücklich empfohlen, spazieren zu gehen, weil er Bewegung brauchte. Am Nachmittag dachte man zu mehreren darüber nach, wo er hingehen könnte, und einer schlug vor, dass er gegen Abend den Rosenkranz auf dem Pelota-Spielfeld beten könne:

»Dann wird es kühl sein, und das Gelände ist eben.«

Lächelnd gab Don Alvaro zurück:

»Das wäre ja auch noch schöner, ein abschüssiges Pelotafeld.«

Mit Juan Francisco Montuenga scherzte er über das, was sich im Juni 1976 ereignete. Don Alvaro hatte sich damals – zum ersten Mal, seitdem er die Nachfolge des Gründers angetreten hatte – länger in Madrid aufgehalten und viele Geschenke bekommen: Kunstgegenstände, Bücher, Blumen und zahlreiche Aufmerksamkeiten, zuweilen sogar Geld. Dieses, so entschied er, sollte den apostolischen Projekten in Spanien zugute kommen, die die jeweiligen Direktoren für geeignet hielten. Juan Francisco bedankte sich im Namen aller »für das universale Denken, das Sie uns geschenkt haben«. Und Don Alvaro kommentierte:

»Na gut, wenn du ein paar Groschen als universales Denken bezeichnen willst …«

Und von diesem Tag an fragte er sie immer, wie es um ihr universales Denken bestellt sei, wenn er wissen wollte, ob sie kleinere oder größere finanzielle Probleme hatten.

Mit feinsinnigem Humor machte Don Alvaro sich die Witze und Karikaturen der Gegenden zu eigen, die er besuchte. Seit 1946 lebte er überwiegend in Rom und benutzte daher gerne mehr oder weniger typische italienische Pointen. So veranschaulichte er die Notwendigkeit, bei der geistlichen Leitung vollkommen aufrichtig zu sein, einmal folgendermaßen:

»Wir dürfen uns nicht selbst belügen – wie jener Mann, von dem die Italiener erzählen, dass er die Pasta immer mit verbundenen Augen aß, weil der Arzt ihm gesagt hatte, er dürfe die Pasta *nicht einmal ansehen!*«

Seinen Akzent, der – so schrieb Enrique Chirinos in einem Artikel zum 80. Geburtstag von Don Alvaro, der am 22. März 1994 in *El Comercio* in Lima erschien – »weniger nachdrücklich, leichter als der der meisten Spanier« war, verlor er nie. Dennoch sprach auch er als guter Madrilene sehr schnell, setzte Dinge voraus und beendete die Sätze rasch. Diese Geschwindigkeit erschwerte die Simultanübersetzung, wenn seine Zuhörer kein Spanisch verstanden. Als man ihn bei einem Beisammensein 1988 in Miami bat, langsamer zu sprechen, erzählte Don Alvaro amüsiert:

»Am Ende der letzten Synode, als alle in ihrer eigenen Sprache redeten, hatte ich genau drei Minuten zur Verfügung, und da ich einiges zu sagen hatte, fing ich an, sehr schnell zu sprechen. Daraufhin blinkte ein Leuchtsignal auf: Die Simultandolmetscher gaben mir auf diese Weise zu verstehen, dass ich zu schnell redete. Ich bat sie in lateinischer Sprache um Verzeihung: *Habeatis me excusatum, sum hispanus* – entschuldigt, ich bin Spanier. Sie lachten ein bisschen, und ich sprach langsamer weiter.«

Noch bis kurz vor seinem Tod zeigte er seinen liebenswürdigen Madrider Humor. Am Morgen des 23. März 1994 hatte er Javier Echeverría gerufen, weil ihm das Atmen schwerfiel und sein Herz *raste*. Don Javier kam umgehend und benachrichtigte den Arzt: José María Araquistáin erschien sofort; er lebte auch in der Villa Tevere und hatte Don Alvaro gerade erst auf seiner Pilgerfahrt ins Heilige Land begleitet. Als ihm der Ernst der Lage bewusst wurde, ging er hinaus, um eine Sauerstoffflasche zu holen. Als er das Zimmer verließ, sah Don Alvaro, dass er einen Morgenrock trug, und fragte ihn:

»Was hast du denn da an, mein Sohn? Eine Dschellaba?«

»Nein, Vater, das ist ein Kimono«, antwortete José María seelenruhig.

Obwohl er sich um Don Alvaros Zustand große Sorgen machte, hatte der ihn mit diesem harmlosen Scherz wieder ein wenig aufheitern können.

4

Interessen

Nach der Schulzeit gibt sich Alvaro auf den Bildern im Familien-album nüchtern und distinguiert, was eine gute Ergänzung zu sei-nem geselligen und umgänglichen Wesen darstellt. Auf den dama-ligen Fotos trägt er gut geschnittene Anzüge, gestärkte Kragen, wie es dem Zeitgeschmack entsprach, und Krawatten von klassischer Eleganz. Sein blonder Schnauzbart bildet einen verspielten Kon-trast zu dem durchdringenden und offenen Blick seiner blauen Augen. Sein Erscheinungsbild strahlt die Attraktivität eines gut aussehenden jungen Mannes aus, der in das typische Umfeld einer wohlhabenden Familie hineinpasst: Das wird bestimmt einmal ein Mann von Welt … Und man kann sich vorstellen, dass er normale, natürliche und spontane Interessen hatte.

Schon früh zeigte Alvaro ein großes Interesse an der Literatur. Hierher – und nicht nur von seinen Lehrern – stammten seine Leichtigkeit im Umgang mit der Feder und sein brillanter Stil. Und auch jene untrügliche Sicherheit des geübten und unermüdli-chen Lesers, mit der er eine Neuerscheinung beurteilte, die ihm gerade in die Hände gefallen war. Ich habe das viele Male beobach-tet und dabei immer gedacht, dass sich in dieser schnellen Art, ein Buch aufzuschlagen – das Inhaltsverzeichnis, das Vorwort, die Fußnoten, die Bibliographie zu überfliegen –, die Gewohnheiten eines gut ausgebildeten Intellektuellen spiegelten.

Am *Colegio del Pilar* war man auf die kulturelle Bildung der Schüler bedacht. 1924 kam zum Beispiel der ehemalige Schüler Juan de la Cierva Codorniú an die Schule, um dort den von ihm erfundenen Tragschrauber vorzustellen. Immer wieder wurden kulturelle Exkursionen und Fahrten unternommen. 1929 fuhren die Schüler – unter ihnen auch Alvaro – zur Weltausstellung nach Barcelona.

Von klein auf lasen sie Bücher, die sie interessierten. 1987 bezog sich Don Alvaro in Dublin auf die *Schatzinsel* von Robert L. Stevenson und meinte, er habe noch eine weitere Insel voller Schätze gefunden: Irland, »die Insel der Heiligen«.

Mir gefiel eine Antwort, die er 1989 bei einem Beisammensein mit jungen Leuten in Castelldaura (Barcelona) gab. Es wurden Lieder gesungen, unter anderem auch *La Gavina*, und einer der Anwesenden bot ihm an, es ins Spanische zu übersetzen:

»Mein Sohn, das ist nicht notwendig, ich verstehe Katalanisch. Schließlich habe ich mit vierzehn den *Blanquerna* von Ramón Llull gelesen.«

Noch nach langer Zeit erinnerte er sich an Gedichte und Zitate klassischer Autoren, die er beim Beisammensein oder in einer Predigt spontan zitieren konnte. Gelegentlich benutzte er Strophen aus den bekannten *Coplas* von Jorge Manrique, um deutlich zu machen, wie dringend notwendig es ist, inmitten der Welt um die christlichen Tugenden zu kämpfen und auf diese Weise auch den endgültigen Weg zum Himmel zu sichern. Im Hinblick auf das Apostolat pflegte er zu sagen, dass die Menschen nur darauf warteten, so wie Lazarus im Grab auf die Stimme Jesu gelauscht habe, um aufstehen zu können. Und manchmal erwähnte er die letzten Verse aus einem Gedicht von Gustavo Adolfo Bécquer, *Del salón en el ángulo oscuro*, in denen von einer verstummten, vergessenen und verstaubten Harfe die Rede ist, die in einer Ecke steht: »Wie viel Musik schlummerte in ihren Saiten, / wie der Spatz in den Zweigen schlummert / und darauf wartet, dass die Hand des Schnees / nach ihnen greift! / Wehe, dachte ich, wie oft schläft der Genius / auf dieselbe Weise am Grund der Seele / und erwartet wie Lazarus eine Stimme, / die zu ihm spricht: ›Steh auf und geh!‹«

Er verwandte Abschnitte von Cervantes, Quevedo oder Calderón de la Barca, um auf Demut zu drängen oder Ideale, die sich nicht auf das Verhalten auswirken, als bloße Träume abzutun. Oder er nahm das ›todos a una‹ zu Hilfe, die einmütige Reaktion der Bewohner von Fuente Ovejuna in dem klassischen Drama von Lope de Vega aus dem spanischen Goldenen Zeitalter, um deutlich zu machen, dass in dem Entscheidungskampf um die christliche Heiligkeit jeder auf die Hilfe des anderen angewiesen ist. Dabei war immer klar, dass dieser tief greifende Zusammenhalt einzig und allein spiritueller und apostolischer Natur sein konnte. Das war das Erste, wovon ich ihn im April 1989 nach seiner Rückkehr aus Nairobi habe sprechen hören: Er hatte zu seinem großen Vergnügen erfahren, dass dieses ›todos a una‹, also die Vorstellung, dass alle am gleichen Strang ziehen, den Menschen in Kenia wohlvertraut war und diese in ihrer Sprache eine ganz ähnliche Wendung – ›harambee‹ – benutzen, wenn sie einer Bewegung eine einheitliche Richtung geben wollen. So ziehen etwa die Fischer unter ›Harambee‹-Rufen mit vereinten Kräften ihre Boote an Land.

Darüber hinaus aber muss – alles, was recht ist – auch gesagt werden, dass er mehr oder weniger geniale Sätze oder Verse bekannter Autoren ohne tiefere didaktische oder asketische Absichten zitierte, um die Stimmung in einem Beisammensein zu lockern oder einfach nur aus Spaß: etwa dann, wenn er Aussprüche oder Gedichte von Quevedo wiederholte, die oft alles andere als ernsthaft waren.

Er war sehr sportlich, was zu seinem Charakter passte. Wie Javier Echeverría Pilar Urbano am 2. Mai 1994 für die Madrider Zeitschrift *Época* berichtete, »war er viel geschwommen, gelaufen, hatte Hockey, Tennis und Fußball gespielt und war geritten«.

Für jemanden, der ihn erst später kennengelernt hat, ist es nicht leicht, sich vorzustellen, wie er früher war. Weil er sich immer mit den großen Themen oder mit dem beschäftigte, was die anderen interessierte, war es, selbst wenn man mit ihm zusammenlebte, schwierig, herauszufinden, worin Don Alvaros eigene Neigungen bestanden. Er vermittelte den Eindruck eines Menschen, der auf alles verzichtet hatte, um für den Willen Gottes und den Dienst an der Kirche verfügbar zu sein. Das tägliche Leben an der Seite des Opus-Dei-Gründers ließ ihn seine persönlichen Interessen hintanstellen. Jahrelang bestand seine körperliche Betätigung – wenn überhaupt – lediglich in Spaziergängen oder einer Partie Boule mit Josemaría Escrivá.

Als Schüler am *Pilar* in Madrid war er jedoch – José María Hernández Garnica zufolge – »im Fußballteam seiner Klasse ein harter und nobler Verteidiger, der bei den gegnerischen Stürmern sehr gefürchtet war«. Und diejenigen, die 1939 mit ihm beim Militär waren, erinnern sich daran, dass er sehr gerne geritten ist.

Außerdem liebte er das Meer. In den Siebzigerjahren spazierten wir an einem Feiertag in den frühen Nachmittagsstunden am Hafen von Avilés entlang; als wir an einem augenscheinlich menschenleeren Frachtschiff vorbeikamen, meinte er im Scherz, man könne sich heranschleichen und mit einem Satz an Deck springen. Wenn wir ihm den Vorschlag gemacht hätten, einen wenig belebten Ort aufzusuchen, hätte er sich – davon bin ich überzeugt – sicher mit Vergnügen in das kühle Wasser des kantabrischen Meeres gestürzt.

Diese ›alte Liebe‹ wird durch etwas bestätigt, das Javier Echeverría gegenüber Pilar Urbano am Rande erwähnte. Im Zusammenhang mit einer Schiffsreise von Neapel nach Cádiz, die sie 1968 gemeinsam mit dem Gründer des Opus Dei unternahmen, sagte er: »Don Alvaro freute sich sehr, denn, so sagte er, ›auf dem Meer zu sein, ist enorm entspannend‹.«

Als ich ihn 1976 zum ersten Mal mit einem Tennisschläger in der Hand sah, fiel mir sofort sein guter Stil auf: die Art, wie er den Schläger hielt, die weiten Ausholbewegungen, die Suche nach dem richtigen Ort, um den Ball zurückzuschlagen … Man merkte auch, dass es ihm nach so langer Zeit an Praxis fehlte … Doch er wirkte noch immer sportlich. Natürlich fielen ihm der Sport und die von den Ärzten empfohlenen Spaziergänge im Lauf der Jahre immer schwerer: Es war ergreifend zu sehen, wie sehr er kämpfte, um diese körperliche Übung auch dann in der gebührenden Weise zu absolvieren, wenn er keine oder nur sehr wenig Lust dazu hatte. Er überwand seine Trägheit mit echtem Sportsgeist … und opferte Gott diese Anstrengung auf, während er nach außen hin mit seinen Begleitern scherzte und lachte.

So habe ich ihn auch noch in seinem letzten Sommer im Jahr 1993 erlebt. Es war ein wolkiger Tag, draußen war es kühl und wenig einladend, und das Thermometer zeigte 13°. Nach dem Abendessen fragte Don Alvaro, ob man noch einen Spaziergang machen solle oder nicht:

»Wie der Vater will«, antwortete Javier Echeverría, der sich gerade einige Tropfen in die Augen geträufelt hatte, denn er war erst vor kurzem am grauen Star operiert worden. Don Alvaro erwiderte rasch:

»Wir können auch hier bleiben und uns unterhalten.«

Don Javier entgegnete:

»Es wäre gut, wenn der Vater noch einen Spaziergang machen würde.«

Da gab Don Alvaro sich *geschlagen*:

»Oh, nun gut, das ist etwas anderes.«

An anderen Tagen in jenem Sommer 1993 entschlüpften ihm spontane Äußerungen, um sich zu *verteidigen*, wenn Javier Echevarría oder Joaquín Alonso, ohne jemanden direkt anzusprechen, daran erinnerten, dass es nun Zeit sei, sich umzuziehen und aufzubrechen:

»Macht euch meinetwegen keine Umstände.«

Oder:

»Ich erlasse euch den Spaziergang.«

Oder, gegen Ende, wenn jemand davon sprach, dass man in dieser Sache ja noch einmal den Arzt befragen könne, die militärische Redensart: »Wer fragt, macht den Stall sauber.«

Doch schließlich beherzigte Don Alvaro die scherzhaft vorgebrachten und ernst gemeinten Ratschläge und achtete auf seine körperliche Gesundheit, die notwendig war, um seinen Mitmenschen dienen zu können. Im Grunde seines Herzens aber war ihm diese Besessenheit von Gesundheit und Sport, dieser Kult des körperlichen Wohlbefindens zuwider, der, wie er glaubte, für unsere Zeit typisch ist. Und zuweilen scherzte er darüber, vor allem beim Joggen mit Joaquín Alonso, so als wollte er sich von dessen überbordender Lebenskraft distanzieren.

Eines Tages erzählte ich, ich hätte in der Zeitung von einem Arzt gelesen, der beim morgendlichen Strandlauf an der Playa de la Concha in San Sebastián einen Infarkt erlitten hatte.

»Siehst du, Joaquín?«, bemerkte Don Alvaro. Und Don Joaquín antwortete:

»Wenn man rennt, um den Bus zu erwischen, kann man auch einen Infarkt kriegen ...«

»Natürlich, Joaquín«, Don Alvaro nickte verständnisvoll, »wenn man rennt ...«

Carlos del Portillo erzählt, dass sein Bruder sich in den dreißiger Jahren sehr für Fotografie interessiert habe. Einmal hatte er mehrere Fotos von ihm gemacht, bei denen er unterschiedliche Posen einnehmen musste und sich nicht bewegen durfte: Das – für ihn damals sehr überraschende – Ergebnis war ein Abzug, auf dem er sich selbst die Hand schüttelte.

Niemals hätte ich etwas von diesem Hobby geahnt, doch als ich es wusste, verstand ich plötzlich, warum Don Alvaro die Fotos, die man ihm schickte – von der Priesterweihe von Mitgliedern des Opus Dei beispielsweise –, immer wieder gerne ansah und zu den weniger gelungenen so treffende Kommentare abgab.

Allgemein bekannt war dagegen, dass er entsprechend der Familientradition schon als Junge eine große Begeisterung für Stierkämpfe hegte. Ich selbst habe ihn in anschaulichen Details erzählen hören, wie er als Kind mit seinem Vater in die Calle Victoria nahe der Puerta del Sol in Madrid ging, um Einzel- und Dauerkarten zu kaufen. Manchmal gingen sie dann noch auf einen *Pepito* in eine Bar in derselben Straße oder in der in unmittelbarer Nähe gelegenen Pasaje Matheu. Der *Pepito* war damals eine gastronomische Neuheit, die Pepe, der Inhaber der genannten Wirtschaften, kreiert hatte: Brötchen mit gebratenem Schweinefleisch, die dann nach ihrem Erfinder in der Verkleinerungsform *Pepitos* genannt wurden. Diese Spezialität war in ganz Spanien ein Riesenerfolg und ist es bis heute.

Einmal, als er noch nicht dem Opus Dei angehörte, mietete Alvaro gemeinsam mit seinen Freunden einen kleinen Stierkampfplatz, um mit ein paar jungen Bullen zu kämpfen ... Noch im Alter erinnerte er sich gut an die berühmtesten Stierkämpfer der damaligen Zeit. Und in seinen Alltagsgesprächen benutzte er häufig Metaphern aus dem Stierkampf, die als Redensarten in Spanien verhältnismäßig häufig sind.

Im Juni 1976 hörte ich mit an, wie er sich spontan über Josemaría Escrivá äußerte: Auch wenn der Gründer selbst sich demütig als das *Tischbein* betrachtete, mit dem Gott schrieb, hätte der Herr – so Don Alvaro – doch in Wirklichkeit *den Stier mit der Lanze gereizt*, als er diese Persönlichkeit formte.

Mit dem Gründer des Opus Dei verband ihn die Hoffnung – wegen der Barmherzigkeit Gottes und der Gebete seiner Kinder –, *wie ein Torero* am Fegefeuer *vorbeitänzeln* zu können, wenn Gott ihn zu sich riefe. Vom heiligen Josemaría hatte er auch gelernt, die Mitglieder des Opus Dei angesichts des unermesslichen apostolischen Panoramas der heutigen Welt zu freier Initiative anzuspornen. Sie ermutigten jeden Einzelnen, sich in die Arbeit zu stürzen und sich nicht zurückzuhalten: Wer den Stier sehen wolle, könne nicht *hinter der Absperrung* stehen bleiben, sondern müsse sich im Gegenteil *in den Kampf stürzen* und *die Arena betreten*, um sich an den verschiedensten Initiativen und offiziellen oder privaten Organisationen zu beteiligen.

Angesichts der apostolischen Aufgaben gab es natürlich weder Menschenfurcht noch Angst vor dem, was die Leute sagen, weil ein Christ sich die Welt aufsetzt wie eine *Stierkämpferkappe* – im Klartext: weil er auf die Welt pfeift. Für einen Menschen, der in Gott verliebt ist, gibt es keine Hindernisse: Mit der *Leichtigkeit des Stierkämpfers* setzt er sich über sie hinweg. Hinzu kommt die Fürsprache des heiligen Josemaría: Mit seiner Herzlichkeit und seinem Verständnis wird er im Himmel wie schon zuvor auf der Erde seine *Capa*, seinen Stierkämpferumhang über sie alle breiten. Wenn man auf Schwierigkeiten stieß, dann musste man sich *die Hörner abstoßen*. Und auch wenn es immer richtig war, die Probleme anzugehen – *geradewegs auf den Stier zuzugehen* – und ihn ohne Ausflüchte oder Beschönigungen *bei den Hörnern zu packen*, gab es doch auch Umstände, in denen eine *larga cambiada* ratsam schien – ein Manöver, bei dem der Torero den Stier mithilfe der *Capa* dicht an seinem Körper vorbeistürmen und ins Leere laufen lässt.

Im Mai 1983 hatte Don Alvaro unzählige Gespräche in Mexiko. Dem Regionalvikar Rafael Fiol erteilte er den Auftrag, ihm ein Signal zu geben, damit er wüsste, wie viel Zeit ihm noch bliebe, denn nur so konnte er seinen Terminplan einhalten. Als dieser tat, worum er gebeten worden war, bemerkte Don Alvaro – und bediente sich dabei wieder einer Redewendung aus der Stierkampfsprache, die man auch in Mexiko kennt:

»Ich habe ihm gesagt, er soll mir dreimal ein Zeichen geben. Und beim dritten Mal heißt es dann: *Al corral!* … Gut, eins ist noch übrig.«

Josemaría Escrivá, der diese Neigungen und vor allem Don Alvaros tägliche Kämpfe gut kannte, ließ um das Jahr 1949 folgende Widmung in ein Exemplar von *Der Weg* drucken: »Für meinen Sohn Alvaro, der, um Gott dienen zu können, mit so vielen Stieren hat kämpfen müssen.«

5

Der Ingenieur

Wenn man ihn als kleinen Jungen danach fragte, antwortete Alvaro immer, er wolle einmal Torero oder Bischof werden, weil er dann bunte Kleider tragen könne. Nach dem, was Professor Manuel Guerra am 25. März 1994 im *Diario de Burgos* schrieb, neigte sich die Waagschale just in dieser Stadt in Kastilien dann doch dem Beruf des Stierkämpfers zu. Als er als Kind die Ferien bei einer Tante in Burgos verbrachte, sah er eines Tages, so erzählte Don Alvaro Jahre später, »vom Fenster ihres Hauses am Espolón aus, wie, begleitet von einer Militäreskorte, der Leichnam des Erzbischofs von Burgos vorbeigetragen wurde. Die Tatsache, dass auch Bischöfe sterben, löste das Dilemma: ›Ich werde Torero‹.«

Die Zeit verging, und mit elf oder zwölf Jahren kam er auf die Idee, entweder Bauingenieur zu werden oder Philosophie und Literatur zu studieren. Diese bombastischen und wohlklingenden Berufsbezeichnungen – ›Ingeniero de Caminos, Canales y Puertos‹ und ›Licenciado en Filosofía y Letras‹ – übten auf seine kindliche Phantasie eine starke Anziehungskraft aus. Manchmal spielte er auch mit dem Gedanken, wie sein Vater Anwalt zu werden, traute es sich jedoch nicht zu, in der Öffentlichkeit frei und gewandt zu reden.

Die Stunde der Wahrheit war auch die Stunde des Realismus. Als er 1931 das Abitur machte, war die finanzielle Situation der Familie nicht gerade einfach. Deshalb entschied er sich – obwohl er sich dann später auf den Besuch sowohl der Schule für Bau- als auch der für Bergbauingenieurwesen vorbereitete – zunächst für die kürzere Ausbildung zum Adjutanten für Öffentliche Bauten. 1932 begann er mit der Ausbildung und schloss sie drei Jahre später mit dem Titel eines Adjutanten ab, was ihm die Möglichkeit gab, schon bald sein eigenes Geld zu verdienen.

Seine Ausbildung wurde sicherlich durch die Tatsache erleichtert, dass er gerne und gut zeichnete. Mercedes Santamaría erinnerte sich, dass Alvaro viele Stunden mit Zeichnen verbrachte, und sie glaubte auch, dass er anderen, die größere Schwierigkeiten hatten als er, dabei half. Auch Carlos del Portillo erzählte mir eine Begebenheit aus seiner Kindheit: Er war ein eher aufsässiges Kind, und eines Tages spielte er mit den Plänen, die Alvaro im Laufe des Jahres gezeichnet hatte. Dabei stieß er ein Tintenfass oder etwas Ähnliches um und verdarb die Entwürfe fast völlig. Doña Clementina wurde sehr ärgerlich, weil sie wusste, dass Alvaro Stunde um Stunde daran gearbeitet hatte, und Carlos hatte wirklich Angst vor seiner Reaktion. Als er jedoch nach Hause kam und sah, was passiert war, rief er den kleinen Bruder zu sich, setzte ihn auf seine Knie und erteilte ihm eine praktische Lektion in Verantwortungsbewusstsein. Carlos war tief beeindruckt:

»Statt mich übers Knie zu legen, erklärte er mir, wie wichtig diese Arbeit ist, damit ich in Zukunft vorsichtiger damit umginge!«

In der damaligen Zeit erforderten die Aufnahmeprüfungen an den Hochschulen in der Regel mehrere Jahre sehr intensiver Vorbereitung. Alvaro wurde 1933 an der Schule für Bauingenieure zugelassen. Er konnte jedoch erst zum nächsten Schuljahr beginnen, weil die akademischen Behörden es ihm nicht erlaubten, diesen Studiengang – eigentlich ging es nur um das erste Jahr – parallel zu seiner Adjutantenausbildung zu absolvieren. Er entschloss sich dazu, dieser mittleren technischen Laufbahn den Vorrang zu geben und die Studien für die höheren Ingenieurgrade zunächst noch aufzuschieben. Deshalb hatte er 1936 bei Ausbruch des spanischen Bürgerkriegs erst das erste und zweite Jahr (also die Studienjahre 1934/35 und 1935/36) abgeschlossen.

Seine erste Anstellung als Adjutant für Öffentliche Bauten erhielt er bei der Generaldirektion für Wasserwirtschaft der *Confederación Hidrográfica del Tajo*, die zur Abteilung für Brücken und Fundamente des Ministeriums für Öffentliche Bauten gehörte. Auf diese Weise konnte er sein Ingenieurstudium fortsetzen und gleichzeitig Geld verdienen, denn sein Arbeitstag begann bei dieser Organisation erst spät.

Jeden Morgen ging er von seinem Haus in der Conde de Aranda durch den Retiro-Park – das Schulgelände betrat man damals von der Cuesta de Claudio Moyano aus – und betete unterwegs in aller Ruhe den Rosenkranz. Nach dem Unterricht machte er sich mit mehreren Kameraden zusammen auf den Heimweg. Häufig ging er dabei die Cuesta Moyano hinunter, wo die Gebrauchtbuchhändler ihre Buden hatten: Das war eine gute Gelegenheit, um das eine oder andere interessante Werk durchzublättern oder zu erwerben. An anderen Tagen ging er auf demselben Weg zurück, auf dem er am Morgen gekommen war, und nutzte den Spaziergang unter anderem für Gespräche mit seinem Freund Francisco José, der in der Calle Claudio Coello ungefähr auf der Höhe wohnte, wo die Calle de Maldonado mündet. Wie Don Alvaro 1990 erzählte, sprach er mit ihm viel über Religion, denn obwohl er ein anständiger Bursche war, bekannte Francisco sich zum Agnostizismus und ließ sich nicht überzeugen:

»Ich biss auf Granit.«

Auch als Don Alvaro schon in Rom war, hörte er nicht auf, dem Freund zu schreiben, und beendete seine Briefe immer mit der Bitte: »Bete für mich!« In einem der letzten Briefe, den Francisco an Don Alvaro schrieb, versicherte er ihm: »Sei unbesorgt: Wir beten für dich, hier bei uns zuhause.« Als seine Stunde gekommen war, empfing er die Sakramente und starb einen guten Tod.

Nach dem tragischen Einschnitt der Bürgerkriegszeit setzte Don Alvaro sein Studium mit noch größerer Intensität fort. Unmittelbar nach dem Krieg traten Sonderpläne in Kraft, die es ihm ermöglichten, 1939/40 das dritte und vierte Jahr abzuschließen, obwohl er dazu natürlich viele Fächer belegen musste. So konnte er sein Studium 1941 beenden: Er wurde in den Verein der Bauingenieure aufgenommen und der für das Gebiet des Flusses Segura zuständigen Abteilung des Ministeriums für Öffentliche Bauten zugeteilt.

Dazu waren beträchtliche Anstrengungen notwendig gewesen, denn der Aufgabenberg war größer und größer geworden. Manchmal hatte er einfach keine Zeit gefunden, den Unterricht zu besuchen, und sich den Stoff auf eigene Faust angeeignet. Ein anderer Bauingenieur, Fernando Valenciano, erzählte, dass einer der damaligen Professoren an der Ingenieurschule sehr streng gewesen sei: Er ließ keinen Schüler zur Abschlussprüfung zu, der mehr als dreimal unentschuldigt gefehlt hatte; die Betreffenden wurden automatisch von den Prüfungen ausgeschlossen. Alvaro war in dieser Situation; er hatte deutlich häufiger gefehlt, weil er dem Gründer des Opus Dei bei Arbeiten hatte helfen müssen, die nicht aufgeschoben werden konnten. Dennoch versuchte er mit dem Professor zu reden, und zum Erstaunen seiner Klassenkameraden konnte er ihn davon überzeugen, ihn zu prüfen. Einige erwarteten nun, dass er durchfallen würde, doch er bestand, denn er beherrschte das Fach gut. Fernando Valenciano hörte ihn diese Begebenheit nur ein- oder zweimal erzählen, und erinnert sich noch daran, wie Don Alvaro hinzufügte:

»Das soll nicht heißen, dass man nicht zum Unterricht gehen soll; ich bin nicht hingegangen, weil ich nicht konnte.«

Mehr als einmal gab der Gründer selbst in dieser Zeit den Bewohnern des Opus-Dei-Zentrums an der Kreuzung Diego de León/Lagasca den Hinweis:

»Ihr dürft Alvaro jetzt nicht stören, denn er hat nächste Woche Prüfung.«

Und Alvaro brachte viele Stunden am Tag damit zu, für das jeweilige Fach zu lernen; er legte die Prüfung ab und bekam gute Noten …

Daran erinnerte 1975 auch Vicente Mortes in der Zeitschrift der Berufsschule für Bauingenieure. Er hatte an einer Versammlung von ehemaligen Mitschülern teilgenommen, die im Oktober 1967 stattfand, wobei man sich die Tatsache zunutze machte, dass Don Alvaro gerade in Madrid war, um ihm die Insignien des Großkreuzes des heiligen Raimund von Peñafort zu überreichen, das ihm damals verliehen worden war. Antonio Inglés, der Jahrgangsbeste, richtete einige herzliche Worte an ihn. Don Alvaro fühlte sich zu einer mehr oder weniger förmlichen Antwort verpflichtet. Dabei erwähnte er unter anderem:

»Als ich die Schule besuchte, haben sich meine Mitschüler häufig gewundert, weil ich montags immer sehr müde war und im Unterricht einschlief. Schon damals musste ich häufig samstags losfahren und quer durch Spanien reisen. Ich reiste zwei Nächte hindurch, arbeitete den ganzen Sonntag über und kam montags zurück, so pünktlich, wie es eben ging, auch wenn Don Bernardo de Granda sich darüber ärgerte.«

1989 erwähnte er am Rande, doch mit großer Herzlichkeit einen anderen seiner Lehrer an der Ingenieurschule, Professor Mendizábal. Er besaß das Talent – eigentlich war es ihm schon zur Gewohnheit geworden –, bei jeder Beschreibung drei Adjektive zu verwenden. So sprach er beispielsweise von einem »starken, festen und schlanken« Niet (ein Niet ist eine Art Metallbolzen). Als Alvaro del Portillo und José Luis Múzquiz zu Priestern geweiht wurden, schrieb er ihnen einen Brief, der mit den Worten begann: »Liebe Gefährten, ehemalige Schüler und Priester …«

Don Alvaro war seinen Mitschülern ein Freund. Roberto Gomá Pukada betonte, dass er in dem zuweilen angespannten Klima der Nachkriegszeit »durch seine Heiterkeit auffiel: Er wirkte immer liebenswürdig und ausgeglichen.«

Nach seiner Ausbildung legte er großen Wert darauf, mit seinen Kameraden in brieflichem Kontakt zu bleiben. Wann immer es ihm möglich war, traf er sich mit ihnen. Er interessierte sich für alle, auch für die, die er jahrelang nicht gesehen hatte. Ricardo Castelo beschrieb das letzte Wiedersehen mit ihm im Januar 1994. Er lag in der Universitätsklinik von Navarra, und Don Alvaro war nach Pamplona gekommen, um als Großkanzler der Universität bei der Zeremonie der Verleihung neuer Ehrendoktorwürden den Vorsitz zu führen.

Ricardo verfolgte den akademischen Festakt auf den in der Klinik installierten Überwachungsmonitoren. Kurz darauf sagte er dem behandelnden Arzt, wie gerne er mit Don Alvaro sprechen würde:

»Er antwortete, dass er ihm meinen Wunsch ausrichten wolle, und ich dachte, dass ich wahrscheinlich nach einigen Tagen einen kurzen Brief von ihm bekommen würde, in dem er sich entschuldigte, und das mit gutem Grund; denn er war sehr beschäftigt, und viele Leute wollten ihn sehen.«

Doch noch am Nachmittag desselben Tages kam Don Alvaro ihn in der Klinik besuchen:

»Ich war sehr beeindruckt, dass er so schnell kam, nach einem so hektischen Tag, wie er ihn gehabt hatte, so müde, wie er war, und das nur, um sich mit einem alten Freund zu unterhalten.«

Diese Unterhaltung war überaus herzlich. Don Alvaro fragte ihn nach anderen gemeinsamen Mitschülern, die er schon seit längerer Zeit nicht mehr gesehen hatte. Schließlich küsste Ricardo seinen Bischofsring, und Don Alvaro küsste ihn auf beide Wangen und sagte zu ihm: »Du hast dich auf Spanisch verabschiedet, ich verabschiede mich auf Italienisch.«

Don Alvaro hatte eine gute Ingenieurausbildung erhalten, und es war klar, welche beruflichen Ziele ihm vor Augen standen. Dennoch gab er diese unverkennbare menschliche Vorliebe auf, um der Gnade Gottes zu entsprechen, die ihn auf andere Wege führte. Doch die Liebe zu seinem bürgerlichen Beruf blieb: Als die spanische Universitätsgesetzgebung geändert und an den Höheren Technischen Schulen das Doktorat eingeführt wurde, schuf man zugunsten der Ingenieure, die ihre Ausbildung früher gemacht hatten, eine Übergangsregelung; Don Alvaro, der zu dieser Zeit bereits in Rom war, machte sich diese Regelung zunutze und arbeitete bis 1965 an einem Projekt – der Modernisierung einer Metallbrücke – das er vorlegen wollte, um den Doktorgrad im Ingenieurwesen zu erwerben.

Viele Jahre zuvor hatte Don Alvaros Ingenieurtitel eine Wirkung erzielt, die niemand hätte ahnen können. Das berichtete Cesare Cavalleri, der Direktor der mailändischen Zeitschrift *Studi Cattolici*, am 24. März 1994 in der Tageszeitung *Avvenire*: 1943 hatte der Gründer des Opus Dei Don Alvaro nach Rom geschickt, wo er dem Heiligen Stuhl einen Entwurf für die kirchenrechtliche Form des neuen Instituts vorlegen sollte. Damals war er 29 Jahre alt. Zur Audienz bei Papst Pius XII. trug er die schmucke Uniform der spanischen Ingenieure: einen marineblauen Anzug mit goldenen Knöpfen und violetter Schärpe um die Taille. Dieses Zeichen der Ehrfurcht gegenüber dem Römischen Pontifex kaschierte zugleich, wie jung er noch war, und verdeutlichte überdies den durch und durch laikalen Charakter des Werks. Unterwegs hörte er in der Straßenbahn zufällig ein Gespräch zwischen zwei Personen mit an, die diese Art der Uniform nicht kannten:

»Unglaublich: so jung und schon Admiral!«

Der Goldbesatz stammte aus der Zeit, als das Korps der Ingenieure, die im Dienst der öffentlichen Verwaltung Spaniens standen, noch dem Militär angehörte. Als er den Vatikan durch den *Portone di Bronzo* betrat, fühlte der wachhabende Schweizergardist sich verpflichtet, den ganzen Wachtrupp antreten zu lassen; dann nahm er Haltung an, um den *hochrangigen Militär*, der da zu Besuch kam, in gebührender Weise zu begrüßen und *Meldung* zu machen. Don Alvaro, der auch in angespannten Situationen nie seinen Humor verlor, ließ sich nichts anmerken: Er erwiderte den Gruß, schritt die Truppe ab und setzte dann seinen Weg fort, als sei dies das Normalste von der Welt. Später hat er diese Episode einige Male im Scherz erwähnt.

Im Laufe der Jahre kam sein Berufsstand als Bauingenieur immer wieder einmal zum Tragen, auch wenn er sich nun grundsätzlich ganz anderen Aufgaben widmete: wenn er am Beispiel von Staumauern oder öffentlichen Bauten etwas verdeutlichte, wenn er über die *Sicherheitsfaktoren* scherzte oder wenn er sich zu spezifischen Aspekten seines Berufes äußerte. Die grundlegenden Bestandteile seiner Ausbildung zeigten sich an seinen strukturierten und präzisen Begriffen und Vorstellungen und an seinen tief in der westlichen humanistischen Bildung verwurzelten intellektuellen Gewohnheiten, die er schon bald auch durch sein Studium der Philosophie und Literatur und durch seine Promotion in Geschichte weiterpflegen sollte. Wie der Rektor der Universität von

Navarra, Alejandro Llano, 1994 erklärte: »Er war die lebendige Synthese zweier Arten von Bildung: der humanistischen und der technischen. Er war eine große intellektuelle und akademische Persönlichkeit.«

6

Der spanische Bürgerkrieg

Am 1. September 1976, kurz vor Don Alvaros Rückkehr nach Rom, wurde zum Abendessen in Solavieya eine Flasche Cigales, ein Geschenk aus Valladolid, serviert. Auch wenn normalerweise kein Wein getrunken wurde, wollte Don Alvaro ihn an diesem Tag gerne probieren – zur Erinnerung an seinen Aufenthalt in Cigales, wo die Armee ihn im Januar 1939 stationiert hatte, als der spanische Bürgerkrieg bereits beendet war.

Als der Krieg ausbrach, lebte er bei seinen Eltern und Geschwistern. Ramón, Pepe und Paco versteckten sich an verschiedenen Orten in Madrid. Alvaro dagegen blieb im elterlichen Haus, wohin er am Abend des 19. Juli 1936 auf ausdrückliches Geheiß des heiligen Josemaría zurückgekehrt war. Vorher hatte er im Wohnheim Ferraz gelebt. Abgesehen von den Vorsichtsmaßnahmen, die die Klugheit gebot, führte er dank seines gelassenen und furchtlosen Temperaments ein relativ normales Leben. Wenn er nicht durch unabänderliche Umstände daran gehindert wurde, hielt er zum Gründer und den übrigen Mitgliedern des Opus Dei, die sich noch in der spanischen Hauptstadt aufhielten, regelmäßig Kontakt.

Neben seinem Elternhaus in der Conde de Aranda 16 stand eine Schule, die in ein Quartier umgewandelt worden war. Eines Abends kam Alvaro spät nach Hause und konnte die Tür nicht öffnen. Daraufhin ging er kurz entschlossen in das benachbarte Quartier und fragte dort, ob ihm vielleicht jemand zur Hand gehen könne: Die dort stationierten Soldaten halfen ihm, ohne zu zögern. Ich hörte Don Alvaro diese Begebenheit im Juni 1976 erzählen; er hat damals aber nicht genau gesagt, wann sich die Episode zugetragen hat – es ist sogar nicht ausgeschlossen, dass es zu der Zeit war, als sein Jahrgang bereits den Stellungsbefehl erhalten hatte und Don Alvaro von Rechts wegen als Deserteur galt.

Bis zum 13. August blieb er in der Conde de Aranda. An diesem Tag erschienen früh am Morgen einige Milizionäre in der Wohnung eines Nachbarn, Cristino Bermúdez de Castro. Er war der Sohn eines bekannten Generals. Seine Frau eilte durchs Treppenhaus hinunter zu den Del Portillos, um einige Wertgegenstände bei ihnen zu verstecken. Doch die Milizionäre kamen praktisch gleichzeitig mit ihr an und durchsuchten daraufhin das ganze Haus. Als sie Alvaros Zimmer betraten, stopfte er sich etwas in den Mund und begann zu kauen. Pilar del Portillo meint, es könnte sich um eine Liste mit den Adressen und Telefonnummern seiner Freunde gehandelt haben. Sie schrieen ihn an:

»Du da, was kaust du da?«

Alvaro antwortete in festem Ton:

»Ein Stück Papier.«

Bis zur Mittagszeit durfte die ganze Familie sich nicht vom Fleck rühren. Die Milizionäre wollten sicher sein, dass sie Cristino Bermúdez de Castro nicht warnen konnten. Es gelang ihnen, ihn zu verhaften, und nach einem Eilverfahren des Volksgerichts wurde er noch in derselben Nacht erschossen. Auch Don Ramón del Portillo wurde an jenem Tag verhaftet und an einen unbekannten Ort gebracht.

Angesichts dieser Lage hatte Alvaro keine Wahl: Er musste sich ein Versteck suchen. Kurze Zeit später zog er mit seinem Bruder Pepe in ein etwas zurückgesetztes Einfamilienhaus, das von der Puerta de Alcalá gesehen auf der linken Seite der Calle Serrano stand und Freunden der Familie gehörte. Die Eigentümer hatten ein Blatt Papier mit den argentinischen Farben bemalt und am Haus angebracht, weil sie hofften, auf diese Weise Überfälle verhindern zu können, auch wenn das Haus natürlich in Wirklichkeit nicht unter dem Schutz des südamerikanischen Landes stand.

Nach einigen Wochen war er neugierig zu erfahren, ob er noch immer beim Ministerium für Öffentliche Bauten geführt wurde, bei dem er vor Ausbruch des Krieges gearbeitet hatte. Tatsächlich hatte man ihm nicht gekündigt, und was noch besser war: Er konnte sich das noch ausstehende Gehalt auszahlen lassen. Daraufhin tat er etwas, was er bis zu diesem Zeitpunkt nicht gewagt hatte: Er ging zur Feier des Tages in *La Mezquita*, eine Kneipe, die ganz in der Nähe am Rondell Alonso Martínez lag, dort wo die Calle Sagasta mündet:

»Mein Verstand war so benebelt, dass ich nicht einmal hineinging, sondern mich in aller Ruhe an einen der Tische draußen auf dem Bürgersteig setzte, wo ständig Leute vorübergingen. Ich kam gar nicht auf den Gedanken, dass mich jeden Augenblick jemand nach meinen Papieren fragen könnte, was meine sofortige Verhaftung zur Folge gehabt hätte.«

Doch sein Leichtsinn erwies sich als providentiell, denn hier traf ihn Alvaro González, der Vater von José María González Barredo, einem der frühesten Mitglieder des Opus Dei. Alvaro González erzählte ihm, dass er Josemaría Escrivá ganz in der Nähe, in seinem Haus in der Calle Caracas versteckt halte. Er ruhe sich dort ein wenig aus, weil er sehr erschöpft sei. Doch er könne ihn nicht auf Dauer dort behalten, weil der Portier des Hauses nicht vertrauenswürdig sei.

»Ohne zu zögern«, erzählt Alvaro del Portillo, »antwortete ich ihm: Dann soll er zu mir kommen.«

Auf diese Weise zog Escrivá zu Pepe und Alvaro del Portillo in das Haus in der Calle de Serrano. Mit Juan Jiménez Vargas stieß später noch ein weiteres Mitglied des Opus Dei zu ihnen. Doch als gerade einmal drei Wochen vergangen waren, erfuhren sie, dass auch dieser Ort nicht sicher genug war. Sie setzten alle Hebel in Bewegung, um so rasch wie möglich ein neues Versteck zu finden. Einige Zeit später begleitete Alvaro den Gründer in das Haus von Professor Eugenio Selles in der Calle Maestro Chapí, wo er für drei Tage unterkam.

Alvaro siedelte schließlich in eine Niederlassung der finnischen Botschaft um, wo er bis Anfang Dezember 1936 blieb; dann wurde das Gesandtschaftsgebäude von den Volksmilizen gestürmt. Alle Flüchtlinge wurden in das Gefängnis in der ehemaligen Schule San Antón gebracht. Als seine Mutter davon erfuhr, kam sie, um ihn zu besuchen, und brachte Lebensmittel mit, die in jenen schweren

Tagen alles andere als leicht zu beschaffen waren. Sie wurden jedoch nie an Don Alvaro weitergegeben. So hatte er unter großem Hunger und unzähligen Demütigungen zu leiden. Wenn er davon erzählte, berichtet seine Schwester Pilar, tat er dies »mit großem Frieden und ohne Groll, doch voller Trauer darüber, wozu jene Menschen sich von ihrem Hass hatten hinreißen lassen«. Als seine Mutter und seine Schwester schließlich zu ihm vordringen konnten, bestand er darauf, dass sie sich keine Sorgen machen sollten: »Er durchlebte diese Situation«, so Pilar abschließend, »mit einer großen Gelassenheit, mit jener inneren Ruhe, die so typisch für ihn war.«

Don Alvaro selbst äußerte sich nur selten über diese Zeit in seinem Leben. Eine dieser wenigen Gelegenheiten war Ende Januar 1987 in Cebú. Um deutlich zu machen, wie wichtig es ist, den Frieden zu lieben und zu fördern, spielte er am Rande auf die Verfolgung an, unter der die Kirche während des spanischen Bürgerkriegs zu leiden hatte:

»Ich hatte mich an keinerlei politischen Aktivitäten beteiligt; ich war weder Priester noch Ordensmann noch Seminarist, sondern Student an der Ingenieurschule; und doch warfen sie mich ins Gefängnis, nur weil ich einer katholischen Familie angehörte. Damals trug ich einen Kragen, und manchmal kam eine der Wachen – er hieß Petrow, das war ein russischer Name – auf mich zu, hielt mir die Pistole an die Schläfe und sagte: Du bist ein Priester, du trägst einen Kragen. Er hätte mich jederzeit töten können. Er tat es nicht, weil Gott der Meinung war, dass ich dem Teufel noch eine Menge Schwierigkeiten würde machen können – oder dass ich noch nicht bereit für den Himmel war. Es war beängstigend.«

Im Januar 1992 nahmen ein Kroate und ein Slowene an einem Beisammensein von Mitgliedern des Opus Dei teil. Sie litten noch immer unter den Folgen eines schweren Konflikts, der viele persönliche Opfer gefordert und auch viele katholische Kirchen zerstört hatte. Don Alvaro sprach zu ihnen von der Notwendigkeit der Vergebung. In diesem Zusammenhang erwähnte er abermals eines seiner Erlebnisse in San Antón:

»Dort war eine Kapelle, in der 400 Häftlinge eingesperrt waren. Einmal ging ein kommunistischer Milizionär an den Altar, stieg darauf und steckte einer der Heiligenfiguren eine Zigarettenkippe zwischen die Lippen; daraufhin trat einer meiner Mithäftlinge nach vorne und nahm die Kippe weg. Sie töteten ihn sofort, weil er das getan hatte. Es herrschte ein unglaublicher Hass auf die Religion. Nun, man muss verzeihen können.«

Alvaro blieb bis zum 29. Januar 1937 in Haft. Einen Tag nach seiner Gerichtsverhandlung wurde er freigelassen. Das mexikanische Gesandtschaftsgebäude, wo seine Eltern und die kleineren Geschwister untergekommen waren, konnte ihn nicht aufnehmen, und so suchte er eine andere Zuflucht. Gemeinsam mit dem Gründer und anderen Mitgliedern des Opus Dei flüchtete er sich in das Konsulat von Honduras.

Auf die Entbehrungen und harten Lebensbedingungen in diesem kleinen Raum, in dem sie eingesperrt waren und in dem dennoch eine Atmosphäre des Friedens, der gut genutzten Zeit – dort begann er Japanisch und Deutsch zu lernen – und der übernatürlichen Sicht greifbar war, müssen wir hier nicht näher eingehen, denn diese Szenen sind von den Biographen des heiligen Josemaría beschrieben worden – unter anderem dank Alvaros ausdrucksstarker Zeichnungen, die die Situation tagsüber im Zimmer und die Verteilung der Matratzen veranschaulichten, auf denen sie nachts schliefen.

Einer der härtesten Momente dieser Zeit war für Alvaro der Tod seines Vaters. Don Ramón del Portillo war im August 1936 verhaftet worden; erst Anfang 1937 erfuhr die Familie, dass er ebenfalls im Kerker von San Antón untergebracht war. Die Zahl der Häftlinge war so groß und die Möglichkeiten, miteinander in Verbindung zu treten, so reduziert, dass Vater und Sohn lange Zeit im selben Gefängnis eingesperrt waren, ohne dass es ihnen gelang, sich zu treffen. Sobald Doña Clementina erfahren hatte, wo er war, setzte sie gemeinsam mit der Botschaft ihres Heimatlandes Mexiko alle Hebel in Bewegung, um ihren Mann freizubekommen.

Danach suchte er gemeinsam mit Doña Clementina Zuflucht im mexikanischen Gesandtschaftsgebäude. Don Ramóns Gesundheitszustand war äußerst bedenklich. Ein Arzt, Dr. Calderín, diagnostizierte Kehlkopftuberkulose. Trotz seiner Behandlung verschlimmerte sich die Krankheit.

Anfang September 1937 bat die Mutter ihre Kinder Tere und Carlos, Alvaro zu benachrichtigen, der sich im honduranischen Konsulat versteckt hielt. Der informierte daraufhin Don Josemaría Escrivá, der das Gesandtschaftsgebäude verlassen hatte und sich relativ frei in Madrid bewegte, obwohl seine Papiere nicht ganz hieb- und stichfest waren.

Der Gründer des Opus Dei besuchte Don Ramón, um dem Sterbenden beizustehen. Er spendete ihm die Krankensalbung und das Viaticum, ehe er Madrid in den ersten Oktobertagen desselben Jahres verließ. Pilar del Portillo erinnert sich, dass er eine Art Kittel trug wie ein Verkäufer oder ein Arzt. Um ihn zu schützen, begrüßten sie ihn, nachdem sie die Tür geöffnet hatten, mit den Worten: »Da ist ja der Herr Doktor!« Er trug die heiligen Öle in einer Injektionsspritze und das in ein sehr kleines Korporale eingehüllte Allerheiligste in einem Frauenzigarettenetui bei sich, das in einem Futteral in den honduranischen Landesfarben steckte. Nach dem Empfang der Sakramente fühlte Don Ramón sich sehr getröstet.

Natürlich sehnte Alvaro sich von ganzem Herzen danach, seinen Vater zu besuchen, den er seit August 1936 nicht mehr gesehen hatte. Doch der Gründer riet ihm nachdrücklich davon ab: Es war nicht klug, den Unterschlupf ohne die erforderlichen Papiere zu verlassen. Alvaro fügte sich, auch wenn es ihm schwerfiel, und opferte es Gott auf, dass er in dieser Zeit nicht bei seinem Vater sein konnte, dessen Zustand sich weiter verschlechterte, bis er am 14. Oktober starb. Zu diesem Zeitpunkt war der Gründer bereits weit von der spanischen Hauptstadt entfernt.

Der Darstellung Pilar del Portillos zufolge »muss dies für Alvaro sehr schwer gewesen sein«; doch, so fügte sie hinzu, »jeder konnte uns verraten: So hatte zum Beispiel die Köchin, die im mexikanischen Gesandtschaftsgebäude arbeitete, extremistische und sehr radikale politische Ansichten. Sie hatte eine Tochter, die Mantequilla hieß, und wir sagten den Kleinen immer, dass sie ihr, wenn sie mit ihr spielten, nichts von dem erzählen dürften, was wir untereinander besprachen, weil die Gefahr bestand, dass sie es ihrer Mutter weitererzählen und die uns dann denunzieren würde.«

Nach Don Ramóns Tod tat die Familie Del Portillo alles, was in ihrer Macht stand, und erreichte es schließlich, dass sie Madrid verlassen und nach Burgos ziehen durften.

Alvaro jedoch blieb im honduranischen Konsulat. Gemeinsam mit Vicente Rodríguez Casado – der bisher im norwegischen Legationsgebäude untergekommen war – und Eduardo Alastrué plante er, die Hauptstadt zu verlassen, sobald sie sich mithilfe der Geburtsurkunden von Angehörigen anderer Nationalitäten falsche Pässe verschafft hätten. Und tatsächlich gelang es ihnen, sich entsprechende Dokumente von kubanischen Staatsangehörigen zu besorgen, die sie sodann dem kubanischen Konsulat vorlegten. Doch der Konsul akzeptierte die Papiere nicht. Sie informierten Isidoro Zorzano, der nach der Abreise des Gründers als Leiter in der Hauptstadt zurückgeblieben war, über ihre Pläne und ihre Vorgehensweise. Er erteilte ihrem Wunsch, das Konsulat zu verlassen, eine Absage. Bis er eines Tages – schon 1938 – im Gebet mit dem Blick auf ein kleines Kruzifix, das er gemeinsam mit dem Allerheiligsten in seinem Arbeitszimmer aufbewahrte, mit einem Mal wusste, dass sie am 12. Oktober die Frontlinie überqueren würden. Nachdem Isidoro von Gott diese außergewöhnliche Erleuchtung empfangen hatte, suchte er das honduranische Gesandtschaftsgebäude auf und gab ihnen grünes Licht, ihren Unterschlupf unter bestimmten Voraussetzungen zu verlassen.

Vicente, Eduardo und Alvaro schlossen sich an verschiedenen Tagen und unter falschem Namen der Miliz an:

»Logisch wäre es gewesen, wenn jeder von uns an einem anderen Ort gelandet wäre; doch sie teilten uns demselben Regiment, demselben Bataillon, derselben Kompanie und demselben Zug zu – unglaublich! Wir waren zwei Gefreite und ein gemeiner Soldat.

Mich fragten sie: Kannst du lesen? Ich antwortete: Ein wenig. Und sie vermerkten: halber Analphabet. Dann machten sie mich zum Gefreiten; dabei hatte ich von nichts eine Ahnung, weil ich gar keinen Wehrdienst geleistet hatte. Sobald wir an der Front ankamen, liefen wir über.«

Alvaro benutzte nacheinander die Namen ›Pepe Portillo‹, ›Alvaro Rostillo‹ und ›Juan Alvaro Cortillo‹. Gemeinsam mit Vicente und Eduardo wurde er einer Kompanie der 21. Brigade zugeteilt, die am 24. August von Madrid in Richtung Front aufbrach. Bis zum 12. Oktober gab es viele Zwischenfälle, die Alvaro in einem handschriftlichen Bericht festhielt. Er nannte ihn *Von Madrid nach Burgos über Guadalajara.* Dort beschrieb er seine lebhaften Erinnerungen an ihren Auszug aus Madrid mit einem Satz, der für seine Haltung in dieser Situation bezeichnend ist: »Unterwegs stellen die Leute die unterschiedlichsten Vermutungen darüber an, wohin uns unser Marsch wohl führen wird. Levante? Extremadura? Guadalajara? Wir beteiligen uns kaum an ihren Gesprächen. Es ist uns völlig egal, denn wir wissen: Wohin sie uns auch bringen, es wird in jedem Fall der beste Ort an der ganzen Front sein, um überzulaufen.«

Sie kamen nach Anchuelo – bei Alcalá de Henares – und in das etwa zehn Kilometer von Guadalajara entfernte Fontanar, von wo aus sie am 9. des Monats den Marsch zur Front begannen, der sie durch Razbona und Tamajón führte, bis sie in der Umgebung eines Dörfchens namens Roblelacasa Halt machten. Am Morgen des 11. Oktober flohen Alvaro, Vicente und Eduardo von einem Ort in der Nähe von Campillo de las Ranas. Sie erreichten den Kamm des Ocejón und folgten dem Lauf des Río Sonsaz. Dann durchquerten sie das Tal des Río Sorbe. Sie übernachteten in einer Höhle. Am darauf folgenden Morgen stiegen sie auf einen weiteren Berg. Aus der Höhe konnten sie ein Dorf erkennen, aus dem ein Kirchturm herausragte, und schon bald hörten sie das erste Läuten der Glocken, die am Fest der *Virgen del Pilar* zur Neun-Uhr-Messe riefen: Sie waren in der nationalen Zone, und das Dorf hieß Cantalojas. Nach so vielen heimlichen Messen nahmen sie nun zum ersten Mal wieder an einem Hochamt teil. Dann machten sie ihre Aussagen vor den Militärbehörden und kamen dank der Hilfe von Vicentes Vater, eines Armeeobersten, am Abend des 14. Oktober in Burgos an.

Inzwischen hatte der Gründer des Opus Dei in Burgos und von Burgos aus seine Arbeit fortgesetzt. Am 1. August hatte er Isidoro Zorzano einen Brief geschickt. Darin schrieb er in verschlüsselter Sprache, um die Zensur zu täuschen: »Mein sehr lieber Herr und Freund, ich habe einen Brief von meinem Sohn Iñasi erhalten [damit zeigt er an, dass er Isidoro Zorzanos letzten Brief bekommen hat], der vom 15. Juli datiert, und will ihnen nun rasch mitteilen, dass meine Enkel sich einschiffen wollen [die drei, die im Begriff waren, Madrid zu verlassen], um eine gewisse Zeit bei mir zu verbringen, da sich meine Rückkehr in unser geliebtes Land verzögert.«

Einige Wochen später erfuhr er auf übernatürlichem Weg, dass sie am 12. Oktober, dem Fest Unserer Lieben Frau vom Pilar, die Frontlinie überqueren würden. Dies teilte er auch Doña Clementina mit. Pedro Casciaro und Francisco Botella erinnern sich, dass der Gründer am 12. und 13. ruhig, froh und zuversichtlich gewesen sei; am 14. sagte er zu ihnen: »Ich gebe euch im Quartier Bescheid, wenn sie ankommen.« Der Anruf kam um acht Uhr abends.

Alvaro genoss die beiden letzten Oktober- und die erste Novemberwoche an der Seite des Opus-Dei-Gründers und wartete darauf, im militärischen Bereich eingesetzt zu werden. Am 10. November trat er in eine Akademie ein, an der Ingenieure im Schnellverfahren zu Unterleutnants auf Probe ausgebildet wurden. Die Akademie lag in Fuentes Blancas, wenige Kilometer von Burgos entfernt. Dort verbrachte er das Weihnachtsfest 1938.

Auch wenn dies unter diesen Umständen nicht gerade einfach war, besuchte er die Messe, sooft er konnte. Kaum hatte er sich zum Lehrgang gemeldet, als er den Obersten auch schon um die Erlaubnis bat, jeden Morgen zur Kartause von Miraflores gehen zu dürfen. Das Ersuchen war offenbar so ungewöhnlich, dass der Oberst es ihm gestattete. Er wollte jedoch keine Verantwortung übernehmen: Wenn die Militärpolizei ihn sähe oder er Offizieren anderer Einheiten eine Erklärung geben müsse, »wüsste er von nichts.« Außer der Entfernung zur Kartause musste Alvaro auch das harte Klima des Winters in der Gegend von Burgos, die frühe Uhrzeit – kurz vor dem Weckruf war er bereits wieder da – und, auch wenn dies das Harmloseste war, die Gefahr in Kauf nehmen, auf wilde Hunde zu treffen: Deshalb trug er eine Pistole bei sich. Doch sein gutes Beispiel blieb nicht unbemerkt, und seine apostolische Arbeit trug erkennbare Früchte: Als der Kurs einige Wochen später beendet war, ging er nicht mehr allein, sondern gemeinsam mit gut dreißig Kameraden zur Messe.

In den ersten Januartagen des Jahres 1939 wurde er nach Cigales in der Nähe von Valladolid abkommandiert. Das Regiment sollte Brücken wiederaufbauen, die während der Kampfhandlungen zerstört worden waren. Auch Vicente Rodríguez Casado wurde dorthin geschickt. Don Josemaría Escrivá reiste einige Male in dieses kleine kastilische Dorf, um die beiden zu besuchen: Zum ersten Mal kam er am 13. Januar 1939 und reiste am selben Tag wieder ab. Zu anderen Gelegenheiten ritt Alvaro bis nach Valladolid, um den Gründer zu sehen.

An jenem 1. September in Asturien erzählte Don Alvaro eine Begebenheit, die sich wohl an einem Samstagnachmittag im März 1939 – am 11. oder 18., dazu machte er keine genauen Angaben – zugetragen haben muss, als der Gründer des Opus Dei bei ihnen in Cigales war. Sie wohnten im Haus von Manuel Alcalde, einem älteren und recht wohlhabenden Winzer. Enrique, ein jüngerer Verwandter – wie genau die beiden miteinander verwandt waren, wusste Don Alvaro nicht mehr zu sagen; es müssen wohl Brüder oder Vettern gewesen sein –, Enrique jedenfalls fühlte sich verpflichtet, ihnen die typisch kastilische Gastfreundschaft angedeihen zu lassen. Don Alvaro hatte ihn als einen sehr anständigen Menschen im Gedächtnis, der immer freundlich war und seinen Friseursalon meine *kleine Chirurgie* nannte. Er wollte sie unbedingt mit in den Weinkeller nehmen, damit sie dort ein wenig *Jamón Regado* aßen und dazu ein Glas guten Wein aus der Region tranken. Natürlich konnte er sich nicht vorstellen, dass dieser junge Priester ein sehr asketisches Leben führte und – zumal in der Fastenzeit! – samstags nichts aß. Don Josemaría erklärte ihnen, dass sie ruhig einen Imbiss zu sich nehmen dürften, unterbrach selbst aber sein Fasten nicht, obwohl sie ihn dazu drängten, da man in Kriegszeiten lebte. Alvaro und Vicente versuchten ihn zu überreden, weil er schon so großen Hunger hatte leiden müssen und stark abgemagert war. Doch er schlug es ihnen rundweg ab. Daraufhin mischte sich Enrique ein, um die Sache zum Abschluss zu bringen:

»Drängen Sie ihn doch nicht«, wandte er sich an Alvaro und Vicente, »ich kenne diese *Sippschaft*: Wenn solche Leute Nein sagen, dann meinen sie auch Nein.«

Inmitten seiner militärischen Verpflichtungen widmete sich Alvaro auch weiterhin seinen zivilen und sprachlichen Studien. Von Burgos aus schickte man ihm deutsche und englische Zeitschriften und versuchte auch, Bücher aufzutreiben, damit er weiter Japanisch lernen konnte. Auf Vorschlag des heiligen Josemaría schrieb er an den Botschafter, der damals in San Sebastián residierte. Am 25. Januar 1939 erhielt er ein Antwortschreiben der diplomatischen Vertretung Japans mit verschiedenen Broschüren und dem Versprechen, ihm sobald wie möglich auch ein Wörterbuch zuzusenden. Außerdem erreichte ihn das Schreiben eines Dominikanermissionars, der ein Wörterbuch verfasst hatte und ihm nun die nötigen Informationen zukommen ließ, damit er es sich beschaffen konnte.

Alvaro versuchte dem Gründer so nahe zu sein, wie sein Soldatenleben dies zuließ. Don Josemaría war am 28. März 1939 nach Madrid zurückgekehrt, und am darauf folgenden Tag konnte Alvaro ihn begleiten. Am Nachmittag dieses Tages half seine Offiziersuniform ihnen bei dem Vorhaben, einen der Soldaten, die illegalerweise des Haus des Rektors des *Patronato de Santa Isabel* besetzt hatten, davon zu überzeugen, dass er dort nicht bleiben konnte.

Nach dem Krieg blieb Alvaro wie viele andere auch weiterhin im Einsatz. Er wurde zunächst nach Figueras und später nach Olot in der Nähe der französischen Grenze versetzt. Der Auftrag seines Regiments bestand nach wie vor in der Ausbesserung der Straßenverbindungen: Allein in Katalonien waren während des Krieges über tausend Brücken gesprengt worden.

Er erfüllte seine soldatischen Pflichten, ohne seine Frömmigkeit und die Freundschaft zu seinen Kameraden zu vernachlässigen. In seiner Freizeit ging er mit seinen Freunden in die Hospitäler, um Kranke zu besuchen. Wenn er die Erlaubnis dazu erhielt, traf er den Gründer in der Stadt, in der dieser sich gerade aufhielt. Dass diese Reisen in der Nachkriegszeit schwierig und strapaziös waren und oft Stunden dauerten, störte ihn nicht.

Und so kam er in den ersten Junitagen des Jahres 1939 – mit der Erlaubnis eines großen Freundes, Fernando Delapuente, dessen Bitte um die Admission ins Opus Dei nicht lange auf sich warten ließ – nach Valencia, weil der Gründer in Burjasot am Sitz der Juan-Ribera-Hochschule Besinnungstage für Studenten veranstaltete. Alvaro hatte seit zwei oder drei Tagen nicht geschlafen. Dennoch entschied er sich, diese Gelegenheit für seinen monatlichen Einkehrtag zu nutzen. Obwohl er sich in die erste Reihe setzte und die Bänke in der Kapelle keine Rückenlehne hatten, war er schon nach zehn Minuten eingeschlafen. Jahre später erzählte der Gründer davon und schloss:

»Ich hatte großen Spaß bei dem Gedanken, dass der Schlaf dieses meines Sohnes in diesem Moment genau die Art von Gebet war, die Gott gefiel.«

Im selben Jahr erfuhr Don Josemaría Escrivá in dem gerade erst eingerichteten Wohnheim Jenner – es kann also frühestens in der zweiten Julihälfte gewesen sein – durch eine Eingebung des Herrn, dass einer seiner Söhne sich in einer sehr schwierigen – äußeren, nicht inneren – Lage befand. Obwohl er gerade mitten in einem familiären Beisammensein mit den anderen war, unterbrach er sich und bat die Anwesenden, mit aller Inbrunst ein Mariengebet – das *Memorare* des heiligen Bernhard – für denjenigen zu beten, der dies im Augenblick am nötigsten brauche. Der Erfolg ist in der *Spur des Sämanns*, Punkt 472, nachzulesen: »Die Gemeinschaft der Heiligen: der junge Ingenieur, der mir sagte: ›Vater, an dem und dem Tag, um soundsoviel Uhr, haben Sie für mich gebetet‹ – der hatte sie deutlich erfahren.« Seit diesem Tag pflegt man im Opus Dei den Brauch, dieses Gebet täglich – sooft wie möglich – für denjenigen zu beten, der es am meisten benötigt.

Don Alvaro wurde schon mehrmals gefragt, wie dieser Brauch entstanden sei. Seine Antworten waren lakonisch und recht ausweichend. Was verständlich ist, da er ja dabei die Hauptrolle gespielt hatte. Wenn er das Geschehen erwähnte, um die übernatürliche Gabe des Gründers zu bezeugen, der Dinge in weiter Ferne geschehen ›sah‹, dann sprach er in der dritten Person. So berichtet Cesare Cavalleri in *Über den Gründer des Opus Dei*:

»Damals [1939] stellten einige Mädchen jemandem vom Werk heftig nach. Bald erfuhren wir, wie der Vater just in dem Augenblick, da sie ihn verführen wollten, gesagt hatte: ›Ein Bruder von euch braucht in diesem Moment unsere ganze Hilfe. Lasst uns ein *Memorare* für ihn beten.‹ Dazu muss man wissen, dass der Betreffende keine Gelegenheit gehabt hatte, mit dem Vater zu sprechen. Seine heikle Situation entschärfte sich indes augenblicklich.«

Ich habe nicht genau herausfinden können, um was für eine Gefahr es sich gehandelt hat. Nach dem, was der bereits verstorbene Fernando Delapuente erzählte, war die Truppe in Olot in einem ehemaligen Kloster untergebracht, während die Offiziere in Privathäusern wohnten. Alvaro war das Haus einer älteren Dame zugewiesen worden, die eine unverheiratete Tochter hatte. Doch – so äußerte er sich Fernando gegenüber – er wollte dort möglichst schnell wieder ausziehen, denn es gefiel ihm nicht, dass die beiden ihn, wenn er spätabends heimkam, mit einer Tasse heißer Schokolade erwarteten und mit ihm plaudern wollten. Sobald er die Genehmigung dazu hatte, zog er in ein anderes Haus um, wo Eduardo Alastrué und Vicente Rodríguez Casado untergebracht waren.

Nicht sehr viel später kehrte Alvaro endgültig nach Madrid zurück, um dem Gründer nach Kräften zu helfen und gleichzeitig sein Ingenieurstudium abzuschließen.

7

In Madrid und von Madrid aus

Sobald er aus dem Kriegsdienst ausgeschieden und 1940 zum Generalsekretär des Opus Dei ernannt worden war, wurde Alvaro zum wichtigsten Mitarbeiter des Gründers.

Während er sein unterbrochenes Ingenieurstudium wieder aufnahm, half er ihm aktiv bei der Leitung und beim Aufbau der verschiedenen apostolischen Aktivitäten in Madrid und verschiedenen anderen spanischen Großstädten. Er spielte eine wichtige Rolle bei der Ausbildung derjenigen, die sich dem Opus Dei nun in beträchtlicher Zahl anschlossen. Außerdem war er unter den vielen Studenten einer der wenigen, die durch ihre berufliche Arbeit die für jede apostolische Initiative unverzichtbaren finanziellen Mittel bereitstellen konnten. Schon bald aber begann, als ob die Situation nicht ohnehin schwierig genug gewesen wäre, eine erbitterte Verleumdungskampagne gegen das Opus Dei und seinen Gründer, die es dringend erforderlich machte, dem Werk einen kirchenrechtlichen Rahmen zu geben. In diesen überaus intensiven Jahren fand der Gründer in Alvaro eine zuverlässige Stütze: Er war sein Quaderstein, sein *Saxum*, sein Felsen.

Gott hatte es so gewollt: Anfangs hatte der Gründer nicht an Alvaro, sondern an jemand anderen gedacht. Doch, wie er in Abwesenheit von Don Alvaro mehrmals bemerkte: Er war immer da. Mit seiner dauernden Bereitschaft zeigte er, dass er in der Lage war, die heikelsten oder schwierigsten Probleme in vollkommenem Einklang mit Escrivá zu erfassen, anzugehen und zu lösen.

Und er begann tatsächlich, ihn *Saxum* zu nennen. Schriftlich taucht der Begriff zum ersten Mal bereits in einem Brief auf, den er ihm am 23. März 1939 – exakt 55 Jahre vor Don Alvaros Tod – aus Burgos geschrieben hat:

»Jesus möge Dich behüten, *Saxum*.

Ja, das bist Du. Ich sehe, dass der Herr Dir Kraft gibt und meinem Wort Wirkung verleiht: *Saxum*! Danke ihm dafür und sei treu, trotz … vieler Dinge (…). Wenn Du sehen könntest, wie große Lust ich habe, heilig zu werden und euch heilig zu machen!«

In einem anderen, vom 18. Mai desselben Jahres datierten Brief – damals war Alvaro 25 Jahre alt – richtet der Gründer diese schönen und poetischen Worte an ihn: »*Saxum*! Wie offen sehe ich den – breiten – Weg, den Du noch zu gehen hast! Offen und üppig wie ein bestelltes Feld. Gesegnete Fruchtbarkeit des Apostels, schöner als alle Schönheiten dieser Erde! *Saxum*!«

Kurz zuvor, am 10. Februar, war Josemaría Escrivá nach Cigales gekommen. Der Zettel mit seinen Notizen zu dem, was er ihnen an jenem Tag in der Betrachtung sagen wollte, ist noch erhalten. Der erste Punkt war: »*Tu es Petrus … Saxum* – du bist Stein … Felsen! Und du bist es, weil Gott es so will. Trotz der Feinde, die uns umringen … trotz deiner … und meiner … und der ganzen Welt, die sich uns entgegenstellt. Fels, Fundament, Stütze, Stärke … Väterlichkeit!«

Don Alvaro war ein qualifizierter Gesprächspartner, wirklich ein Fels, ein starkes Fundament, auf das sich der Gründer des Opus Dei in alltäglichen Situationen und an entscheidenden Stationen des theologischen und juristischen Weges stützen konnte. Wenn Don Alvaro nicht anwesend war, betonte Josemaría Escrivá mehrmals, dass er »mit einem Lächeln alles Persönliche geopfert« habe; »oft war er heroisch, viele Male; mit einem Heroismus, der selbstverständlich schien«. Das erkannte er am 14. November 1972 in La Lloma (in der Nähe von Valencia) ausdrücklich an:

»Don Alvaro ist wie ihr ein überaus treuer Sohn. Don Alvaro hat viele Male seinen Buckel hingehalten, um mich zu schützen, und hat die Schläge, die Ungerechtigkeiten mit einem Lächeln hingenommen, auch kürzlich noch …«

Ähnlich äußerte sich Javier Echevarría gegenüber der Journalistin Pilar Urbano: »Don Alvaro stand immer im Hintergrund, von wo aus er unseren Vater sehen und ihm aufmerksam zuhören konnte: Er hatte auch im physischen Sinne ein Auge auf ihn, weil er immer von ihm lernen wollte. Und das trotz seiner herausragenden menschlichen Fähigkeiten, mit denen er sich an den Mann auf der Straße wandte. Gerechterweise und ohne jede Schmeichelei muss ich über Don Alvaro sagen, dass er aufgrund seiner brillanten Intelligenz, seiner umfassenden Bildung, seines hervorragenden Werdegangs, seiner sozialen Beziehungsfähigkeit, des hohen gedanklichen Anspruchs, der Tiefe seines inneren Lebens und einer langen Reihe heroisch gelebter moralischer Tugenden ein Titan gewesen ist. Und ich übertreibe nicht. Dennoch war er so, wie ich ihn erlebt habe, immer auf den Gründer ausgerichtet, dem er in allem zur Seite stand, um ihm bei der Verwirklichung des Opus Dei zu helfen. Er hat alle Weisungen des Gründers getreulich ausgeführt« (in der Zeitschrift *Época*, Madrid, 2. Mai 1994).

Alsbald – vermutlich schon seit den Tagen des spanischen Bürgerkriegs, die sie gemeinsam im honduranischen Konsulat verbrachten – wurde deutlich, wie dauerhaft und anscheinend intuitiv er sich mit dem heiligen Josemaría identifizierte: Es genügte eine Geste oder ein halbes Wort des Gründers, und Alvaro wusste, worum er sich zu kümmern hatte. Und das alles mit großem Vertrauen und Respekt, mit Taktgefühl und guter Laune. Er machte keinen Hehl aus seiner tiefen Überzeugung, dass er nur dazu auf der Erde sei, um dem zu helfen, den Gott zum Gründer des Opus Dei bestimmt hatte.

Im Januar 1948 begleitete er ihn auf seiner ersten Reise zum Wallfahrtsort Loreto. Nachdem sie im Heiligen Haus gebetet hatten, fragte ihn Josemaría Escrivá: »Was hast du der Muttergottes gesagt?«

Verschmitzt gab Don Alvaro zurück:

»Wollen Sie das wirklich wissen?«

Als der Gründer nicht lockerließ, erklärte er:

»Ich habe zu ihr gesagt, was ich ihr immer sage, aber so, als wäre es das erste Mal. Ich habe zu ihr gesagt: Ich bitte dich um das, worum dich der Vater bittet.«

Als Generalsekretär des Opus Dei im Madrid der vierziger Jahre war er für die anderen verantwortlich, wenn der Gründer nicht da war. Er musste sich um die unterschiedlichsten Aspekte der apostolischen Arbeit kümmern, doch auch in schmerzlichen Momenten die Verantwortung übernehmen – so zum Beispiel beim Tod der Mutter des heiligen Josemaría am 22. April 1941, als der Gründer gerade in Lerida Besinnungstage für Priester hielt. Alvaro fiel die Aufgabe zu, ihm die schmerzliche Nachricht mitzuteilen und bis zur Rückkehr des Vaters um zwei Uhr in der Nacht alles zu organisieren.

Viele Jahre später war ich tief beeindruckt von der Demut, mit der Don Alvaro über Einzelheiten dieses traurigen Ereignisses sprach. An jenem Tag des Jahres 1941 tat er etwas Ungewöhnliches: Weil er noch zu arbeiten hatte, blieb er die ganze Nacht über in der Etagenwohnung in der Calle Martínez Campos in Madrid, in der sich damals ein Opus-Dei-Zentrum befand. Er wollte eine noch ausstehende Arbeit fertig stellen, damit der Gründer sie bei seiner Rückkehr vorfand. Es ging darum, die Regeln des Werkes, die vom Bischof bereits approbiert worden waren, mit der Schreibmaschine auf ein sehr qualitätvolles Spezialpapier zu tippen. Alvaro diktierte, und Ricardo Fernández Vallespín, der in jenem Zentrum lebte und nicht nur Architekt, sondern auch eine hervorragende Schreibkraft war, tippte den Text in die Maschine. Die Arbeit erforderte höchste Konzentration, denn auf dieser Art von Papier konnte man Fehler nicht korrigieren; wenn Ricardo sich nur ein einziges Mal vertippte, musste er die ganze Seite noch einmal schreiben. Als sie im Morgengrauen fertig waren, legte Alvaro sich auf Anraten Ricardos für ein paar Stunden ins Bett; dann hielt er sein Gebet und ging zur Messe. Als er in Diego de León ankam, war die *Großmutter* schon tot.

Don Alvaro schilderte diese Szene, um deutlich zu machen, dass die Krankheit eigentlich harmlos war: Deswegen hatte der heilige Josemaría sich entschlossen, nach Lerida zu fahren. Außerdem wäre Alvaro, der in Abwesenheit des Gründers der Leiter des Opus Dei in Madrid war, zum Arbeiten bei dessen Mutter in Diego de León geblieben.

In diesen Erinnerungen war die Liebe und Dankbarkeit zu spüren, die Don Alvaro für die *Großmutter* (wie man die Mutter des Gründers nannte) empfand. Er verbarg seine Gefühle nicht. Bei aller Gelassenheit war er weder unerschütterlich noch unsensibel. Gerade sie war von diesem Zug seiner Persönlichkeit immer besonders fasziniert gewesen: Wenn sie sein rosiges Gesicht sah, pflegte sie mit einem Schuss Ironie zu bemerken:

»Du bist aus gutem Holz geschnitzt; du könntest mein Sohn sein.«

Denn sie hatte einen weißen, feinen, nicht blassen Teint – das war ihre natürliche Farbe, auch wenn sie sich schminkte – und wurde immer sofort rot: dieses schnelle Rotwerden nannte sie »aus gutem Holz sein«.

In den vierziger Jahren widmete sich Alvaro einer intensiven apostolischen Arbeit. Ich will mich an dieser Stelle nicht mit den Einzelheiten der Ausbreitung des Opus Dei in Spanien nach dem Ende des Bürgerkriegs aufhalten, sondern nur erwähnen, dass Alvaro viel auf Reisen war, wobei seine Reisetätigkeit dadurch eingeschränkt wurde, dass die Straßen nach den kriegerischen Auseinandersetzungen schwer zu befahren und die Eisenbahnstrecken in schlechtem Zustand waren. So kam er in den ersten Junitagen des Jahres 1939 nach Valencia. Am 28. Dezember war er in Zaragoza, von wo aus er nach Barcelona und später nach Valencia weiterreiste. Am 18. und 25. Februar und am 3. und 29. März 1940 war er wieder in Zaragoza; bei diesem zuletzt genannten Besuch fuhr er anschließend mit dem Gründer weiter nach Barcelona und Valencia, und genauso hielt er es am 12. Mai, während sie am 14. schon wieder in Zaragoza waren. Bei seiner ersten Reise nach Barcelona besuchte er Rafael Termes, der gemeinsam mit ihm in Burgos zum Unterleutnant auf Probe ausgebildet worden war, und unterhielt sich sehr ungezwungen mit Alfonso Balcells, den er Monate zuvor in Burjasot kennengelernt hatte. Später baten beide um die Aufnahme ins Opus Dei. Am 29. Juni kam er in Begleitung von José Luis Múzquiz erneut nach Barcelona: Zu diesem Zeitpunkt hatte man bereits die kleine Wohnung – *El Palau* – gemietet, die das erste Opus-Dei-Zentrum in der katalanischen Stadt beherbergen sollte.

In den verfügbaren Berichten betonen die Zeugen vor allem den tiefen Eindruck, den der heilige Josemaría auf sie gemacht hatte. Alvaro bleibt wie auch die übrigen frühen Mitglieder des Opus Dei im Hintergrund. Doch auch seine Rolle war entscheidend, wie Teodoro Ruiz deutlich macht, der während einer Reise im Januar 1940 zum ersten Mal mit dem Gründer ins Gespräch kam:

»Als ich dann einen Freund mitbrachte, war es Don Alvaro, der das Leben der Frömmigkeit, das man bei dieser apostolischen Arbeit führte, in allen Einzelheiten schilderte und vor allem auf den Umgang mit Gott im Gebet und in den Sakramenten hinwies. Ein intensives spirituelles Leben, doch verbunden mit dem Versuch, nichts Seltsames zu tun, keine Aufmerksamkeit und keinen Anstoß zu erregen. Eine solide, doch nicht auf Äußerlichkeiten gerichtete Frömmigkeit. Es war schon ungewohnt, wenn ein Priester so etwas riet, doch so etwas von einem ganz normalen Mann zu hören, der Bauingenieur werden wollte – damit gehörte man im damaligen Spanien zur akademischen Aristokratie –, das stürzte einen von einer Überraschung in die nächste.« Auch wenn Alvaro von der Lehre und dem Vorbild des heiligen Josemaría motiviert wurde, war es doch bewundernswert, wie sehr er dies alles verinnerlicht hatte.

Teodoro Ruiz erzählte außerdem eine Begebenheit, die für Don Alvaros Wesensart bezeichnend ist. Es war auf einer dieser Reisen nach Valladolid Anfang der vierziger Jahre. Eines Tages ging eine Gruppe von Studenten zur Kathedrale, um eine Messe zu besuchen, die der Gründer des Opus Dei halten sollte. Alle waren sehr überrascht, als Alvaro zu ihm sagte:

»Vater, wenn es Ihnen recht ist, gehe ich in einer anderen Kirche zur Messe.«

Weshalb er das getan hatte, verstand Teodoro erst, als Josemaría Escrivá selbst es ihm erklärte: Auf diese Weise sorgte Alvaro dafür, dass »niemand sich dazu gezwungen fühlte, in der Gruppe zur Messe zu gehen«.

Ein anderer Aspekt des hingebungsvollen Engagements, das Alvaro in jenen vierziger Jahren an den Tag legte, waren die Reisen, auf denen er den Gründer begleitete und die dem Zweck dienten, die spanischen Bischöfe zu besuchen und sie über die Arbeit des Werkes zu informieren. Das war mehr als strapaziös: Nahezu pausenlos waren sie in einem schlechten Auto auf Straßen mit riesigen Schlaglöchern unterwegs, die infolge des Krieges in einem miserablen Zustand waren. Überdies war bei Josemaría Escrivá inzwischen eine Diabeteserkrankung diagnostiziert worden, und sie mussten immer wieder anhalten, wo sie gerade waren, und nach einem geeigneten Raum oder Ort suchen, damit der Gründer rechtzeitig seine Insulinspritze bekam.

Auf diesen Reisen entstand die Freundschaft zwischen Josemaría Escrivá und den spanischen Bischöfen. Auch Alvaro hatte Anteil an dieser herzlichen Beziehung. Das gilt beispielsweise für den Bischof von Madrid, Leopoldo Eijo y Garay. Seine große Bewunderung für den Gründer des Opus Dei ist bekannt. Doch seine Zuneigung zu Alvaro stand dem in nichts nach. Carlos del Portillo bezeugt, dass Don Leopoldo eines Tages seiner Mutter, Doña Clementina, den Rat gab, die Erinnerungen an ihren Sohn Alvaro gut aufzubewahren, weil man ihn früher oder später zur Ehre der Altäre erheben werde …

Die Wertschätzung, ja Bewunderung Don Leopoldos war zweifellos groß. Nur so erklärt sich der Ton eines Briefes, in dem er sich bei Alvaro entschuldigt – was damals aufgrund der Bedeutung des Bischofs von Madrid-Alcalá, die sich allein schon in den Umgangsformen manifestierte, eigentlich ein Ding der Unmöglichkeit war. So beginnt sein Brief vom 27. Januar 1943 mit den Worten: »Liebster Alvaro: besser spät als nie. Schon längst sollte ich Ihnen den Erhalt der 1000 Peseten bestätigt haben, die Sie mir mit Datum vom 2. Februar 1942 im Auftrag des Vaters [so nannte sogar Don Leopoldo den Gründer des Opus Dei] für die Vorstädte überwiesen haben; sicherlich brauchen Sie das für Ihre Buchführung. Verzeihen Sie die Verspätung.«

Das Verhältnis zwischen beiden war herzlich und humorvoll –

das beweisen auch Don Leopoldos scherzhafte Bemerkungen darüber, dass Don Alvaro sich auf Anraten des Gründers das Rauchen angewöhnt hatte, weil diesem aufgefallen war, dass die drei ersten Priester des Werkes sämtlich Nichtraucher waren. Damals schätzte man den Tabak anders ein als heute, und der heilige Josemaría wollte, dass die zukünftigen Priester der Prälatur sich in dieser Sache frei entschieden. Jedenfalls fiel dem Bischof, der ein leidenschaftlicher Raucher war, Don Alvaros mangelnde Praxis bei einem seiner häufigen Besuche auf. Nachdem er die Zigarillos gedreht hatte, wollte Bischof Eijo Don Alvaro Feuer geben; der aber atmete nicht ein, sondern aus und brachte damit die Kerze oder den Anzünder zum Verlöschen. Daraufhin sagte Don Leopoldo mit seinem sprichwörtlichen Witz zu ihm:

»Nun, Alvaro, wollen Sie ihn rauchen oder aufblasen?«

Juan Antonio González Lobato hat mir von einer anderen Episode erzählt, die ebenfalls sehr bezeichnend für diese Freundschaft ist und sich zwischen 1946 und 1948 zugetragen haben muss. Nach der Rückkehr aus Rom war Don Alvaro erkrankt und musste nun im Opus-Dei-Zentrum in der Calle Villanueva das Bett hüten. Juan Antonio, der in diesem Zentrum wohnte, nahm eines Nachmittags einen Anruf von Don Leopoldos Privatsekretär entgegen. Er sagte ihm, dass er ihn nicht mit Don Alvaro verbinden könne, weil dieser krank im Bett liege. Als Don Alvaro das erfuhr, bat er ihn um Hilfe: Er müsse das Zimmer aufräumen, denn es sei möglich, dass Don Leopoldo ihn besuchen komme. Und genauso kam es: Der Bischof von Madrid-Alcalá suchte Don Alvaro am Krankenbett auf, und sie unterhielten sich lange miteinander, während Juan Antonio und noch ein anderer draußen dem Privatsekretär Gesellschaft leisteten.

In diesen intensiven Jahren nach dem spanischen Bürgerkrieg blieb Alvaro, wie in vielen anderen Phasen seines Lebens, die Krankheit nicht erspart. Schon bald nach seinem Umzug ins Wohnheim Jenner begann er unter Leberschmerzen zu leiden. Ich hörte ihn dies einmal im Zusammenhang mit der Liebe der Mutter des Gründers erwähnen, die ihm appetitliche Speisen kochte:

»Einmal machte sie mir einen sehr reichhaltigen Punsch mit Milch, Eigelb, Sherry und Zucker. Es ist erstaunlich, aber keiner von uns, weder sie noch ich, machte sich klar, dass das für meine Leber eine echte Zumutung war. Ich trank ihn und musste mich sofort übergeben. Da sagte ich zur Großmutter: Wie schade, *Abuela*, dabei war er doch so gut!«

Wenig später litt er unter einer Gesichtsentzündung. Der Arzt verschrieb sehr heiße Umschläge. Carmen Escrivá machte sie ihm mit kochendem Wasser. Teodoro Ruiz erinnert sich noch daran, wie erstaunt er war, als er sah, wie Alvaro sich ohne ein Wort der Klage diese entsetzlich heißen Tücher aufs Gesicht legte.

Ich habe nicht herausfinden können, ob es diese Beschwerden waren, auf die der Gründer in seinem Brief Bezug nahm, den er ihm am 25. September 1941 aus La Granja schrieb. Am Ende des Briefes fragte er ihn: »Wie geht es Isidoro? Hat er die Spritze bekommen? Und haben sie Dir Deine Medikamente gekauft?«

Inmitten so vieler und so unterschiedlicher Aktivitäten verhielt sich Alvaro so normal und so natürlich, dass man ihm trotz allem die Gegenwart Gottes, beständiges Beten, kurz die *Lebenseinheit* in jeder Situation anmerkte. Teodoro Ruiz war in seinem ersten Gespräch mit ihm unter anderem von der Tatsache überrascht, dass ein angehender Bauingenieur so ungezwungen, selbstbewusst und spontan über das Gebet und die Sakramente sprach, ohne dabei oberflächlich oder frömmlerisch zu wirken. Seine Worte waren überzeugend, anziehend und neuartig. Vor allem deshalb, weil man spüren konnte, dass es sich nicht um etwas Theoretisches, sondern um persönliche Erlebnisse handelte.

»Man sah, dass er ein Mann des Glaubens war: eines praktischen und festen Glaubens, der aus aufrichtiger Frömmigkeit gespeist wurde und sich auf häufiges Beten, Sakramentenempfang und eine zärtliche Verehrung der Gottesmutter stützte.«

8

Schwere Stunden

In den schweren Jahren nach dem spanischen Bürgerkrieg bekam Alvaro schon bald die Bitterkeit des Widerspruchs, der sich gegen den Gründer des Opus Dei erhob, zu spüren. Doch auch im familiären Umfeld kam es immer wieder zu kleineren Problemen.

Don Ramón del Portillo war gestorben, ohne die Arbeit seines Sohnes im Opus Dei in ihrer vollen Bedeutung kennengelernt zu haben. Doña Clementina begriff die Tragweite dieses Engagements sofort und war immer sehr froh über den Weg, den Alvaro gewählt hatte. Während des Bürgerkriegs pflegte sie einen recht intensiven Umgang mit dem Gründer, den sie als eifrigen Priester und großen Freund ihres Sohnes und der ganzen Familie schätzte. Schon seit den Kriegstagen in Madrid vertraute sie ihm völlig, und ohne große Mühe begriff sie auch die *Neuartigkeit* des Opus Dei.

Nach dem Ende des Konflikts – vermutlich im Oktober 1939, nachdem er von seinem Militärposten in Olot zurückgekehrt war – teilte Alvaro ihr mit, dass er im Studentenwohnheim leben würde, das Josemaría Escrivá in der Calle Jenner in Madrid eingerichtet hatte: Dort würde er die apostolische und pädagogische Arbeit wieder aufnehmen, die er in der Calle Ferraz begonnen hatte; dieses Haus war im Krieg völlig zerstört worden. Doña Clementina machte ihm nicht die geringsten Schwierigkeiten, obwohl ihr die physische Trennung von ihrem Sohn in diesen vor allem in finanzieller Hinsicht für die Familie nicht einfachen Zeiten schwerfiel.

In jenen Tagen musste auch sie – eine verhältnismäßig junge Witwe – ihr Leben in Madrid neu gestalten. Ihr ältester Sohn, Ramón, hatte sich selbständig gemacht; Paco und Pilar würden schon bald heiraten; Angel und Pepe waren eingezogen worden und außerhalb Madrids stationiert; Tere und Carlos waren noch klein. Sie hatte gedacht, dass Alvaro ihr eine Stütze sein würde. Hinzu kam, dass sie für ihn eine besondere Zuneigung empfand, wie sich Carlos erinnert:

»Er war so gut, ging mit allen so hilfsbereit und liebevoll um, besonders mit den Kleinen!«

Überdies bekam sie anonyme Briefe, alle ungefähr desselben Inhalts: Alvaro sei von einem irrgläubigen Priester getäuscht worden und laufe Gefahr, der ewigen Verdammnis zu verfallen. Doña Clementina erhielt sogar Besuch von einem Ordensmann – er war an einer Bildungseinrichtung tätig –, der sie nachdrücklich vor der Gefahr warnte, in der ihr Sohn sich befinde, und seinem Staunen darüber Ausdruck verlieh, dass ein junger Mann mit Alvaros Qualitäten sich von solchen Leuten habe beeinflussen lassen. Der *Widerspruch der Guten*, wie Escrivá ihn später in Anlehnung an das Evangelium nennen sollte, hatte begonnen.

Doña Clementina antwortete dem Ordensmann, dass sie sowohl jenen Priester als auch ihren eigenen Sohn sehr gut kenne; und entließ ihn. Doch das Gerede ging weiter. Sie verstand nicht, weshalb. Gelegentlich – so erinnert sich Pilar del Portillo – nahm Alvaro sie in den Arm und sagte ihr immer wieder, dass sie es später verstehen werde.

Unterdessen kümmerte sich Alvaro sehr um die vor allem finanziellen Probleme der Familie. Doña Clementina machte sich große Sorgen, weil Carlos, der jüngste Sohn, in der Schule keine ausgeglichenen Leistungen zeigte: Er hatte sich das regelmäßige Lernen während des Krieges abgewöhnt und konnte sich nun nicht mehr dazu aufraffen. Bis eines Tages – das muss 1941 gewesen sein – der Gründer des Opus Dei und Alvaro Doña Clementina den Vorschlag machten, Carlos eine Zeitlang in ein angesehenes Internat zu schicken; das Werk würde die Kosten übernehmen, obwohl die finanzielle Situation zu jener Zeit auch für das Opus Dei sehr schwierig war. Doch der Gründer und Alvaro betrachteten dies eindeutig als eine Pflicht der Nächstenliebe. Carlos setzte seinen schulischen Werdegang daraufhin an der von Kapuzinern geführten, sehr bekannten und angesehenen Schule Unserer Lieben Frau von Lecároz in Elizondo (Navarra) fort – und besserte sich in jeder Hinsicht.

Dort erhielt er auch 1944 die Nachricht von der bevorstehenden Priesterweihe seines Bruders Alvaro. Und er begann einige Veränderungen zu begreifen, die er Monate zuvor an seiner Mutter wahrgenommen hatte. Ihm wurde bewusst, dass er sie zum ersten Mal in seinem Leben hatte sticken sehen. Die Erklärungen, die sie ihren jüngeren Kindern Tere und Carlos gab, konnten ihn nicht überzeugen:

»Das ist nur … ein alter mexikanischer Brauch!« »Ich versuche mich an die Stickereien zu erinnern, die ich in meiner Jugend gelernt habe.« Schließlich erfuhren sie, dass sie eine Albe für Alvaros Priesterweihe bestickte. Doña Clementina war sehr glücklich, als sie diese Neuigkeit erfuhr, denn damit ging einer ihrer sehnlichsten Wünsche in Erfüllung: einen Sohn zu haben, der Priester wurde. Das war eine große Freude für sie, auch wenn die apostolische Entwicklung des Opus Dei es schon kurze Zeit später erforderlich machte, dass Alvaro Madrid endgültig verließ.

Don Alvaro ertrug alle Schwierigkeiten mit Sanftmut und Geduld und voller Vertrauen auf die Gnade Gottes. Obwohl er seine sprichwörtliche Gelassenheit niemals verlor, war er ein kühner, ja tollkühner Mann, dessen Tatkraft vor Hindernissen immer nur größer wurde. Nach außen strahlte er den Frieden eines geborenen Kämpfers aus: voller Respekt gegenüber anderen, ohne jede Aggressivität, doch von einer tiefen und unerschütterlichen Aufrichtigkeit. Sein Leben hielt dem Vergleich mit der Metapher durchaus stand, die der Gründer gerne benutzte, um das Ringen um Heiligkeit zu veranschaulichen: »Die landwirtschaftlichen Aufgaben erfordern Anstrengung, Zähigkeit, Geduld … Man muss den Acker pflügen, düngen und bewässern; man muss die Pflanzen vor Frost und allzu großer Hitze schützen und gegen die Plagen kämpfen … Ein Leben der harten Arbeit und des stillen Kampfes, in Kälte und Hitze, in Regen oder Trockenheit, bis man die Früchte ernten kann.«

Encarnación Ortega erzählte eine Episode aus ihrer Zeit als Zentralsekretärin des Opus Dei, die sie von Kardinal Tedeschini gehört hatte. Eines Tages hatte er zwei Monsignori mit Don Alvaro bekannt gemacht. Als sie wieder gingen, sagten sie dem Kardinal, dass die bloße Gegenwart Don Alvaros sie mit Frieden erfüllt habe. Daraufhin fühlte der Kardinal sich zu einer Richtigstellung verpflichtet:

»Doch wenn es darum geht, die Kirche oder das Werk zu verteidigen, dann kämpft er wie ein Löwe.«

In den vielen Jahren an der Seite des Opus-Dei-Gründers gab es Probleme im Übermaß, und er hatte reichlich Gelegenheit, seine menschliche Stärke und seine übernatürliche Kraft unter Beweis zu stellen. Zu Pilar del Portillo sagte Josemaría Escrivá:

»Wie viele Schwierigkeiten hat dein Bruder Alvaro überwinden müssen! Wie viel Unverständnis! Wie viele Mühen! Wie viele finanzielle Probleme!«

Seit er 1940 zum Generalsekretär des Opus Dei ernannt worden war, war Don Alvaro – auch als der *Widerspruch der Guten* losbrach – für den Gründer die wichtigste Stütze. Das wird in dem bereits erwähnten Brief deutlich, den Josemaría Escrivá ihm am 25. September 1941 aus La Granja geschrieben hatte. An jenem Morgen hatte der Gründer die Messe für den Papst gelesen und »nach der Wandlung fühlte ich (während ich zugleich ganz sicher davon überzeugt war, dass das Werk dem Papst sehr lieb sein muss) den innerlichen Impuls, etwas zu tun, was mich Tränen kostete; und mit Tränen in den Augen sah ich den eucharistischen Jesus auf dem Korporale an und sagte aufrichtig in meinem Herzen zu ihm: ›Herr, wenn du es willst, nehme ich die Ungerechtigkeit an.‹ Du kannst Dir schon denken, welche Ungerechtigkeit: die Zerstörung der ganzen *Arbeit Gottes*. Ich weiß, dass es ihm gefallen hat. Wie hätte ich ihm diesen Akt der Vereinigung mit seinem Willen auch verweigern können, da er mich doch darum bat? Ich habe dies 1933 oder 1934 schon einmal getan, und nur er weiß, wie viel mich das gekostet hat.«

Ein zentraler Gedanke Josemaría Escrivás prägte sich Don

Alvaros Seele von Anfang an ganz besonders ein: »Wenn das Opus Dei nicht dazu da ist, der Kirche zu dienen, dann soll es zerstört werden, dann soll es verschwinden.« Und so verwandelte er seine Existenz in ein Crescendo der Liebe und des Dienstes an der Kirche und am Werk. Aus dieser grundsätzlichen Einstellung heraus erfüllte er – auch schon als Laie! – unzählige Aufträge des Gründers bei den spanischen Bischöfen und gewann ihre Freundschaft und Zuneigung. José María Hernández Garnica fragte ihn, ob ihn das nicht belaste: hohen kirchlichen Würdenträgern das zu übermitteln, was der Gründer ihnen ausrichten ließ. Alvaro erklärte ihm daraufhin, woher er die Kraft dazu nahm:

»Ich denke an den wunderbaren Fischfang und an das, was der heilige Petrus gesagt hat: *In nomine tuo, laxabo rete.* Ich denke an das, was der Vater mir gesagt hat, und ich weiß: Wenn ich ihm gehorche, gehorche ich Gott.«

Im Zusammenhang mit den Widerständen, unter denen das Opus Dei in Barcelona schon bald nach dem Ende des Bürgerkrieges zu leiden hatte, war bekanntlich das Eingreifen des Abts von Montserrat, Dom Aurelio Escarré, entscheidend. Im Sinne der kirchlichen Gemeinschaft und weil er mehr über die Bedeutung der neuen Gründung erfahren wollte, lud Abt Escarré Alvaro del Portillo gemeinsam mit anderen wichtigen Persönlichkeiten Barcelonas ein, in der Karwoche sein Gast zu sein. Seine Anwesenheit als Generalsekretär des Opus Dei stellte zweifellos eine weitere öffentliche Demonstration der Anerkennung und Wertschätzung seitens der Benediktiner vom Montserrat dar, die in Katalonien so großes Ansehen genießen.

Die Heftigkeit, mit der man das Werk und seinen Gründer verfolgte, wuchs proportional zu dem Ansehen, das das Opus Dei innerhalb der Kirche genoss. Zahlreiche Bischöfe luden den heiligen Josemaría ein, für ihren Klerus oder ihre Seminaristen geistliche Exerzitien zu halten. Einige – beispielsweise Bischof Marcelino Olaechea – brachten ihre Begeisterung und Dankbarkeit für das Gute, das Josemaría Escrivá in ihrer Diözese wirkte, schriftlich zum Ausdruck. In diesem Zusammenhang tat Don Alvaro etwas Be-

zeichnendes: Geschickt verstand er es, die Prälaten und Ordens-
oberen nach ihrer Meinung zu jenen Exerzitienreihen zu fragen
und ihre Äußerungen zu dokumentieren; so sammelte er hervor-
gendes Material für den Fall, dass es einmal erforderlich werden
sollte, den Gründer gegen eine ungerechtfertigte Anschuldigung in
Schutz zu nehmen. Dies erwies sich als unnötig, doch für die
Geschichtsschreibung waren diese Dokumente – wie Don Alvaro
es ausdrückte – wie »Zeugenaussagen, die sehr zeitnah zu den
Ereignissen gemacht wurden, die sie jeweils beschreiben; sie haben
den Vorteil, dass sie in jener Situation sehr ehrlich und spontan
gewesen sind«.

Auch wenn er nach wie vor alle von der Klugheit gebotenen
Maßnahmen ergriff, gelangte er schon rasch zu der Überzeugung,
dass »die Schwierigkeiten dazu da sind, unsere Treue zum Herrn
auf die Probe zu stellen, eine Treue, die umfassend, bedingungslos
und unstrittig sein muss«. Er folgte nie dem ersten Eindruck.
Gleichzeitig war er vor der größten Gefahr auf der Hut: der Eigen-
liebe und Überheblichkeit; und er ermutigte die anderen zu einer
gelebten Demut, die darin bestand, keine Entschuldigungen zu
suchen und sich nicht zu rechtfertigen. Er war davon überzeugt,
dass die Hilfe Gottes immer dem entspricht, was die betreffende
Seele in der jeweiligen Situation benötigt.

In jenen schwierigen Zeiten war er *immun* gegen Mutlosigkeit.
Sein ganzes Leben lang hat er immer wieder auf das Beispiel des
Gründers hingewiesen, der schon in den dreißiger Jahren sehr viel
größere Hindernisse überwand, als sie sich ihnen danach je wieder
in den Weg stellen sollten. In diesem Kontext benutzte er gerne
eine Metapher aus der Mathematik:

»Ich lege euch immer wieder dieselbe Gleichung vor: Größerer
Schwierigkeit entspricht mehr Gnade von Gott. Der Quotient dieser Division ist der gute Wille, und den müssen wir in der Tat ganz
einbringen.«

Doch Don Alvaro sprach nur selten über diese Probleme und
noch seltener – trotz der heroischen Reaktion des Gründers – über
den *Widerspruch der Guten*; auch wenn er 1976 mir gegenüber ein-

mal geäußert hat, dass die Mitglieder des Opus Dei das Recht hätten, über die Vorfälle Bescheid zu wissen, weil sie Fleisch vom Fleisch, Leben vom Leben des Gründers seien. Seit Beginn des Widerspruchs wies Josemaría Escrivá die Mitglieder des Werkes an, untereinander nicht über diese Intrigen zu sprechen, damit sie nicht einmal im Entferntesten in die Gefahr kämen, es auch nur im Geringsten an Nächstenliebe mangeln zu lassen. Für Don Alvaro bedeutete dies jedoch nicht, dass es auch in Zukunft verboten sein sollte, diese Ereignisse mit kühler Distanz zu erforschen, zu analysieren und als rein historische Fakten zu beurteilen, die nichts mit dem eigenen Leben zu tun haben.

Er wusste einen energischen Geist und ein sanftmütiges Herz miteinander in Einklang zu bringen, wie Bischof Leopoldo Eijo y Garay es am Tag von Don Alvaros Priesterweihe formulierte. Er sei sehr froh gewesen und habe den Widerstand, der dem Werk entgegengebracht worden war, hin und wieder als ein »Merkmal der besonderen göttlichen Liebe« bezeichnet, »das der Herr zugelassen hatte, damit viel Gutes daraus entstand«. In diesem Zusammenhang erzählte der Bischof von einem Gespräch, das er einmal mit Don Alvaro geführt hatte. Zu einem Zeitpunkt, als der Gründer außerhalb von Madrid unterwegs war, kam eine schwierige und heikle Frage auf, die sofort gelöst werden musste. Alvaro rief den Gründer an, um ihn zu informieren, und erhielt von ihm die Weisung, er solle mit Don Leopoldo sprechen und tun, was der ihm sage. Soweit sich der Bischof von Madrid erinnerte, schilderte Alvaro ihm die Lage ganz objektiv, ohne Leidenschaft und ohne Groll. Während ihres Gesprächs äußerte Don Leopoldo die Befürchtung, einige der jüngeren Mitglieder könnten vielleicht weniger übernatürlich reagieren und sich ärgern. Doch Alvaro erwiderte:

»Machen Sie sich keine Sorgen, Herr Bischof. Wir wissen, dass Gott dies zulässt, damit wir an dem Opfer wachsen, das er uns schickt; und wir sind froh, denn wenn ein guter Chirurg eine gute Operation durchführen will, braucht er ein gutes Instrument: Der Herr hat für diesen Widerspruch ein Platinskalpell benutzen wollen.«

»Ich muss gestehen«, schloss Don Leopoldo, »dass diese Antwort mich beeindruckt hat. Der, der eigentlich Mut zusprechen und Rat erteilen sollte, erhielt eine Lektion und wurde getröstet.«

Don Alvaro wandte ein, dass er diesen Satz häufig vom Gründer gehört habe, doch der Bischof blieb dabei:

»Um so größer ist das Verdienst, denn man sieht, dass er den Geist des Vaters sehr gut verinnerlicht hatte, und der ist ein guter Sohn, der die Ratschläge und Weisungen des eigenen Vaters beherzigt; der Apfel fällt nicht weit vom Stamm!«

Über ein Jahr war vergangen, seit der Herr den Gründer am 14. Februar 1943 die Lösung hatte sehen lassen, die die Priesterweihe von Opus-Dei-Mitgliedern rechtlich ermöglichte. Am 25. Mai, mitten im Zweiten Weltkrieg, reiste Alvaro nach Rom, um – neben der unverzichtbaren Dokumentation und in Übereinstimmung mit den Weisungen des Gründers – beim Heiligen Stuhl die Bitte um das *Nihil obstat* für die kirchenrechtliche Errichtung dessen vorzulegen und zu vertreten, was am 8. September desselben Jahres die Priestergesellschaft vom Heiligen Kreuz sein sollte. Während des Fluges kamen ihnen Militärflugzeuge entgegen, die ein Schiff bombardierten. Die anderen Passagiere erschraken, doch Alvaro blieb ruhig, wie er 1976 erzählte:

»Ich war sicher, dass nichts passieren würde, weil ich die Papiere bei mir trug. Ich kam nicht einmal auf die Idee, dass sie das Flugzeug abschießen könnten.«

Bis zum 21. Juni war er in Rom. Am 4. dieses Monats gewährte Pius XII. ihm eine Audienz, und er hatte Gelegenheit, dem Papst das Wesen des Opus Dei ausführlich zu erklären. In dieser Zeit informierte er auch verschiedene Persönlichkeiten der Römischen Kurie und knüpfte gute Beziehungen zu Kardinälen wie dem Staatssekretär Maglione, Tedeschini, La Puma, Vida y Barraquer, Marchetti-Selvaggiani, Pizzardo; und mit Monsignori, die in der Kirchengeschichte eine herausragende Rolle spielen sollten, wie Montini, Ruffini und Ottaviani. Viele von ihnen hatten das Werk bereits durch Salvador Canals und José Orlandis kennengelernt, die

im November 1942 zu einem Postgraduiertenstudium in Rechts-
wissenschaften nach Rom gekommen waren und gleichzeitig am
Angelicum Theologie belegt hatten.

In seinen *Memorias de Roma en guerra* erzählt José Orlandis, dass
er Don Alvaro bei vielen seiner damaligen Besuche und Gespräche
begleitet habe. Seinem Urteil zufolge »hörten jene Männer der
Römischen Kurie, alte Hasen, die ihr Leben lang im kirchlichen
Dienst gestanden hatten, Alvaro del Portillo mit Respekt und ehrli-
chem Interesse zu, und zwar genau deshalb, weil ihre langjährige
Erfahrung sie die menschliche und übernatürliche Größe ihres
Gegenübers und auch die Bedeutung genau begreifen ließ, die
diese ›Neuheit‹, von der er sprach, für die Zukunft der Kirche und
der Welt haben würde.«

Papst Pius XII. war nach dem, was José Orlandis über verschiedene Kanäle hörte, von Alvaro sehr beeindruckt: »Am 28. Juni, als
Alvaro bereits nach Spanien zurückgekehrt war, sagte Kardinal
Tedeschini mir, dass der Papst diesen Besuch besonders erwähnt
hätte. Einige Monate später, am 27. Dezember, bestätigte Prälat
Montini, dass der Pontifex sein Gespräch mit Alvaro del Portillo
noch gut inh Erinnerung habe.«

9

Priester

1940 machten sich Alvaro del Portillo, José María Hernández Garnica und José Luis Múzquiz auf Anraten des Gründers bereit, in
den für das Priesteramt erforderlichen kirchlichen Studien weiter-
zukommen, ohne deshalb ihre berufliche Arbeit oder ihre zahlreichen apostolischen Aufgaben zu vernachlässigen. Jahre später
erklärte Don Alvaro dies so:

»Alles war ganz einfach! Im Werk gibt es nichts Barockes. Unser Vater wusste genau, dass er über uns verfügen konnte, und wir
haben in Freiheit und ohne den geringsten Zwang geantwortet.«

An diese Erinnerung musste ich denken, als ich von einer
Episode erfuhr, die Encarnación Ortega erzählte. Als Leopoldo
Eijo y Garay, der Bischof von Madrid-Alcalá, erfuhr, dass Alvaro
zum Priester geweiht werden würde, fragte er ihn:

»Alvaro, ist dir klar, dass du an Profil verlieren wirst? Jetzt bist
du ein angesehener Ingenieur, aber dann wirst du nur noch ein
Priester unter vielen sein.«

Don Leopoldo war bewegt von Alvaros Antwort:

»Herr Bischof, mein Profil habe ich schon vor vielen Jahren an
Jesus Christus verschenkt.«

Entsprechend den vom Bischof von Madrid-Alcalá erteilten
Befugnissen erhielten die zukünftigen Priester dank der Qualität
der Professoren und der intellektuellen Fähigkeiten der Schüler
selbst eine flexible, aber profunde Vorbereitung, wie es in den zahlreichen Büchern über den Gründer ausführlich beschrieben ist.
Um ihre seelsorgliche Ausbildung kümmerte sich der Gründer
selbst, der auch die vor der Weihe vorgesehenen Besinnungstage
hielt: vom 13. bis 20. Mai 1944 in einem Gästebereich innerhalb
des Klosters im Escorial. Sobald die Besinnungstage beendet
waren, empfingen sie in der Kapelle des bischöflichen Palais in

Madrid die von der Kirchengesetzgebung damals vorgeschriebene Tonsur und am 21. und 23. desselben Monats die niederen Weihen. Am 28. Mai weihte der Bischof von Pamplona, Marcelino Olaechea, sie in der Kapelle im Zentrum an der Calle Diego de León zu Subdiakonen; die Diakonatsweihe empfingen sie am 3. Juni in der Kapelle des Madrider Seminars aus den Händen des Weihbischofs von Madrid-Alcalá, Casimiro Morcillo. Am 25. Juni schließlich wurden sie in der Kapelle des bischöflichen Palais von Bischof Leopoldo Eijo y Garay zu Priestern geweiht.

Der Altaraufsatz dieser Kapelle wurde später als Umrahmung für die in Holz geschnitzte Diözesanpatronin in die Almudena, die neue Kathedrale von Madrid, gebracht. Viel früher jedoch leistete Don Alvaro Don Leopoldo von Rom aus unschätzbare Hilfe im Zusammenhang mit der kanonischen Krönung dieses Bildes, die am 10. November 1948 stattfand. Am darauf folgenden Tag diktierte der Bischof einen herzlichen Dankesbrief an Don Alvaro: »Millionenfachen Dank dafür, dass Sie so aufmerksam waren, mich telegraphisch über das vorteilhafte Breve Seiner Heiligkeit hinsichtlich der kanonischen Krönung der Seligsten Jungfrau in der Almudena zu informieren.« Und weiter unten fügte er hinzu: »Ich habe viel zum Herrn gebetet, dass er Ihnen diese so überaus große Gunst gewähren möge, die er *mir und uns* hat zuteil werden lassen. Wenn Sie nicht gewesen wären, wäre der Tag gekommen, ohne dass wir die Krönung hätten vornehmen können. Und wie großen Dank schulden wir Seiner Eminenz Kard. Tedeschini, der nach dem Gespräch mit Ihnen alles so schnell geregelt hat!«

Don Alvaro zelebrierte seine erste feierliche Messe am 28. Juni 1944 in der Kapelle des Colegio del Pilar. Konzelebranten waren zwei Ordenspriester, der Dominikanerpater José Manuel de Aguilar, und der Direktor der Schule, P. Florentino Fernández. Seine Schwester Pilar erinnert sich an ein eigenartiges Detail, zu dem es eine Parallele im Leben des Opus-Dei-Gründers gibt: Es war nicht seine Mutter, der Don Alvaro als Erster die Kommunion spendete, sondern seine Patentante Carmen.

Von diesem Tag an hinterließen die Einfachheit und Frömmigkeit, mit der Don Alvaro das eucharistische Opfer feierte, in seinem familiären Umfeld und bei seinen Freunden einen tiefen Eindruck. Carlos del Portillo erzählt in diesem Zusammenhang eine sehr bezeichnende Episode. Einmal feierte Don Alvaro die Messe in der Hauskapelle seiner Tanten Pilar und Carmen. Die Pförtnerin des Hauses, Elvira, bat, dabei sein zu dürfen. Eines Tages gestand sie ihnen:

»Es ist nur … der junge Herr Alvaro feiert die Messe so vollendet!«

Ich habe viele Messen besucht, die Don Alvaro zelebriert hat. Seine Aufmerksamkeit und Andacht ließen erkennen, dass er den unschätzbaren Wert des eucharistischen Opfers auszukosten versuchte, »ein unaussprechliches Wunder, dass die Allmacht Gottes jeden Tag erneuert«, wie er zusammenfassend zu sagen pflegte. Nie war er in Eile, nicht einmal dann, wenn er die Messe sehr früh feiern musste, weil er im Begriff war, eine lange Reise anzutreten. Liebevoll achtete er auf jedes Detail. Die *vier Eckpfeiler* der Messe – Anbetung und Danksagung, Sühne und Bitte – lebte er aus tiefster Überzeugung. Und er versetzte sich ganz in die liturgischen Texte hinein. Oft spielte er auf die Lesungen oder Gebete vom Tage und auf Abschnitte daraus an, die ihm besonders aufgefallen waren.

Außerdem bewegte mich seine Intensität bei der Wandlung: wie bedächtig – natürlich und zugleich feierlich – er die Worte sprach; wie er den Leib und das Blut erhob und dabei den Blick fest auf die eucharistischen Gestalten gerichtet hielt, während er die Arme so weit emporreckte wie nur möglich – mein persönlicher Eindruck von diesem unaussprechlichen Moment war der einer geradezu physischen Vereinigung des Himmels und der Erde –; die lange Kniebeuge, die der Gründer ihm schon ganz früh empfohlen hatte.

Und schließlich beeindruckte mich seine weit ausgreifende Segensbewegung: Er hob seine rechte Hand ganz hoch, senkte sie dann ganz nach unten, nach links und nach rechts; seine Geste drückte aus, dass er nicht nur die Anwesenden, sondern die ganze Welt segnete.

Seine Fähigkeit, sich in die liturgische Handlung zu versenken, wurde auch bei feierlicheren Zeremonien deutlich, die vor einer großen Zahl von Gläubigen stattfanden oder über den gewöhnlichen Rahmen hinausgingen wie eine Trauung, Erstkommunion, Priesterweihe oder eine Feier für den Lehrkörper der Universität Navarra. Er traf im Vorfeld alle notwendigen Maßnahmen und bat dann den Zeremonienmeister, ihm ohne Scheu seine Anweisungen zu erteilen, damit er sich nur noch darum kümmern müsse, zu gehorchen und sich in die Gegenwart Gottes hineinzuversetzen. Obwohl er nicht sehr musikalisch war, liebte er den liturgischen Gesang: sowohl die nüchterne Strenge der Gregorianik als auch die Gesänge, die Produkt und fester Bestandteil der Volksfrömmigkeit waren.

Wenn er von der Eucharistie sprach, wurde Don Alvaro so lebhaft, wie seine gewohnt nüchterne Art dies überhaupt zuließ. Ein Beleg hierfür ist seine Antwort im Auditorium der Universität von Montreal 1988:

»Gott ist unendlich mächtig, unendlich schön. Wir können uns gar nicht vorstellen, wie er ist. Die lieblichste Melodie, die großartigste Symphonie, die unvorstellbarsten und schönsten Farben, die ganze Welt und das gesamte Universum sind nichts im Vergleich zu ihm. Und dieser unendlich große, unendlich mächtige, unendlich schöne Gott verbirgt sich im Brot, damit wir es wagen können, uns ihm zu nähern.«

Javier Echevarría begleitete ihn auf seiner Pilgerfahrt ins Heilige Land, dem Abschluss und Höhepunkt seiner Erdenzeit. Und am 28. Januar 1995 sagte er in der großen Aula der Universität von Navarra: »Ich erinnere mich noch lebhaft an die innere Bewegung, mit der er die Orte Jesu besuchte, an die Ergriffenheit, mit der er seine irdischen Spuren küsste und berührte, die tiefe Sammlung, mit der er sich ins Gebet zurückzog oder sich für die Feier des eucharistischen Opfers bereitmachte. Vor allem seine letzte Messe ist mir im Gedächtnis geblieben: wie er sich in Gott hineinversetzte, sich mit Christus vereinte, sich fühlte, als sei er Christus selbst, während er dort als Priester am Altar die Gegenwärtigsetzung des Kreuzesopfers vollzog. Ich kann diese intensiven Bilder aus dem Abendmahlssaal nicht vergessen, wo Jesus im Kreis seiner Jünger die Eucharistie eingesetzt hat.«

Nach seiner Priesterweihe wurde Don Alvaro – das darf man wohl sagen – für den Gründer des Opus Dei noch unentbehrlicher. Die übernatürlichen Gaben, mit denen Gott den Gründer so reich ausgestattet hatte, machten es gewissermaßen notwendig, dass ihm ein intelligenter und demütiger Priester zur Seite stand, der ihn begleiten und ihm wirklich nahe sein konnte. Der Gründer musste die Wege, die der Heilige Geist in seiner brennenden und bebenden Seele auftat, entdecken und festigen und dabei gegebenenfalls zwischen dem, was Teil seines inneren Ringens war, und dem, was die Gründung betraf, unterscheiden. Und tatsächlich schritt er mit größerer Ruhe voran, als er begonnen hatte, Don Alvaro zunächst als seinem unmittelbaren Mitarbeiter und später auch als seinem Beichtvater seine Seele zu öffnen.

Trotz der Klarheit, die zwischen dem Gründer und Don Alvaro herrschte, gab die erste Beichte Anlass zu einer der wenigen Episoden seines Lebens, die eine gewisse Nervosität erkennen lassen. Josemaría Escrivá hat diese Geschichte mehrfach erzählt: Am 26. Juni 1944, einen Tag nach Don Alvaros Priesterweihe, waren sie beide im Zentrum in der Calle Villanueva in Madrid, und er fragte ihn, ob er schon einmal jemandem die Beichte abgenommen habe. Als der Neupriester dies verneinte, erklärte der Gründer, er wolle eine Generalbeichte ablegen. Gleich zu Beginn kamen Don Alvaro Bedenken, ob er die Lossprechungsformel noch richtig im Gedächtnis habe, weil er ja noch nie zuvor jemandem die Absolution erteilt hatte. Deshalb sprach er die Absolutionsformel, sobald der Gründer geendet hatte. Da unterbrach er ihn:

»Ich verstehe ja, mein Sohn, dass du mir keine Ratschläge geben willst, aber du solltest mir doch wenigstens eine Buße auferlegen.«

Don Alvaro tat, wie ihm geheißen, doch als er dann die Absolutionsformel sprechen wollte, hatte er ihren Wortlaut vergessen, und der Gründer musste sie ihm vorsagen.

Don Alvaros priesterliche Seele drückte sich von Anfang an in seiner Leidenschaft für das Bußsakrament aus. Viele Male verwendete er die Metapher von der Seite oder dem offenen Buch, das mit der Liebe Gottes gefüllt werden muss, bis kein Platz mehr für die Mutlosigkeit bleibt, auch wenn das Bewusstsein der eigenen Grenzen noch so drückend ist.

»Es ist ein gutes Ziel für dieses Jahr« – diesen Ratschlag erteilte er seinen Zuhörern am ersten Tag des Jahres 1980 in Rom –, »die weißen Seiten dieses Buches, das wir heute aufschlagen, mit derselben Sorgfalt und Behutsamkeit zu füllen, die man im Mittelalter darauf verwandt hat, jene Pergamente mit Miniaturmalereien zu verzieren, in vollendeter Schönschrift zu beschreiben und nicht zu klecksen. Und da wir doch klecksen werden – denn wir alle haben die gefallene Natur und sind voller Schwächen –, soll uns wenigstens nicht der Mut fehlen, diese Kleckse als solche zu erkennen, damit wir sie in Zukunft unterlassen können. Und wie werden wir sie ausradieren? Durch Demut und den Empfang des Bußsakraments.«

Am Gründonnerstag 1982 kam er wieder auf diese demütige und ehrliche Grundhaltung zurück:

»Als ich noch klein war, habe ich häufig beobachtet, dass man, wenn eine Herde einen Bach überqueren musste, ein Tier mit einer Glocke vorausschickte; mit dem Geläut lockte es die anderen Schafe hinter sich her, und sie folgten ihm ohne Angst. So ist es auch bei der Beichte: Wenn wir das, was uns am schwersten fällt, gleich am Anfang sagen, dann geht der Rest praktisch von alleine.«

Don Alvaro – auch darin ahmte er den Gründer nach – erwartete von den Gläubigen des Opus Dei, dass sie viele Seelen zur Beichte führten. Deshalb war er sehr ergriffen, als er von einer spontanen Bemerkung erfuhr, die Papst Johannes Paul II. am 4. November 1980 gemacht hatte. An jenem Tag aßen Kardinal Wyszynski und ein weiterer polnischer Bischof mit dem Heiligen Vater zu Mittag. Als sie unter anderem auch auf das Opus Dei zu sprechen kamen, äußerte der Papst, dass das Werk »das Charisma der Beichte« auszeichne.

Don Alvaro nutzte dieses Papstwort, um seine Kinder anzuspornen, weil »Gott Charismen verleiht, damit man sie benutzt; nicht nur für sich selbst, sondern zum Wohl aller«. Die Schlussfolgerung war klar:

»Führt viele Menschen zum Bußsakrament. Und der erste Schritt auf diesem Weg, meine Kinder, besteht darin, dass wir selber gut beichten.«

Ich habe oft gehört, wie Don Alvaro die Bedeutung der kulturellen und theologisch-religiösen Bildung der Mitglieder des Opus Dei und insbesondere der Priester unterstrich. Es galt, die innere Tiefe derjenigen, die im bürgerlichen Leben einen intellektuellen Beruf ausübten, mit der Notwendigkeit in Einklang zu bringen, unnötige Verzögerungen im geplanten Ablauf des Studiums zu vermeiden. Besonders wichtig war es in diesem Zusammenhang, die Doktorarbeit zügig zu Ende zu bringen, wie Don Alvaro es selbst gelebt und vom Gründer gelernt hatte.

Josemaría Escrivá machte es zur allgemeinen Regel, dass die Priester des Opus Dei neben der Promotion in einem kirchlichen Fach auch einen weltlichen Doktortitel erwerben. Nun waren jedoch die ersten drei Priester Ingenieure, und die Promotion an einer Technischen Hochschule war damals in Spanien nicht vorgesehen. Da es ihm also nicht möglich war, seinen Doktor im Ingenieurwesen zu machen, schrieb Alvaro sich an der bürgerlichen Fakultät für Philosophie und Literaturwissenschaft ein.

Für dieses Studium wurde er von der Anwesenheitspflicht befreit. Am 24. April 1943 erwarb er das Lizentiat und ein Jahr später, am 12. Mai 1944, an der Zentraluniversität in Madrid den Doktorgrad. Seine Dissertation trug den Titel *Primeras expediciones españolas a California* (›Erste spanische Expeditionen nach Kalifornien‹) und war von Professor Cayetano Alcázar Molina betreut worden. Nach und nach hatte er das nötige Material zusammengetragen und dabei vor allem das Historische Nationalarchiv in Madrid und das Indias-Archiv in Sevilla zu Rate gezogen. Da seine freie Zeit knapp bemessen war, konnte er sich außer in den Frühlingstagen, die er in einem Landhaus in der Nähe von Piedralaves (Avila) ver-brachte, nie ausschließlich auf seine Doktorarbeit konzentrieren. Seine Arbeit wurde mit dem ersten außerordentlichen Preis der Fakultät für Philosophie und Literaturwissenschaft in Madrid aus-gezeichnet und in einem umfangreichen Buch mit dem Titel *Des-cubrimientos y exploraciones en las costas de California* (Entdeckungen und Erforschungen an den Küsten Kaliforniens) veröffentlicht.

Die Jahre vergingen, und der Gründer und Don Alvaro ließen sich endgültig in Rom nieder. Doch die kirchliche Promotion wur-de ihm nicht erlassen: 1948 machte Don Alvaro an der Päpstlichen Universität vom Heiligen Thomas (dem damaligen *Angelicum*) sei-nen Doktor in Kirchenrecht.

Dass Don Alvaro seine Promotion so rasch und so gut zum Abschluss bringen konnte, war meiner Ansicht nach – neben spiri-tuellen Gründen – vor allem seiner Intelligenz, seinem Schreibstil und seinem außergewöhnlichen Gedächtnis zu verdanken. Letzte-res war eine natürliche Eigenschaft, die durch Zuneigung noch ver-stärkt wurde, wie ich bei unzähligen Gelegenheiten habe beobach-ten können. Und ich muss, mir sei eine persönliche Bemerkung erlaubt, gestehen, dass mein eher schlichtes Spanisch stilistisch durch ihn bereichert worden ist. Ich habe ihn immer bewundert, wie sprachgewandt er war, obwohl er doch seit 1946 nicht mehr in Spanien lebte.

Bei seiner täglichen Arbeit zog er Wörterbücher zu Rate – auch um Synonyme zu finden und Wiederholungen zu vermeiden, die den Leser ermüden. Dennoch besaß er nicht das, was man gemein-hin als stilistischen Ehrgeiz bezeichnet. Aufgrund seiner intellektu-ellen Bildung und aus seelsorglichen Gründen ging es ihm um die Gabe und den Wunsch, exakt und verständlich zu sprechen und zu schreiben und seine spirituelle und apostolische Botschaft mit ansprechenden Ausdrücken zu veranschaulichen.

Ich glaube, dass sein nüchterner Schreibstil auch von der latei-nischen Sprache beeinflusst war. Er hatte auf der Schule in Latein gute Noten gehabt und später, vor allem in den vierziger Jahren, versucht, seine Kenntnisse zu vervollkommnen. Das Kirchenlatein, das er bei der Leitung des Opus Dei und bei seiner umfangreichen Tätigkeit in verschiedenen Dikasterien der Römischen Kurie benutzte, sprach und schrieb er fließend. Francesco di Muzio bescheinigte ihm in der Zeitung *Avvenire* vom 27. März 1994 seinen »feinen Geschmack für die lateinische Epigraphik und die römische Kunst«.

Nach seiner Priesterweihe gab Don Alvaro seine weltliche Berufsausübung auf und widmete sich voll und ganz seinem priesterlichen Dienst, wobei die mit der Leitung des Opus Dei verbundenen Aufgaben naturgemäß nicht weniger, sondern im Gegenteil immer zahlreicher wurden.

Seine Verkündigung war von dieser Zeit an wie ein beständiges Echo der Lehre des Gründers. Doch in einem anderen, gleichsam weniger neuartigen Stil. Don Alvaro schrieb – das lag vielleicht an seinem nachdenklichen Charakter – brillanter als er sprach. Dennoch fiel es ihm leicht, zu den Herzen seiner Zuhörer zu sprechen. Vielleicht, weil sie an seinen Gesten und seiner tiefen, weichen Stimme seine große Zuneigung und zugleich seine tiefe Demut erkannten:

»Es kommt nicht darauf an, was ich sage«, wiederholte er unzählige Male, wenn er zu reden begann; »es kommt darauf an, wie der Heilige Geist in der Seele jedes Einzelnen und auch in meiner Seele wirkt.«

Technische oder sehr spezielle Begriffe vermied er nach Möglichkeit; wenn sie unverzichtbar waren, erklärte er sie so ausführlich wie nötig. Er hatte ein Bedürfnis nach Klarheit, und um dieser Klarheit willen nahm er es auch in Kauf, das eigentliche Thema zu verlassen und Nuancen oder ergänzende Aspekte zu erläutern. Seine Darstellung legte die Wurzel der Dinge frei, und das mit einer Gründlichkeit, die alle Komplikationen ausräumte. Er erinnerte eher an einen guten Lehrer mit gesundem Menschenverstand und theologischer Strenge, der zum Nachdenken anregen wollte – ohne Fragen unbeantwortet zu lassen –, als an einen mehr oder weniger charismatischen Anführer, dem es vor allem darum geht, andere von seinen Ansichten zu überzeugen. Seine Vorträge waren ausführlich, doch sie brachten Klarheit, und man konnte ihnen gut zuhören.

Er sprach kraftvoll und schlicht. Er brauchte nicht viele Argumente, um die Zustimmung seiner Zuhörer zu gewinnen. Er gewann sie mit der Tiefe seines Glaubens, der Authentizität und Konsequenz seines christlichen Lebens, die ihm aus allen Poren drangen. Das, was sie überzeugte, waren vielleicht nicht einmal die Worte an sich, sondern die Art, wie er sie sagte, mit einer solchen Wahrhaftigkeit des Tonfalls und der Gesten, dass man ihm einfach glauben musste. Ramona Sanjurjo nahm 1945 an geistlichen Exerzitien teil, die Don Alvaro in Vigo leitete. Sie war eine praktizierende Katholikin, doch, so gestand sie, »ich hatte noch nie jemanden so von der Liebe Gottes sprechen hören. Für mich war das eine große Entdeckung«.

Seine Worte waren sensibel, präzise und frei von rhetorischer Effekthascherei. Ihn bewegten einzig und allein das Ziel einer besseren Gottesbeziehung, die Forderungen der Nächstenliebe und die Wirksamkeit der apostolischen Arbeit. Er stützte sich immer auf die Heilige Schrift; später war der Gründer des Werkes seine unmittelbarere Quelle: seine Schriften, seine Lehren, das Beispiel seines heroischen Lebens. Trotz seiner umfassenden theologischen und dogmatischen Bildung beschränkte er sich nicht darauf, theoretische Aussagen zu formulieren: Vielmehr war seine Seele von dem sehnlichen Wunsch bewegt, den Geist des Evangeliums und die besondere Spiritualität des Werkes umzusetzen.

Eine Betrachtung zu halten bedeutet – so hatte er es von Don Josemaría gelernt –, das persönliche Beten laut auszusprechen. Das war offensichtlich. Am 2. Oktober 1983, dem Jahrestag der Gründung des Opus Dei, nahm Andrés Rueda die Gelegenheit wahr, ihm für das zu danken, was er ihnen an jenem Tag in der Betrachtung gesagt hatte. Und Don Alvaro antwortete:

»Was ich euch gesagt habe? Ich habe doch mit Gott gesprochen!«

Wenn er predigte, war er herzlich, verständnisvoll, umgänglich, aber sehr anspruchsvoll. Häufig benutzte er das Adverb *mehr*, um die Dringlichkeit der Liebe Gottes deutlich zu machen. Mit großem Feingefühl ging er auf jeden Einzelnen und seine Verantwortung ein, Gott und die Seelen zu lieben. Tatsächlich mündete alles, was er auch sagen mochte, in das eine, immer gleiche Grundanliegen: die Liebe, weil in der Liebe die Fülle des christlichen Lebens wurzelt.

Don Alvaro setzte das priesterliche Vorbild, das ihm der Gründer des Opus Dei gab, getreulich um: Er war ein hundertprozentiger Priester nach dem Maßstab der totalen Hingabe an Christus. Javier Echevarría fasste dies an Don Alvaros goldenem Priesterjubiläum so zusammen: »Seine menschlichen und geistlichen Gaben stellen gleichsam ein Kompendium aller Tugenden dar, die wir uns für einen Priester im Dienst an Christus und den Seelen wünschen: demütige Intelligenz, schlichte Frömmigkeit, voller Einsatz für andere, Barmherzigkeit und Fürsorge für die Schwachen und Bedürftigen, väterliche Kraft, ansteckender Friede. Ich habe einen Satz des heiligen Augustinus gelesen, in dem sich diese Qualitäten verdichten: ›Wohnstatt der Liebe ist die Demut‹ (*De Virginitate*, 51).«

Sein großes Herz war von Verehrung für den Priester- und Ordensstand (vgl. *Der Weg*, 526) und einem tiefen Gefühl der Gemeinschaft mit seinen Brüdern im priesterlichen Dienst erfüllt. Es war für mich sehr ergreifend zu sehen, wie er mit Luis de Moya umging, einem Priester der Prälatur, der seit einem schweren Verkehrsunfall im April 1991 querschnittsgelähmt war. Don Alvaro besuchte ihn häufig, zunächst in der Klinik der Universität von Navarra und später im Studienzentrum Aralar in Pamplona. Er begegnete ihm besonders liebevoll und aufmerksam. Und es war eine riesige Freude für ihn zu erfahren, dass er nach einem Luftröhrenschnitt wieder sprechen konnte: Für die Ausübung des Priesteramts, so sagte er zu ihm, käme es im Notfall nur auf die Stimme und die gute Absicht an. Mehr als einmal habe ich beobachtet, wie er seine gelähmten Hände küsste und ihn tröstete:

»Du kannst sie nicht bewegen, aber sie haben die göttliche Macht, Sünden zu vergeben; auch wenn du sie nicht bewegst, öffnen sie die Pforten des Himmels.«

Diese Szenen zeugten von Don Alvaros Liebe zu den Priestern, die in seinem Glauben an ihre sakramentale Weihe und einzigartige Mittlerschaft zwischen Gott und den Menschen wurzelte. Er widmete ihnen sowohl im Rahmen seiner Leitungsarbeit als auch in seinen Schriften und Predigten viel Zeit. Er liebte sie wie Brüder und bewunderte ihre heroischen Tugenden. Immer wieder prägte er ihnen ein, wie wichtig die Brüderlichkeit unter Priestern ist, immer wieder besuchte er diejenigen seiner Mitbrüder, von denen er glaubte, dass sie gerade einsam waren, um ihre Zuversicht zu stärken und ihnen freudig zu dienen.

Noch bei seinen letzten Schritten auf dieser Erde begleitete ihn das Wissen um die Dringlichkeit von Priesterberufungen. Dieses Wissen gab er an alle, auch an die Laien, weiter. So sagte er im September 1983 vor Zehntausenden in Retamar (Madrid):

»Betet inständig für die Seminare. Das geht euch sehr wohl was an. Niemand darf die Augen verschließen. Es ist eine Verpflichtung aller Gläubigen der Kirche.«

Natürlich erinnerte Don Alvaro auch seine eigenen Priester an diese Notwendigkeit, dafür zu sorgen, dass ihre Arbeit weitergeführt wird. Im Februar 1988 sagte er vor Priestern und Seminaristen in Chicago:

»Wenn der Augenblick kommt, da wir vor Gott Rechenschaft ablegen, dann sollte jeder von uns mindestens einen Nachfolger im priesterlichen Amt vorweisen können.«

Und er fügte einen Ratschlag hinzu, den der Gründer des Opus Dei den Diözesanpriestern immer mit auf den Weg gab:

»Und da einer scheitern kann, ist es besser, wir haben zwei oder, besser noch, drei.«

Praktischer Ausdruck dieser Geisteshaltung war die Schaffung Internationaler Kirchlicher Kollegs auf dem Gelände der Universität von Navarra (und später auch in Rom, als dort das Päpstliche Athenäum vom Heiligen Kreuz errichtet wurde). Als in Pamplona

– im Zuge der Apostolischen Konstitution *Sapientia Christiana* 1979
– das theologische Bakkalaureat eingerichtet wurde, begannen
Bischöfe aus verschiedenen Ländern, ihre Seminaristen dorthin zu
schicken. Nachdem er sich unter anderem mit dem Erzbischof der
Diözese abgesprochen hatte, leitete Don Alvaro die nötigen Maßnahmen in die Wege, um ein geeignetes Zentrum für die geistliche
und menschliche Bildung dieser Priesteramtskandidaten zu finden,
die philosophische und theologische Lehrveranstaltungen an der
Universität Navarra besuchten. 1988 errichtete der Heilige Stuhl
das Kirchliche Kolleg Bidasoa.

Im April 1990 besuchte Don Alvaro Bidasoa und verbrachte
geraume Zeit mit den Studenten: Damals wurden dort rund hundert Seminaristen aus zwanzig Ländern und etwa fünfzig Diözesen
ausgebildet. Ich begleitete ihn dorthin, und es war für mich eine
unvergleichliche Erfahrung.

»Meine Söhne«, so begann er, »ein Priester, der nicht darum
kämpft, ein Heiliger zu sein, fügt der Kirche großen Schaden zu.
Ein lauer, sorgloser, nachlässiger Priester fügt den Seelen großen
Schaden zu. Deshalb müsst ihr den Herrn bitten, dass ihr immer
vibriert aus priesterlichem Eifer, sehr großem Eifer. Und dazu
müsst ihr die entsprechenden Mittel einsetzen und jeden Tag in
der Gegenwart Gottes leben.« Ich erinnere mich an den väterlichen Ton, in dem er von der Liebe zu Maria sprach und davon,
dem Herrn im Tabernakel den Hof zu machen, von Frömmigkeit
und Studium, vom Geist des Dienens, vom Gehorsam gegenüber
den Verantwortlichen der jeweiligen Diözese, von brüderlichem
Verständnis und Vergebungsbereitschaft und so vielen Themen –
wobei er sich von den Fragen der jungen Leute leiten ließ –, dass
am Ende eine packende Zusammenfassung der priesterlichen
Spiritualität daraus wurde.

Natürlich war seine Verehrung für das Priestertum nicht von
seiner Liebe zu den Ordensleuten zu trennen, die sich sehr gut mit
der Tatsache vereinbaren ließ, dass das Opus Dei nichts mit diesem
kanonischen Stand zu tun hat. Seine Zuneigung zu diesen gottge-
weihten Seelen wuchs, seit er zahlreiche Freunde des Gründers

kennengelernt hatte und mit ihnen Umgang pflegte. Einige sollten ihn und die ersten Mitglieder des Opus Dei, die zu Priestern geweiht wurden, unterrichten. Es erscheint nicht notwendig, hier die Namen und Angaben zu wiederholen, die im Detail in der Bibliographie zu Josemaría Escrivá aufgeführt sind. Ich möchte nur erwähnen, dass nach Don Alvaros Tod zahllose Zuschriften von Kardinälen, Bischöfen, Priestern und Ordensleuten eintrafen, die ihre besondere Zuneigung und Dankbarkeit und ihre Bewunderung für seine menschliche und spirituelle Größe zum Ausdruck brachten. Er hatte bei der Lösung von seelsorglichen Problemen und juristischen Schwierigkeiten geholfen; er hatte geistliche Einkehrtage und Predigten für sie gehalten; und er hatte viele gottgeweihte Personen geistlich betreut, die seinen erfahrenen Rat schätzten.

Don Alvaros priesterliche Seele drängte ihn auch, den Forderungen der Gerechtigkeit Nachdruck zu verleihen. Viele Male habe ich gehört, wie er diese Tugend hervorhob und sie als unverzichtbare Voraussetzung für ein friedliches Zusammenleben bezeichnete. Und damit bezog er sich nicht nur auf die Fragen der kirchlichen Soziallehre. Sein sehnlichster Wunsch nach einem gerechten Frieden war in der zentralen Botschaft Christi verankert, »der in die Welt kam, nicht um ihr den Hass oder den Klassenkampf, sondern um ihr die Liebe zu bringen«. Das hatte etwas mit dem persönlichen Ringen um die Heiligung der Arbeit zu tun, also damit, die Arbeit zu etwas Ethischem und zu einem Dienst an jedem Einzelnen und an der Gesellschaft werden zu lassen. Und hieraus erwuchsen auch – davon wird im weiteren Verlauf noch die Rede sein – unendlich viele Initiativen, die in vielen Ländern der Welt unter den Ärmsten der Armen für menschenwürdigere Bedingungen sorgen.

In erster Linie riet er dazu, die übernatürlichen Mittel einzusetzen: das Gebet und die Abtötung; und dann: zu reden, möglichst zu allen ein gutes Verhältnis zu haben und Verständnis für die anderen aufzubringen. Er wiederholte ein anschauliches Beispiel des

Opus-Dei-Gründers: Was für den einen konvex ist, ist in solchen Fragen für den anderen häufig konkav. Man kann und muss einen Kompromiss, eine gemeinsame Lösung suchen, indem man den anderen zuhört und ihre Gründe abwägt. Zuweilen führte er die sprichwörtliche Fähigkeit der Italiener an, sich auf eine gemeinsame Formel zu verständigen. Wenn es um die katholische Lehre oder um unveräußerliche Rechte der Kirche oder der Person geht, darf man natürlich nicht nachgeben … Doch ansonsten schon. Diese Gewissheit stellte die beste Garantie für eine weiter gefasste Freiheit dar.

Für die, die sich der Politik widmeten, hielt er einen alten Rat des Gründers bereit: *das Pluszeichen leben*, nicht mit den anderen zusammenstoßen, nicht auf Trennung hinarbeiten, nicht nach Unterschieden, sondern nach Gemeinsamkeiten suchen. Überdies ist das Pluszeichen das Zeichen des Kreuzes: Es steht für Abtötung, Opfer, Geduld.

Die Freiheitsliebe war ein vorherrschender Zug der menschlichen Persönlichkeit und der priesterlichen Seele Don Alvaros. Er begeisterte sich für den freien Willen, Geschenk Gottes und Vorrecht des Menschen, der in allen Geheimnissen des Glaubens eine Rolle spielt, ohne seine Zwiespältigkeit zu verkennen. Realistisch spielte er immer wieder auf trauriges Geschrei an, dass zu tragischer Knechtschaft führt. Er leitete das Opus Dei mit klugen seelsorgerischen Regeln. Doch weit entfernt von jeglichem anthropologischen Pessimismus liebte er die persönliche Spontaneität und war davon überzeugt, dass Verständnis und Vertrauen die Grundpfeiler eines Zusammenlebens in Harmonie, Vielfalt und Freiheit sind. Als man ihn 1980 nach realen Schwierigkeiten bei der Errichtung von Bildungszentren in einem Entwicklungsland fragte, gab er zur Antwort:

»Der Teufel hat zwei große Verbündete: Der eine ist die Unwissenheit, der andere der Mangel an Freiheit.«

10

In Rom

Don Alvaros Loyalität dem Gründer des Opus Dei gegenüber war
ebenso offensichtlich wie sein Streben, ihm feinfühlig und tatkräf-
tig zu helfen und dabei unbemerkt zu bleiben. Dies tat er mit aus-
gesuchtem Takt. Dennoch musste er aus vielerlei Gründen – im
Auftrag von Josemaría Escrivá – in Angelegenheiten, die für das
Werk entscheidend waren, die ersten Schritte in die Wege leiten
oder einen guten Teil der Verantwortung tragen. Das galt besonders für seine erste Reise nach Rom.

Die Eckdaten sind hinlänglich bekannt. Im Februar 1946
schickte der Gründer ihn erneut nach Rom. Er bezog eine Wohnung, die Salvador Canals am Corso del Rinascimento gemietet
hatte und deren Balkone auf die Piazza Navona hinausgingen. Bis
Juni arbeitete er intensiv und folgte Schritt für Schritt den Anweisungen, die er von Josemaría Escrivá erhielt. Er nutzte seine Gabe,
mit Menschen umzugehen, und seine gesamte Energie, bis er, vom
menschlichen Standpunkt aus betrachtet, an seine Grenzen stieß
und die Anwesenheit des Gründers in der Ewigen Stadt dringend
erforderlich war – was er ihm unmissverständlich mitteilte.

Don Josemaría traf am 22. Juni kurz vor Mitternacht im Hafen
von Genua ein. Don Alvaro war gemeinsam mit Salvador Canals
von Rom gekommen, um ihn zu empfangen. Und so begann ein
weiterer Abschnitt des Betens, Arbeitens und Verhandelns, der im
Decretum Laudis vom 24. Februar 1947 und in der Approbation
vom 16. Juni 1950 gipfelte.

1946 war Don Alvaro nach wie vor Generalsekretär des Opus
Dei. Auch von Rom aus arbeitete er weiter in der Leitung des
Werkes mit. Von 1947 bis 1956 war er Generalprokurator; zwischen 1947 und 1951 außerdem Regionalvikar für Italien und von
1948 bis 1953 Rektor des Römischen Kollegs vom Heiligen Kreuz;

dann erneut Generalsekretär von 1956 bis 1975, als er nach dem Tod des Gründers dessen Nachfolge an der Spitze des Opus Dei antrat, bis Gott ihn zu sich rief.

Er war immer dort, wo seine Arbeit am nötigsten gebraucht wurde, und half dabei, das Werk voranzubringen. Doch er blieb im Hintergrund, unbemerkt sogar von den Mitgliedern des Opus Dei, die täglich mit ihm zu tun hatten. Die Blicke aller waren auf Josemaría Escrivá gerichtet. Beim familiären Beisammensein kam es vor, dass Don Alvaro sich in eine Ecke setzte oder sogar stehenblieb, wenn es an Sitzgelegenheiten fehlte. Dennoch achtete er genau auf den Gründer und antwortete ungewohnt schnell, wenn der ihn nach einem Namen oder einem Datum fragte oder ihn bat, ein Detail oder eine Erinnerung zu bestätigen ...

»Erinnerst du dich, Alvaro? Warum erzählst du es ihnen nicht?«

Und sogleich nahm Don Alvaro den Faden auf ...

Man kann sich denken, dass der Gründer sich auf natürliche und humorvolle Weise völlig auf Don Alvaro verließ. Wie das eine Mal, als er ihm ein Foto mit dem 7. Vers des 35. Psalms reichte: *Homines et iumenta salvabis, Domine (Menschen und Tiere wirst du retten, Herr),* und hinzufügte – wobei er auf Don Alvaros Nachnamen anspielte: »Damit tut sich ein *Portillo,* ein ›Türchen‹ zur Hoffnung auf.«

Diese humorvolle Art, miteinander umzugehen, zeigte sich auch an der Antwort, die Carmen Escrivá ihrem Bruder gab, als er sagte, dass er alle seine Töchter und Söhne gleichermaßen liebe:

»Nein, nein, Alvaro hast du lieber als die anderen.«

Und als ihr Bruder sich darüber ärgern wollte, beschwichtigte sie ihn:

»Mach dir deshalb keine Sorgen, unser Herr liebte auch drei der Apostel besonders.«

»Jetzt hör auf mit dem Unsinn«, entgegnete der Gründer ...

An einem Julitag des Jahres 1977 gab Don Alvaro unserem Drängen schließlich nach und erzählte mit einiger Überwindung von der Blinddarmentzündung und der Operation, der er sich 1950 hatte unterziehen müssen. Der chirurgische Eingriff war kompliziert und dauerte deutlich länger als geplant, weil sein Blinddarm nicht an der üblichen Stelle lag. Sie mussten die Narkose verlängern. Nach der Operation kam er nicht wieder zu sich, und die Ärzte wussten nicht, was sie tun sollten. Da trat Josemaría Escrivá an ihn heran und flüsterte ihm mit gesenkter Stimme zu:

»Alvaro!«

Er reagierte sofort:

»Ja, Vater!«

Einige Zeit später erfuhr er, dass er dem Gründer damit eine große Freude gemacht hatte:

»Er gehorcht sogar im Schlaf«, sagte er zu einem seiner Begleiter.

Don Alvaro beschrieb sein Verhältnis zu Don Josemaría mit einer Wendung aus dem militärischen Bereich: »auf dem Dienstweg«. An diesen hielt er sich auch in den kleinsten Details des alltäglichen Lebens, obwohl Josemaría Escrivá ihn immer wieder daran erinnerte, dass er nicht ihm, sondern Jesus Christus nachfolge. Und auch wenn seine Treue zum Gründer ihn die Initiative ergreifen ließ, blieb er dabei immer im Hintergrund.

So war es auch 1950, als Josemaría Escrivá sein silbernes Priesterjubiläum feierte. Don Alvaro schlug ihm vor, nach alter römischer Tradition in der Villa Tevere eine Gedenktafel anzubringen. Doch es gelang ihm nicht, den Gründer zu überzeugen, bis ihm schließlich folgendes Argument einfiel:

»Vater, wir sind in Rom, und in Rom ist es üblich, Gedenktafeln anzubringen, um an bestimmte Ereignisse zu erinnern. Wenn wir diese Tafel nicht anbringen, werden die, die nach uns kommen, entweder sagen, wir seien dumm gewesen, oder, wir hätten Sie nicht geliebt. Und beides stimmt nicht: Natürlich lieben wir Sie, und was die Dummheit angeht ... gut, wir sind dumm, aber so dumm nun auch wieder nicht.«

Josemaría Escrivá *kapitulierte*:

»Na gut, macht, was ihr wollt, aber unter einer Bedingung: Stellt ein Eselchen oben drauf!«

Don Alvaro verfasste die Inschrift, und die Gedenktafel mit dem

Esel wurde in einer Galerie der Villa Tevere angebracht. Im Grunde hatte er sich den tief verwurzelten Gerechtigkeitssinn des Gründers zunutze gemacht. Jahre später brachte er ihn mit demselben Argument dazu, dass er seine Zustimmung dazu gab, seine Unterhaltungen über geistliche Themen in den verschiedensten Ländern der Welt zu filmen. Für diese Initiative kann die Nachwelt Don Alvaro gar nicht genug danken.

Er hielt sich auch im Hintergrund – obwohl sein Part hierbei wesentlich gewesen war –, wenn er von den Arbeiten sprach, die für die Einrichtung und Inbetriebnahme des Opus-Dei-Zentralsitzes in der Villa Tevere nötig gewesen waren: Dann erwähnte er Prälat Montini, den späteren Papst Paul VI., und die Ratschläge, die dieser dem Gründer gegeben hatte; oder den riesenhaften Glauben von Josemaría Escrivá, der selbst dann nicht erschüttert wurde, wenn es an allen Ecken und Kanten an Geld fehlte; oder das beständige und vertrauensvolle Gebet der Mitglieder des Werkes. Ganz so, als wäre nicht er es gewesen, der die unglaubliche Lösung des Problems ermöglicht und das Vertrauen der *Principessa* Virginia Sforza Cesarini – er begleitete Don Josemaría bei ihren ersten Unterredungen – und später auch ihres Freundes, des Grafen Gori Mazzoleni, gewonnen hatte, mit dem Don Alvaro – unterstützt von dem ebenfalls inzwischen verstorbenen Salvador Canals – die Hauptrolle bei unendlich mühsamen Verhandlungen spielte, die letztlich ein gutes Ende fanden, wie man in den Biographien des Gründers nachlesen kann.

Als man schließlich über ein Gebäude verfügte, kamen bekanntlich neue finanzielle Schwierigkeiten hinzu, denn nun waren umfangreiche Erweiterungs- und Renovierungsmaßnahmen erforderlich. Die Lieferanten mussten bezahlt und Samstag für Samstag die Arbeiter entlohnt werden. Immer wieder machte sich Don Alvaro auf den Weg – manchmal hatte er hohes Fieber und hätte eigentlich das Bett hüten müssen –, um befreundete Personen – beispielsweise *Avvocato* Merlini – um Spenden oder Darlehen zu bitten, über Hypotheken und Kredite zu verhandeln oder dafür zu sorgen, dass Wechsel akzeptiert wurden. Er verstand es, das Vertrauen der anderen und – das ist kein Paradox – die Dankbarkeit derjenigen zu gewinnen, die ihm halfen. Auf diese Weise entstand zum Beispiel die enge Freundschaft mit Leonardo Castelli, dem Eigentümer der Baufirma, die ab einem bestimmten Zeitpunkt die Arbeiten übernahm.

Don Alvaros einziges Anliegen war es, dem Gründer Arbeit und Sorgen zu ersparen. Deshalb kümmerte er sich mit aller Energie um jene dringenden finanziellen Nöte und scheute keine Mühe. 1954 reiste er nach Spanien, obwohl der Arzt ihm strenge Bettruhe verordnet hatte. Doch wenn er später gelegentlich von jenen Zeiten erzählte, vergaß er die Rolle, die er selbst dabei gespielt hatte:

»Der Herr sorgte dafür, dass wir uns mit Hilfe von Briefen und Balanceakten über Wasser hielten. Wir mussten einem Heiligen die Kleider wegnehmen und sie einem anderen anziehen: eine Verrücktheit, eine Quelle von Leiden. Wie sollen wir das bezahlen? Es ist ein Wunder. Niemand weiß wie, aber wir haben immer gezahlt.«

Andreu Barrera erinnert sich, was der Gründer in solchen Situationen gerne über Don Alvaro sagte:

»An der Seite dieses Mannes ist es unmöglich, keinen Glauben zu haben.«

Francisco Monzó, damals Don Alvaros unmittelbarer und direkter Mitarbeiter, weiß noch, wie er ihm eines Tages die juristische Tragweite der finanziellen Schwierigkeiten etwas überdeutlich klarzumachen versuchte. Wenn alles so weiter ginge – sagte er zu ihm –, könnten sie im Gefängnis landen. Daraufhin antwortete Don Alvaro mit leisem Spott:

»Gut, wenn es so weit kommt, bringst du mir eine Schreibmaschine und viele Blätter in meine Zelle.«

Und Francisco Monzó schloss mit den Worten:

»Was ihm persönlich widerfahren konnte, kümmerte ihn nicht. Er sorgte sich nur darum, dass er unseren Gründer dann vielleicht nicht so wirkungsvoll würde unterstützen können, wie es nötig war.«

Don Alvaro lebte die christliche Einfachheit natürlich und mit gesundem Menschenverstand. In jenen fünfziger Jahren in Rom, so erzählte mir Encarnación Ortega, als das Geld nicht einmal für das Nötigste reichte, habe er ihnen gesagt, dass sie regelmäßig essen müssten, um bei Kräften zu bleiben; und das begründete er auch aus dem Glauben: Wenn sie ihre Energie darauf verwandten, die Mittel zu beschaffen, und wenn sie das, was sie hätten, gut verwalteten, dann würde der Herr dafür sorgen, dass es ihnen an nichts fehle.

Ebenfalls aus jener Zeit stammt eine Erinnerung von Francisco Monzó, der berichtet, dass Don Alvaro »den Arbeitern, die ihren Pflichten mit Eifer nachgekommen waren, ein Trinkgeld geben ließ. In diesem Punkt war er sehr großzügig.«

Denn die echte Armut ist untrennbar mit der Solidarität verbunden. Josemaría Escrivá hat Don Alvaros Sensibilität für die sozialen Probleme viele Male lobend hervorgehoben. Einmal erzählte er die Geschichte eines Landhauses in Salto di Fondi südlich von Rom, das seit 1953 als Sommersitz für die Schüler des Römischen Kollegs vom Heiligen Kreuz benutzt wurde: Der Marchese de Bisletti, »der Don Alvaro sehr mochte, berichtete ihm von einem ausreichend großen Landgut, das für uns interessant sein könnte. ›Aber, mein Sohn‹, sagte ich zu ihm, ›wir können nicht einmal unser Essen bezahlen!‹ Doch er ließ sich nicht beirren: ›Vater, man könnte es versuchen … Die Jungen brauchen es, um sich im Sommer zu erholen. Sonst wird es ihnen nicht gut gehen.‹«

Don Alvaro überzeugte ihn. Außerdem lieferte das Landgut in diesen schlechten Zeiten Lebensmittel für die, die in Rom lebten, und gab Don Alvaro die Gelegenheit, mit den dort ansässigen Landarbeitern ein soziales Projekt auf den Weg zu bringen:

»Er regelte die Angelegenheit so«, schloss der Gründer, »dass er 300 der dortigen Landarbeiter zu Eigentümern machte: Er überließ ihnen Parzellen, nachdem er mit einer Bank ein Abkommen getroffen hatte, dass sie mit einem Teil ihrer Ernte bezahlen würden, aber so, dass ihnen noch genug übrig blieb, um in Würde zu leben.«

Don Alvaro selbst sollte sehr viel später und als Beispiel für die Bescheidenheit des Gründers von einer anderen Initiative berichten, die er in den ersten Jahren in Rom in die Wege leitete: Kurz nach der päpstlichen Approbation des Opus Dei 1947 beantragte er in seiner Eigenschaft als Generalprokurator des Werkes, dass man Josemaría Escrivá den Titel eines *Hausprälaten* verleihen möge:

»Der damalige Prälat Montini hat diesen Vorstoß nicht nur gutgeheißen, sondern sich sogar persönlich dafür eingesetzt«, erklärte Don Alvaro.

Die Ernennung kam schnell, und mit ihr ein Schreiben von Montini, in dem dieser sich sehr positiv über das Opus Dei und seinen Gründer äußerte. Don Alvaro hatte dem Gründer im Vorfeld nichts von seiner Initiative gesagt, weil er dessen Bescheidenheit kannte und fürchtete, dass er ihn nicht hätte gewähren lassen. Und tatsächlich wollte Don Josemaría, als die Angelegenheit geregelt war, diese kirchliche Ehre nicht annehmen. Gemeinsam mit Salvador Canals konnte Don Alvaro ihn jedoch überzeugen, und er bediente sich dabei eines unumstößlichen Arguments: dass dieser Titel mehr als alles andere den säkularen Charakter des Opus Dei deutlich mache.

Zehn Jahre später hatte er eine große Last zu tragen, als er sich in Rom um Carmen Escrivá kümmern sollte, bei der die Ärzte 1957 eine schwere Krebserkrankung diagnostiziert hatten. Am 20. April hieß es, sie habe nur noch zwei Monate zu leben. Im Auftrag Don Josemarías übernahm Don Alvaro die traurige Pflicht, ihr diese Prognose mitzuteilen. Er tat dies unmissverständlich und äußerst liebevoll. Er selbst erzählte immer wieder:

»Sie nahm die Nachricht ruhig auf, heiter, ohne Tränen, wie eine Heilige.«

Später sollte sie ihrem Bruder und anderen Mitgliedern des Werkes gegenüber sagen:

»Alvaro hat mir das Urteil verkündet.«

Don Alvaro war es auch, der mit dem Augustinereremiten Pater Fernández sprach, einem Mann von tiefer Innerlichkeit, der Carmen einmal in der Woche als ihr geistlicher Leiter zur Seite stehen sollte. Auf die inständigen Bitten der Zentralsekretärin des Opus Dei hin gelang es ihm auch, den Gründer davon zu überzeugen, dass er es einigen seiner Töchter erlaubte, sie abwechselnd zu pflegen …

Im Juni, einige Tage vor Carmens Tod, besuchte der Gründer seine Schwester, um ihr das Sakrament der Krankensalbung zu spenden. Don Alvaro half ihm dabei. Mit erstickter Stimme begann er die vorgeschriebenen Gebete zu sprechen. Als Carmen antworten sollte, begann er zu weinen und bat Don Alvaro, er möge fortfahren. Er nahm Chorhemd und Stola ab, Don Alvaro legte sie an und setzte die Zeremonie fort. Außer ihnen waren noch einige Frauen des Opus Dei anwesend. Nach einer Weile bat sie Don Josemaría, sich in ein angrenzendes Zimmer zurückzuziehen:

»Meine Töchter, ich möchte euch dafür um Verzeihung bitten, dass ich euch ein so schlechtes Beispiel gegeben habe, dass ich geweint habe, obwohl ich euch doch so oft gesagt habe, dass ihr stark sein müsst und dass man in schwierigen Situationen nicht weinen darf.«

Da wandte Don Alvaro zartfühlend ein:

»Der Vater sagt uns auch immer wieder, dass wir ein Herz haben sollen, und heute hat er uns gezeigt, dass er eines hat. Auch darin ist er uns ein Vorbild.«

Mit demselben übernatürlichen Sinn und menschlichen Herzen hatte Don Alvaro kurz zuvor den Tod seiner Mutter, Doña Clementina, hingenommen. Ihr Tod war überraschend eingetreten: am 10. März 1955 in Madrid, als sie gerade in der Kirche San Manuel y San Benito an geistlichen Exerzitien teilgenommen hatte. Am letzten Tag war sie morgens sehr froh nach Hause gekommen: Sie hatte die Messe besucht und eine Lebensbeichte abgelegt. Beim Frühstück erlitt sie einen Gehirnschlag, von dem sie sich nicht mehr erholte, obwohl die Ärzte alles versuchten. Noch am selben Abend schlief sie friedlich ein.

Man schickte ein Telegramm nach Rom. Josemaría Escrivá wies

Alvaro an, sich sofort zu erkundigen, wie er nach Madrid gelangen könne. Seither sind über vierzig Jahre vergangen, und man kann sich kaum vorstellen, wie schwierig die Verkehrsverbindungen damals waren. Fakt ist jedenfalls, dass Don Alvaro erst drei oder vier Tage später in der spanischen Hauptstadt hätte sein können. Deshalb – so schrieb er seinen Geschwistern – »musste ich Gott diesen Schmerz aufopfern, dass es mir nicht möglich war, unserer Mutter einen letzten Kuss zu geben und euch in die Arme zu schließen«. Er war immer davon überzeugt, dass dieses Opfer seiner Mutter sicherlich zugute gekommen war.

Am 11. März feierte er um Viertel nach sieben die heilige Messe: »Niemals habe ich mit größerer Andacht gebetet, und niemals haben mir die Worte der Liturgie größeren Frieden geschenkt: *Vita mutatur, non tollitur*«, vertraute er seinen Geschwistern an. In seinem Brief rief er ihnen das heiligmäßige Leben ihrer Mutter ins Gedächtnis und fügte hinzu: »Deshalb können wir sicher sein, dass sie ihren Lohn erhalten hat: Der Herr schenkt mir eine nicht nur moralische, sondern fast schon physische Sicherheit, dass Mutter im Himmel ist. Und diese Sicherheit bringt mitten in allem Schmerz einen tiefen Frieden mit sich. Wenn das nicht so merkwürdig klänge, würde ich sagen, dass sie bei aller Trauer froh macht. Dennoch ist die Trauer sehr groß: nicht um Mutters, sondern um meinetwillen; wegen all des Guten, das ich ihr nicht getan, und wegen all des Schlechten, das ich ihr getan habe. Für all das bitte ich Gott, Mutter und Euch um Vergebung: für das, was ich Mutter gegenüber falsch gemacht habe.«

Jene Jahre in Rom waren sehr hart für den Gründer und Don Alvaro, die inmitten unzähliger Schwierigkeiten das Gewicht der juristischen Schlacht und der Ausdehnung des Werkes zu tragen hatten. Hinzu kamen körperliche Leiden, die ihm nicht einmal in den Tagen erspart blieben, an denen er die zahlreichen Verhandlungen im Zusammenhang mit der kanonischen Approbation des Opus Dei führen und die beständigen und schwerwiegenden finanziellen Schwierigkeiten lösen musste. Sein Mut verließ ihn nie, doch zuweilen hatte sein Körper keine Widerstandskraft mehr, und Don Alvaro wurde krank. Einige Jahre später scherzte der Gründer, dass die Medizin, die er eigentlich gebraucht hätte, »zwei Wickel von einer Million Dollar« waren: »einen auf jede Niere«.

Auch wenn er mit Fieber im Bett lag, verlor Don Alvaro nie sein Lächeln und behandelte alle, die ihn besuchen kamen, mit Dankbarkeit und Zuneigung. Einmal, erzählt Francisco Monzó, »setzte er sich sogar im Bett auf, um mir alle Möglichkeiten aufzuzeigen, wie ich eine Rechnung begleichen könne, die aus meiner Jackentasche herausguckte: um mir bei der Buchführung und der Kontrolle der Bauarbeiten zu helfen. Und bei alledem war er so gutgelaunt, liebevoll ironisch und froh, dass man den Eindruck hatte, er erfreue sich bester Gesundheit.«

Einige schwere Erkrankungen Don Alvaros bereiteten dem Gründer ernsthafte Sorgen. So verschlimmerten sich im Februar 1950 die Beschwerden an Leber und Blinddarm, unter denen er schon seit Jahren zu leiden hatte. Professor Faelli, der ihn untersuchte, diagnostizierte eine Blinddarmentzündung, die sofort operiert werden müsse. Don Alvaro hat einmal am Rande bemerkt, dass die Schmerzen sehr heftig waren, doch nur, um deutlich zu machen, wie unendlich liebevoll sich Don Josemaría um seine kranken Söhne kümmerte; und wie er, um ihn ein wenig abzulenken und zum Lachen zu bringen, sogar einen ausgesprochen komischen kleinen Tanz improvisierte.

Soweit Juan Masiá sich erinnert, verlief die Operation gut, doch die Narkose blieb nicht ohne Folgen. Einige Tage nach dem chirurgischen Eingriff begleitete Juan den Gründer ins Krankenhaus. Sie waren allein im Zimmer, und Don Alvaro delirierte infolge der Medikamente oder des Fiebers. Immer wieder sagte er:

»Ich will an der Seite des Vaters arbeiten: mit aller Kraft und bis zum Ende meines Lebens.«

Schweigend und mit Tränen in den Augen gingen beide nach Hause, nachdem sie eine ganze Weile am Bett des Kranken gesessen hatten.

Anfang 1959 wurde ein weiterer chirurgischer Eingriff notwendig, und der postoperative Prozess war kompliziert und langwierig. Am 2. Februar wurde er ins Krankenhaus eingeliefert, und Josemaría Escrivá begab sich in die Villa Sacchetti, um in der so genannten *Galleria della Madonna* eine Kerze anzuzünden. Anschließend sprach er zu seinen Töchtern darüber, was Don Alvaro für das Werk bedeute, und bat sie, inständig für seine schnelle Genesung zu beten; wenn jene Kerze abgebrannt sei, sollten sie eine neue aufstellen, solange, bis Don Alvaro wieder in der Villa Tevere sei.

1973 brach eine weitere ernste Erkrankung über Don Alvaro herein. Es geschah im Sommer, als er sich gemeinsam mit dem Gründer in einem gemieteten Haus in Civenna in der Nähe von Lecco, etwa vier Kilometer von der Schweizer Grenze entfernt, aufhielt. Nachdem er sich die ganze Nacht im Bett herumgewälzt hatte, begleitete er den Gründer – der Bewegung brauchte – auf seinem Morgenspaziergang, obwohl er sehr blass und krank aussah. Das war der Beginn eines sehr hohen Fiebers. Er war in Schweiß gebadet. Jahre später hörte ich, wie er erzählte, dass er damals nicht nur das Bettlaken, sondern sogar die Matratze durchgeschwitzt hatte. Daraufhin kam der Arzt, der ihn normalerweise in Rom behandelte und gerade einige Tage in dem nicht sehr weit entfernten Castello di Urio verbrachte. Er diagnostizierte eine Niereninfektion und schlug vor, dass Don Alvaro sich, sobald das Fieber gesunken sei, von Dr. José María Gil Vernet in Barcelona untersuchen lassen solle, um zu entscheiden, ob ein neuerlicher chirurgischer Eingriff vonnöten sei. Er war in der Tat vonnöten: Don Alvaro musste sich einer weiteren Operation unterziehen, diesmal in der Klinik San José in Barcelona.

Alfonso Balcells, Professor für allgemeine Pathologie an der Universität Barcelona, war im Operationssaal dabei und hat auch die Tage nach der Operation miterlebt:

»Mich beeindruckten«, erinnert er sich später, »die Ruhe und Gelassenheit; er war kein bisschen ängstlich, nicht einmal nervös. Und er klagte nie über irgendwelche Beschwerden.«

11

Von Pius XII. zu Johannes Paul I.

Der 4. Juni 1943 blieb Don Alvaro als ein sehr emotionales Datum im Gedächtnis, denn an diesem Tag gewährte Papst Pius XII. ihm eine etwa dreiviertelstündige Audienz. Auch dem Heiligen Vater prägte sich das Bild des jungen spanischen Ingenieurs ein, der ihm von einem neuen Weg erzählte, mitten in der Welt heilig zu werden. Als er ihm am 3. April 1946 – Don Alvaro war inzwischen zum Priester geweiht worden – erneut eine Audienz gewährte, hatte er ihn nicht vergessen. Und auch nicht 1950, als er Don Alvaros Mutter empfing, die zum Heiligen Jahr nach Rom gekommen war. Pius XII. empfing ihn – so erinnert sich Alvaros Bruder Carlos – mit einem herzlichen *Hola, ingeniero!*

Während dieses Pontifikats erhielt Don Alvaro die ersten Funktionen bei verschiedenen Behörden des Heiligen Stuhls und erwarb sich dank seiner persönlichen Gaben, seiner offensichtlichen seelsorglichen Erfahrung und seiner soliden theologischen und juristischen Bildung großes Ansehen in der Kurie des Vatikan.

Ich habe Don Javier Echevarría Episoden von einer Reise durch Kantabrien und das Baskenland erzählen hören, auf der er Don Alvaro 1958 begleitete, um seinen Stammbaum zu erstellen. Man hatte ihn im Auftrag Pius' XII. darum gebeten, doch Don Alvaro entschloss sich – auf Anraten des Gründers – diese Arbeit nicht in Angriff zu nehmen, bis man ihn ein zweites Mal darum bat. Welchen Zweck das Ansinnen hatte, erfuhr er nie, denn Pius XII. starb noch im selben Jahr.

Im Oktober 1958 verfolgte der Gründer des Opus Dei mit größter Anspannung die offiziellen Meldungen über die schwere Erkrankung des Papstes. Er litt heftig unter den Bildern von seinem Todeskampf, die das italienische Fernsehen ausstrahlte und die von der Allgemeinheit als so unethisch empfunden wurden, dass der Mediziner, der diese Aufnahmen im Sterbezimmer des Papstes zugelassen hatte, aus dem italienischen Ärzteverband ausgeschlossen wurde. Don Alvaro schwieg, als er diese Szenen sah, wie Pilar Urbano der Madrider Zeitschrift *Época* berichtete (2. Mai 1994). Später sagte er:

»Der Vater hat Recht. Das ist entwürdigend. Welcher Sohn würde es zulassen, dass man aus dem Todeskampf seines Vaters oder seiner Mutter ein solches Spektakel macht?«

Pius XII. starb am 9. Oktober 1958, und am 28. desselben Monats wurde Johannes XXIII. gewählt. Von Anfang an unterhielt der neue Papst insbesondere durch seinen Privatsekretär Loris Capovilla enge Beziehungen zu Josemaría Escrivá und auch zu Don Alvaro. Die Gespräche mit ihnen eröffneten Papst Johannes schon in der ersten Audienz, die er dem Gründer am 5. März 1960 gewährte, ganz unverhoffte apostolische Perspektiven für die Kirche. Wie Don Alvaro es formulierte, der die seelsorglichen Tugenden des Heiligen Vaters bewunderte: »Er war sehr umgänglich und einfach, was seine Gesprächspartner zu einer Vertraulichkeit ermutigte, die jeden protokollarischen Rahmen sprengte.«

Kardinal Roncalli hatte Gelegenheit gehabt, das Opus Dei gut kennenzulernen: Als ehemaliger Direktor des *Colegio Mayor Miraflores* in Saragossa ist es mir eine besondere Freude, daran erinnern zu dürfen, dass er während einer Spanienreise im Juli 1954 dort – und auch im *Colegio Mayor La Estila* in Santiago – gewohnt hat. Später, als Papst, beobachtete er die apostolische Arbeit des Werkes aus nächster Nähe und mit großem Wohlwollen. Gerne hätte er mehr Zeit für den Gründer gehabt: »*Dobbiamo vederci spesso*«, sagte er immer zu ihm. Und er stützte sich nach wie vor auf Don Alvaro, dem er diverse Aufgaben innerhalb der Päpstlichen Kurie übertrug: 1959 ernannte er ihn zum Konsultor der Konzilskongregation und 1960 zum Qualifikator des Heiligen Offiziums. Von 1963 an war er außerdem Konsultor der Päpstlichen Kommission für die Revision des Kodex des Kanonischen Rechts.

Wie der Gründer freute sich auch Don Alvaro von ganzem

Herzen über die Entscheidung Johannes XXIII., ein Allgemeines Konzil einzuberufen. Der Gründer bot der Kurie die Mitarbeit des Werkes und seiner Mitglieder an. Auch wenn viele Gelegenheit hatten, sich direkt an der Arbeit des Konzils zu beteiligen, galt dies für keinen mehr als für Don Alvaro, dem Johannes XXIII. sowohl bei der Vorbereitung als auch im Verlauf der Versammlung einzigartige Verantwortungen übertrug.

Doch schon bald brachen leidvolle Tage an, denn Johannes XXIII. erkrankte schwer. Wer damals in Rom gelebt hat, erinnert sich noch an Don Alvaros schmerzlichen Gesichtsausdruck, wann immer der Gründer auf das Leiden ihres gemeinsamen Vaters zu sprechen kam. Erzbischof Dell'Acqua vertraute ihnen an, dass der Heilige Vater große Schmerzen litt. Das veranlasste sie dazu, noch mehr und noch inständiger für Johannes XXIII. zu beten. Don Alvaro schätzte Dell'Acqua sehr, der den Heiligen Vater gemeinsam mit den engsten Vertrauten des päpstlichen Haushalts in den letzten Tagen bis zu seinem Tod am 3. Juni 1963 so aufmerksam betreute.

Am 21. desselben Monats wurde Kardinal Montini gewählt und nahm den Namen Paul VI. an. Das Konzil war noch nicht beendet.

Paul VI. hatte für Don Alvaro große Wertschätzung. Ricardo Castelo berichtet, dass die Ingenieure aus Don Alvaros Jahrgang anlässlich ihres 25-jährigen Berufsjubiläums nach Rom reisten und der Papst ihnen eine Audienz gewährte. Paul VI. begrüßte jeden Einzelnen von ihnen. Als er Don Alvaro sah, fragte er ihn freudig überrascht:

»*Ma come? Lei anche qui?*« (»Wie das? Sie auch hier?«)

Sie hatten sich 1943 kennengelernt und am 17. Juni zum ersten Mal ausführlich miteinander gesprochen. Montini hatte ihn am Nachmittag um halb zwei empfangen und sich trotz dieser für italienische Verhältnisse schon recht vorgerückten Stunde über vierzig Minuten mit ihm unterhalten. Alvaro, der damals noch Laie war, erklärte ihm die hervorstechendsten Züge der Spiritualität des Opus Dei, und Montini verstand ihn sehr gut. Er schenkte ihm auch ein Exemplar von *Der Weg*. Montini seinerseits überreichte ihm einige Gedenkmedaillen vom Heiligen Jahr Pius' XII. und versprach, für das Werk zu beten.

Auch als Papst setzte er großes Vertrauen in Don Alvaro. 1964 ernannte er ihn zum Richter der damaligen Kongregation des Heiligen Offiziums und 1966 zum Konsultor der Nachkonziliaren Kommission für die Bischöfe und die Bistumsleitung, der Kongregation für die Glaubenslehre und der Kongregation für den Klerus.

Pedro Rodríguez, Dekan der theologischen Fakultät von Navarra, schilderte in seiner Ansprache während der Gedenkfeier zu Ehren des Großkanzlers der Universität folgende Szene: »Ein hoher Würdenträger der Kurie will mit Paul VI. eine wichtige kirchliche Angelegenheit regeln und legt dem Papst den aktuellen Stand der Diskussionen, die verschiedenen Meinungen und einen Lösungsvorschlag vor. Der Papst hört aufmerksam zu und fragt dann: Was meint Del Portillo dazu? Der Kardinal antwortet: Heiliger Vater, er unterstützt den Vorschlag. Darauf der Papst abschließend: Gut denn, also vorwärts.«

Don Alvaros Vertrauensverhältnis zu Paul VI. zeigt sich unter anderem auch an einem Vorfall während einer der ersten Audienzen, die er dem Gründer des Opus Dei nach seiner Wahl zum Papst gewährte. Am Ende der Audienz kam auch Don Alvaro dazu, um den Papst zu begrüßen. Paul VI. empfing ihn mit unverkennbarer Freude und erinnerte ihn daran, dass sie sich vor vielen Jahren kennengelernt hatten:

»*Nel frattempo sono diventato vecchio …*« (»Ich bin inzwischen alt geworden«).

Worauf Don Alvaro schlagfertig erwiderte:

»*Ma no, Santità: è diventato Pietro*« (»Aber nein, Heiligkeit: Sie sind Petrus geworden«).

Die Jahre vergingen, und am 5. März 1976 empfing Paul VI. Don Alvaro zum ersten Mal als Prälat des Opus Dei. Der Papst war so liebenswürdig, die Unterredung im Anschluss an eine der »*udienze di tabelle*« stattfinden zu lassen, die er jede Woche mit seinen engsten Mitarbeitern in der Kirchenleitung abhielt. An diesem Tag empfing er normalerweise keine Besucher, und so war Zeit für ein ausführlicheres Gespräch. Tatsächlich dauerte die Zusammenkunft über eine Stunde. Don Alvaro bedankte sich für seine Glückwünsche; dann aber bat er den Heiligen Vater um seinen apostolischen Segen und um sein Gebet:

»Weil ich der Nachfolger eines Heiligen bin«, erklärte er, »und das ist nicht leicht.«

Paul VI. erwiderte, ohne zu zögern:

»*Ma adesso il santo è in Paradiso, e ci pensa lui*« (»Aber jetzt ist der Heilige im Paradies und kümmert sich um alles«).

Ehe er sich verabschiedete, vertraute der Papst ihm an:

»Ich komme jetzt nur noch ganz selten hier weg, und es ist mir nicht möglich, in die Krypta zu gehen und dort zu beten, wie es mein Wunsch wäre. Wenn Sie nach Hause kommen, dann stellen Sie sich vor, Sie wären der Papst: Knien Sie in meinem Namen vor dem Grab des Heiligen nieder und beten für mich und für die Kirche.«

»Ihrer Heiligkeit Wunsch ist mir Befehl«, gab ihm Don Alvaro zur Antwort. »Sobald ich zuhause ankomme, gehe ich unverzüglich in die Krypta.«

Doch der Papst widersprach ihm väterlich:

»Nein, nein, nicht sofort: Zuerst müssen Sie essen [die Audienz hatte sich sehr in die Länge gezogen]; tun Sie das, worum ich Sie gebeten habe, zu einer anderen Zeit, aber noch heute.«

Paul VI. kannte und befürwortete das apostolische Engagement der Mitglieder des Opus Dei. In den Jahren des Konzils hatten einige von ihnen mit zahlreichen Freunden und Interessenten Vereinigungen zur *Familien-Orientierung* ins Leben gerufen. Ein wichtiger Beitrag zu der weltweiten Verbreitung dieser Programme waren die internationalen Treffen, die seit 1976 veranstaltet wurden, um Erfahrungen auszutauschen und Probleme gemeinsam zu lösen. Das »Erste Treffen zur Familien-Orientierung« fand in Rom statt, und Don Alvaro hatte mit den Teilnehmern ein sehr lebhaftes Beisammensein. Am darauf folgenden Tag wurden sie von Papst Paul VI. in Privataudienz empfangen. Für Don Alvaro war es sehr bewegend zu hören, was sie danach erzählten: »Das herzliche und spontane Wohlwollen, mit dem der Heilige Vater uns in der *Sala Clementina* empfing«, schrieb einer der Teilnehmer, »gab uns ein ganz neues Gefühl für die apostolische Tragweite der Kurse zur Familien-Orientierung. Neben den Unterweisungen des Papstes – einer auf Französisch gehaltenen Ansprache, die er mehrfach unterbrach, um uns seine Sympathie direkt zu bezeigen – wurde die Wertschätzung der Kirche für diese Initiative durch die ermutigenden Blicke unterstrichen, die der Heilige Vater uns zuwarf. Außerdem gab er uns immer wieder zu verstehen, dass er sich in unserer Gesellschaft wohlfühlte, wie in einer Familie.« Am Ende bat er sie, noch einen Augenblick zu bleiben, weil »er ein Foto mit uns machen lassen wollte – zur Erinnerung an ein Treffen, das *si précieux*, so nett und familiär gewesen war«.

Ich war dabei, als Don Alvaro am 6. August 1978 vom Tod Pauls VI. erfuhr. Obwohl Anfang des Monats über seine Erkrankung berichtet worden war, hatte doch niemand mit seinem Ableben gerechnet. Die lakonische Fernsehmeldung traf uns völlig überraschend am Abend um kurz nach zehn in Solavieya. Ich versuchte, über das Radio eine Bestätigung und genauere Informationen zu erhalten, doch ohne Erfolg. Don Alvaro telefonierte mit Rom, doch auch dort konnte man ihm keine Einzelheiten nennen. Alles deutete darauf hin, dass es ganz plötzlich geschehen war.

Nach diesen ersten spontanen Reaktionen gingen wir in die Kapelle. Don Alvaro betete mit uns ein Responsorium für Paul VI. und ein Vaterunser für den nächsten Papst. Dann skizzierte er uns mit wenigen Worten ein ganz besonderes und permanentes Gebetsanliegen für die nächste Zeit: Abgesehen von unseren Gebeten für den verstorbenen Pontifex sollten wir uns auf die Fürsprache des Gründers an die Gottesmutter wenden und für den nächsten Papst beten. Für dieses Anliegen sollten wir alles aufopfern, selbst unseren Atem …

Am nächsten Tag feierten drei der anwesenden Priester den Jahrestag ihrer Priesterweihe: Javier Echevarría, Joaquín Alonso und Juan Domingo Celaya. Dennoch wurden selbstverständlich alle Messen als Totengedächtnis für Paul VI. gehalten.

Nach dem Essen widmete *Televisión Española* ihm eine Sondersendung: seicht, unverschämt, pietätlos und denkbar oberflächlich. Don Alvaro litt sehr und protestierte mit lauter Stimme.

Am 8. August begab er sich nach Covadonga, um der Gottesmutter seine Sorgen und Hoffnungen anzuempfehlen. Wir beteten gemeinsam mit ihm den Rosenkranz; Javier Echevarría betete wie meistens vor. Am Ende widmete er das zweite Vaterunser, das er normalerweise für den Papst und seine Anliegen betete, dem künftigen Papst.

In jenen Tagen in Spanien hegte Don Alvaro dieselben Gefühle, die er in anderen Zeiten der Sedisvakanz mit Josemaría Escrivá geteilt hatte: Obwohl der neue Pontifex noch nicht gewählt war, galt ihm bereits seine ganze Liebe, wer auch immer es werden mochte.

»Der Papst braucht unsere ganze Loyalität, unsere ganze Liebe, unsere ganze Frömmigkeit und Hingabe, unser ganzes Streben nach Heiligkeit, obwohl wir arme Sünder sind.«

Wegen des Todes von Paul VI. änderte Don Alvaro seine Pläne. Er war am 4. August nach Solavieya gekommen; am 10. fuhr er – nachdem er eine Reihe von Aufträgen erteilt hatte, damit andere die für diesen Monat vorgesehenen Aufgaben übernehmen konnten – nach Madrid und nahm am frühen Nachmittag das Flugzeug nach Rom.

In dieser Situation verstand ich noch besser, was ich schon wusste: wie sehr er Papst Paul VI., den gemeinsamen Vater der Christen, geliebt hatte. Und ich erinnerte mich an seinen beständigen kindlichen Wunsch, ihm Freude zu bereiten. So war es auch in der Karwoche jenes Jahres gewesen. Normalerweise war es Tradition, dass Paul VI. in der Generalaudienz am Mittwoch in der Karwoche die Teilnehmer des UNIV-Kongresses empfing. Doch 1978 war er indisponiert und mithin gezwungen, die Audienz ausfallen zu lassen; er musste sich darauf beschränken, auf dem Petersplatz seinen Segen zu erteilen. Don Alvaro ermahnte alle, diesen Termin auf keinen Fall zu versäumen: Etwa 4.500 Studenten und Studentinnen waren nach Rom gekommen, und – wie er zu einer Gruppe von ihnen sagte – »man wird all eure Jugend spüren, und der Heilige Vater wird seine Freude daran haben«.

Auf Paul VI. folgte Johannes Paul I., den Don Alvaro und alle Katholiken von Herzen liebten. Mit Kardinal Luciani war er – im Vatikan oder auch anlässlich von Bischofssynoden – viele Male zusammengetroffen, vor allem, seit dieser Patriarch von Venedig war.

Bisweilen hörte ich ihn von der Heiligmäßigkeit dieses Papstes sprechen: Nach dem Konklave – so erzählte Don Alvaro 1990 –, nahm er die Wahl an, obwohl er wusste, dass er krank war und vielleicht schon bald sterben würde. Einige Tage vor der Wahl hatte er in der Villa Tevere zu Mittag gegessen. Es war kurz vor dem *Ferragosto*, wenn Rom in eine Art Dornröschenschlaf versinkt. Kardinal Luciani war gut gelaunt; er sprach gerade über das Leben der Kirche, als ein Anruf für ihn kam. Daraufhin erklärte er, dass er fürchterliche Zahnschmerzen habe, aber kein Zahnarzt zu finden sei, der ihn behandeln könne; nun habe man schließlich doch einen aufgetrieben, und er müsse gleich nach seinem Besuch dorthin. Bis zu diesem Moment, so erklärte Don Alvaro, hatte niemand etwas geahnt:

»Er war so heilig, dass er seine Schmerzen ganz wunderbar verbergen konnte.«

Nach kaum einem Monat war der Heilige Stuhl mit dem plötzlichen Tod von Johannes Paul I. am 29. September von neuem vakant. Don Alvaro erhielt die Nachricht am frühen Morgen: gerade noch rechtzeitig, um die Messe für seine Seele lesen zu können. Er fand Worte des Trostes und der Zuversicht und betete für den verstorbenen Papst und seinen Nachfolger.

Sehr bald traf in den Zentren des Opus Dei ein kurzer Brief von Don Alvaro ein, den er »wegen des unerwarteten Todes des Heiligen Vaters Johannes Pauls I. mit traurigem Herzen« geschrieben hatte. Dies war zwei Tage vor dem 50. Jahrestag der Gründung des Opus Dei, der »in dieser Zeit der Trauer, die die Sedisvakanz für alle Katholiken darstellt«, dennoch gefeiert werden musste: »Der Herr hat zugelassen, dass wir an diesem goldenen Jubiläum des Werkes das anbetungswürdige Gewicht des Heiligen Kreuzes spüren und es mit übernatürlicher Großmut auf unsere Schultern nehmen. Vergessen wir nicht: Das Kreuz ist das Zeichen besonderer göttlicher Liebe.« Und er wiederholte, was er schon beim Tod Pauls VI. gesagt hatte: Abtötungen für Johannes Paul I., Gebet für den zukünftigen Papst und für die Kirche auf die Fürsprache Mariens, der *Mater Ecclesiae*.

Don Alvaros kindliche Liebe zum Papst war Ausfluss seiner Liebe zur Braut Christi, der Kirche. Jahr um Jahr und auch noch in den letzten Tagen, die ich 1993 an seiner Seite verbrachte, habe ich Don Alvaros wachsende und heitere Aufmerksamkeit für die Kirche beobachten können. Er hatte wahrhaft schwierige Zeiten miterlebt. Ich erinnere mich an Momente in den 70er Jahren, als er über bestimmte Probleme sprechen musste: Auf seinem normalerweise lächelnden und offenen Gesicht wurden leichte Anzeichen von Schmerz erkennbar, und er ermahnte uns mit kurzen, eindringlichen Sätzen, mehr zu beten, Buße zu tun – auch für unsere eigenen Unterlassungen – und demütige Reue über unseren Mangel an Eifer und Loyalität zu empfinden. Viele Male habe ich ihn sagen hören, wie dringend notwendig es ist, der gemeinsamen Lehre der Christen sehr treu zu bleiben und sie durch das Studium und das wiederholte Lesen der theologischen Abhandlungen, aber auch durch ein Leben in aufrichtiger Frömmigkeit zu verinnerlichen.

Unter anderem bei einer Gelegenheit konnte ich Don Alvaros Leidenschaft für die Einheit aus nächster Nähe miterleben: Im August 1976 begann eine Nachrichtensendung im Fernsehen mit einer Meldung über Erzbischof Lefèbvre. Don Alvaro empfand darüber großen Kummer und drängte uns, viel für die Kirche zu beten. An jenem Abend war er sichtlich besorgt. Am darauf folgenden Morgen beschloss er, ein Telegramm an Paul VI. zu schicken, um ihn in diesen schwierigen Zeiten erneut der Einheit des Werkes und der Gebete all seiner Mitglieder zu versichern.

Während dieser Tage hob er hervor, dass die aufrichtige Gemeinschaft mit dem Papst und den Bischöfen, die wir ohnehin immer zeigen sollten, in einer solchen Krise nur noch wichtiger sei. Diese Gedanken wiederholte er an mehreren Tagen hintereinander, denn die Meldungen über Erzbischof Lefèbvre überschlugen sich. Lange später, im Oktober 1989, fiel mir erneut dieser schmerzliche Gesichtsausdruck bei Don Alvaro auf, als er zu Meldungen aus bestimmten Ländern Stellung nahm, in denen sich ein gewisses Klima des Widerstands gegenüber Rom ausbreitete.

»Wir müssen mehr beten«, schloss er.

Natürlich erfüllte er auch in schweren Zeiten seinen seelsorglichen Auftrag und führte seine Herde auf gute Weiden – und das alles, ohne sich zu beklagen, voller Verständnis und immer bereit, allen zu vergeben. An jedem Ereignis hob er die positiven Aspekte hervor. Dabei wurde deutlich, dass seine Liebe zum Papst und zur Kirche gleichermaßen aus seinem theologisch geschulten Verstand wie aus seinem Herzen kam, obwohl sie nichts Sentimentales an sich hatte:

»Die Kirche ist heilig und makellos«, fasste er zusammen. »Sie ist die Braut Christi, immer jung, immer schön. Doch sie besteht aus Menschen, und wir Menschen sind arme Sünder. Es ist nicht gerecht, auf die Fehler der Söhne zu zeigen und sie der Mutter anzulasten.«

Mit diesem einfachen Argument, das der Gründer ihn gelehrt hatte, wehrte er sich gegen oberflächliche Kritik und gegen die vielen Einflüsterungen und Hetzreden gegen die Kirche, den Papst und die Bischöfe:

»Ein guter Sohn spricht immer voller Liebe und Verständnis über seine Mutter: Er verbreitet nichts Negatives.«

Don Alvaro liebte die Kirche leidenschaftlich und erwartete, dass andere sie ebenso leidenschaftlich liebten. Er freute sich an ihrer Freude und litt unter ihrem Leid. Kein Aspekt ihres irdischen Weges erschien ihm unwesentlich. Und er schärfte den Mitgliedern des Opus Dei ein, dass der beste Dienst, den sie leisten konnten, darin bestand, »in allen Situationen als Christen zu leben und dieses Christsein in die entlegensten Bereiche der Gesellschaft zu tragen«.

Selbst in den heikelsten Fragen waren seine Sorge um das Wohl der Kirche und seine Treue zum Papst immer von übernatürlichem Optimismus und Menschenliebe geprägt. Erzbischof Juan Fremiot Torres Oliver, der Vorsitzende der puertoricanischen Bischofskonferenz, fasste dies am 31. März 1994 in *El Vocero* (San Juan) wie folgt zusammen:

»In meinen langen Gesprächen mit Bischof del Portillo habe ich ihn während dieser unruhigen Zeiten im Leben der Kirche gegenüber allen immer nur Worte des Verständnisses und der Vergebung äußern hören. Nie eine Klage, nie ein Wort gegen irgend jemanden. Sein Verständnis für die Menschen und seine Unnachgiebigkeit gegenüber dem Irrtum erwiesen sich als sehr konstruktiv. Er vermochte immer allem auch etwas Positives abzugewinnen.«

12

Das II. Vatikanische Konzil

Über seine Beteiligung am II. Vatikanischen Konzil sprach Don Alvaro nur sehr selten. Bei einer dieser wenigen Gelegenheiten erzählte er beiläufig – um das reiche innere Leben des Opus-Dei-Gründers hervorzuheben – von einem Autounfall, den er in den Tagen der Ökumenischen Versammlung hatte. Im Februar 1963 hatte er zu einer Besprechung mit Kardinal Urbani von der zentralen Kommission für die Koordination des Konzils nach Venedig fahren müssen. In der Kommission für den Klerus, deren Sekretär Don Alvaro war, war ein Problem aufgetreten, über das er sich mit dem Patriarchen von Venedig beraten musste. Josemaría Escrivá und Javier Echevarría begleiteten ihn auf dieser Reise, weil sie Urlaub brauchten. Es war kalt; die Straßen waren streckenweise glatt, was die Fahrt gefährlich machte. Obwohl der Architekt Javier Cotelo sehr sicher und vorsichtig fuhr, geriet der Wagen in der Nähe von Padua, hinter Rovigo, vier Kilometer von Monselice entfernt ins Schleudern, drehte sich einmal um sich selbst, rutschte weiter und wurde schließlich von einem Meilenstein am Rand eines Abhangs gestoppt. Nur mit Mühe gelang es ihnen, aus dem Auto zu klettern, das über dem Abgrund hing. Als Don Alvaro diese Begebenheit erzählte, ging es ihm nur um die große Gelassenheit und übernatürliche Sicht des Gründers, der vom ersten Augenblick an den Herrn und die Schutzengel um Hilfe gebeten hatte.

In Cesare Cavalleris *Über den Gründer des Opus Dei* äußerte er sich etwas ausführlicher über seine Tätigkeit auf dem Konzil, doch auch hier hob er vor allem die Fürsorge von Josemaría Escrivá hervor: »Mich selbst ermunterte er«, berichtete Don Alvaro, »die Berufung in einzelne Konzilskommissionen anzunehmen und dort mit ganzem Einsatz mitzuarbeiten.« Er erwähnte auch die zahlreichen Unterredungen, die der Gründer mit Konzilsvätern hatte:

»Häufig lud er sie in unseren Zentralsitz zum Essen ein. Andere Male suchte er sie hier in Rom auf, meist als Gegenbesuch. An manchen Tagen waren es mehr als ein halbes Dutzend Besucher, und es war für ihn nicht immer leicht, neben seiner Leitungsarbeit im Werk die Zeit zu finden, Kardinäle, Erzbischöfe, Bischöfe, Nuntien und Konzilstheologen gebührend zu empfangen.« Als Beleg für die schlichte Umgänglichkeit von Josemaría Escrivá genügte Don Alvaro der beiläufige Hinweis: »Bei vielen dieser Gespräche war ich selbst dabei.«

Von der Anstrengung, die diese Besuche und Essenseinladungen für ihn bedeuteten, der von seiner direkten Beteiligung an der Konzilsarbeit ohnehin schon überlastet war, sagte er dagegen nichts. Und er deutete auch mit keinem Wort an, dass diese Zusammenkünfte häufig durch seine persönliche Intervention zustande kamen. Dies galt beispielsweise für europäische Würdenträger aus Städten, in denen sich das Werk noch nicht niedergelassen hatte. Professor Onclin machte sie mit Don Alvaro bekannt, und der organisierte die Gespräche mit dem Gründer.

Fest steht jedenfalls, dass Don Alvaro, seit er zu Beginn der Sitzungen zum Peritus ernannt worden war, intensiv an der Arbeit des Konzils teilnahm. Im Vorfeld hatte Papst Johannes XXIII. nicht auf ihn verzichten wollen und ihn zum Präsidenten der Vorbereitungskommission ›De laicis‹ gemacht. Don Alvaro gehörte auch weiteren Kommissionen an und war später während der Sitzungsphasen Sekretär der Kommission ›De disciplina cleri et populi christiani‹ sowie Konsultor anderer Kommissionen (für die Bischöfe und die Bistumsleitung; für die Ordensleute; für die Glaubenslehre; außerdem Konsultor der gemischten Kommission für die Vereinigungen von Gläubigen).

Auch wenn er selbst sich nicht zu seiner Rolle bei diesen Arbeiten geäußert hat, liegt es doch auf der Hand, welche Bedeutung und Verantwortung die Sekretäre jeder einzelnen dieser zehn Konzilskommissionen hatten – und mit welcher intensiven Arbeit dies verbunden war. Es erforderte große intellektuelle und menschliche Anstrengung, unter Umständen auch voneinander abweichende Meinungen getreu wiederzugeben, sie miteinander in Einklang zu bringen und auf ein gemeinsames Ziel auszurichten, um sich gegebenenfalls aus einer Sackgasse herauszumanövrieren. Don Alvaros Ansehen, das er in der Weltkirche und der Römischen Kurie ohnehin schon genoss, wuchs durch die Erfüllung dieses Auftrags von Tag zu Tag.

Noch keine Woche war seit dem Ende des Konzils vergangen, als Kardinal Ciriaci, der Präsident der Kommission, dessen Sekretär Don Alvaro gewesen war, ihm schriftlich seine aufrichtig empfundene Freude und Dankbarkeit und seinen herzlichen Glückwunsch zum gelungenen Abschluss dieser großen Arbeit ausdrückte, die – ich übersetze aus seinem Schreiben vom 14. Dezember 1965 an Don Alvaro – »ihr Dekret [gemeint ist *Presbyterorum ordinis*], das keineswegs das unbedeutendste unter den konziliaren Dekreten und Konstitutionen ist, in einen guten Hafen hat steuern können«. Der Kardinal freut sich über die »fast einstimmige« Approbation (am 7. Dezember 1965 hatten 2390 Personen mit Ja und nur 4 mit Nein gestimmt) eines Textes, über den in der Konzilsaula heftigst diskutiert worden war. Er ist der Ansicht, dass er als »eine neue – praktisch einmütige – konziliare Bestätigung des kirchlichen Zölibats und der erhabenen Sendung des Priestertums« in die Geschichte eingehen wird. Und er fügt einen Gedanken hinzu, den er später auch dem Heiligen Vater Paul VI. gegenüber äußern sollte: »Ich weiß sehr wohl um den Beitrag, den Sie mit ihrer klugen, beharrlichen und höflichen Arbeit zu alledem geleistet haben, mit der Sie, ohne es an Respekt gegenüber der Meinungsfreiheit der anderen mangeln zu lassen, doch immer einer Linie der Treue zu den großen Leitprinzipien der priesterlichen Spiritualität gefolgt sind.«

»Wer bei einigen dieser Aufgaben mit ihm zusammengearbeitet hat«, fasst Lucas F. Mateo Seco 1994 in *Scripta Theologica* zusammen, »erinnert sich in der Regel an seine Liebenswürdigkeit und seinen Takt, seinen wohl geordneten Verstand, seine für den Ingenieur typische Effizienz, seine juristische Präzision, seine theologische Tiefe.« Zwar lässt Professor Mateo Seco Don Alvaros

Geschichtssinn hier unerwähnt, hebt jedoch noch eine weitere Tugend hervor: die Demut dessen, der immer nur dienen und niemals *in Erscheinung treten* will. Er führt einen Text von Pedro Lombardía an, der sich 1975 in *Ius Canonicum* an die gemeinsame Zeit mit Don Alvaro in der Kommission für die Reform des Kodex erinnerte: »Bei den Versammlungen verfolgte er aufmerksam den eigentlichen Kern der Probleme und ergriff das Wort nur, um konkrete und denkbar präzise Beiträge zu formulieren. Niemals zog er die Versammlungen mit überflüssigen Bemerkungen unnötig in die Länge. Diese Schlichtheit, Tiefe und Effizienz, diese Herzlichkeit und dieser Respekt gegenüber allen erklärt, weshalb er so großes Ansehen genoss und seine Meinung immer aufmerksam in Betracht gezogen wurde.«

1995 erwähnte Pedro Rodríguez bei der Gedenkfeier der Universität Navarra, wie sehr Don Alvaro für die Aufrichtigkeit seines kirchlichen Blicks und für seinen milden und gütigen Charakter geliebt und respektiert wurde. Professor Rodríguez berichtete, er sei seit Beginn seiner beruflichen Tätigkeit als Theologe »immer wieder auf Kongressen und internationalen Versammlungen hohen kirchlichen Würdenträgern begegnet (…), die mir, nachdem ich mich als Mitglied des Opus Dei vorgestellt hatte, mit diesen oder anderen Worten sagten: ›Vom Opus Dei? Ich bin gut mit Alvaro del Portillo befreundet.‹ Und häufig fügten sie noch hinzu: ›Ein kluger Kopf und außerdem ein Heiliger.‹« Diese *auctoritas* hatte er sich durch seine Tiefe erworben, durch sein Geschick, durch seine Art, Probleme zu lösen, und durch die Sicherheit, die er ausstrahlte.

Don Alvaro sprach in der Regel nicht über seine Arbeiten, doch die theologischen Kriterien, die sein Wirken prägten, lassen sich aus dem herauslesen, was nach der Konzilsversammlung von ihm veröffentlicht wurde. Ein guter Teil seiner Beiträge ist in der vom Päpstlichen Athenäum vom Heiligen Kreuz herausgegebenen Festschrift mit dem vielsagenden Titel *Rendere amabile la verità* (»Die Wahrheit liebenswert machen«, Libreria Editrice Vaticana

1995, 694 S.) zugänglich. Ich will mich an dieser Stelle nur auf zwei wichtige Monographien von Don Alvaro beziehen.

1969 erschien *Fieles y laicos en la Iglesia* (»Gläubige und Laien in der Kirche«). Dieses Buch ist aus einer ausführlichen Stellungnahme entstanden, die er zur Revision des Kodex des Kanonischen Rechts verfasste. Don Alvaro war von 1963 bis zur Promulgation des neuen Kodex 1983 Konsultor des damit betrauten päpstlichen Gremiums, das im Lauf der Zeit unterschiedliche Namen hatte. Außerdem war er Protokollführer zweier Arbeitsgruppen, einer über die Rechte und Pflichten der Gläubigen und einer weiteren über die Rechte und Pflichten der Priester.

Sein Buch kann als die erste systematische Darstellung der Lehre des II. Vatikanischen Konzils über das Volk Gottes betrachtet werden. In ihrem Zentrum steht die Unterscheidung zwischen dem Gläubigen und dem Laien, die heute ebenso selbstverständlich ist, wie sie in jenen Jahren originell und innovativ erschien. Durch die präzise Definition beider Rollen schuf diese Monographie eine solide Basis für die Würde der Person in der Kirche sowie für eine engagierte Verteidigung der Rechte der Laien und der Identität des Priesters, die eine aktive und verantwortliche Beteiligung aller Gläubigen am Sendungsauftrag der Kirche ohne klerikalistische oder säkularisierende Tendenzen ermöglichte.

Besonders bahnbrechend ist hierbei die Darstellung von – auf kanonischer Ebene gerade erst formulierten – Rechten wie dem der Vereinsbildung oder der Mitsprache, dem Recht auf die öffentliche Meinung in der Kirche, auf eine eigene Spiritualität oder die freie Standeswahl. Was die juristische Stellung der Frau betrifft, lässt sich Alvaro del Portillos Auffassung so zusammenfassen: Die Frau hat als Laie in der Kirche keine anderen, sondern exakt dieselben Pflichten, Rechte und juristischen Möglichkeiten wie die übrigen Gläubigen.

Ein Jahr später publizierte Don Alvaro *Escritos sobre el sacerdocio* (»Schriften über das Priestertum«). Der thematische Kontext ist nun ein anderer, und es fällt auf, wie klug hier theologisches Denken, historische Erwägungen und seelsorgliche Erfahrung miteinander verschmolzen werden, um sich mit einem zentralen Problem des 20. Jahrhunderts auseinanderzusetzen: der Identität des Priestertums in der Kirche, die von einem harmonischen Verständnis der Weihe und Sendung des Priesters abhängt.

Der rote Faden in diesem Buch ist der ständige Bezug auf das Konzilsdekret *Presbyterorum Ordinis*, ein großes Dokument und das wesentliche Ergebnis der unter dem Vorsitz von Kardinal Ciriaci geleisteten Kommissionsarbeit. Als dem Sekretär dieser Kommission kam es Don Alvaro zu, zahlreiche Versammlungen zu leiten, bei denen auch Kardinäle und Erzbischöfe anwesend waren, denn Ciriaci delegierte gerne und nahm nicht an den Versammlungen teil. Die Entscheidung, diesen Text zu erarbeiten, ist zum Teil Don Alvaro zu verdanken, der überzeugend darzulegen vermochte, dass das Priestertum für die Kirche wichtig genug ist, um ihm ein eigenes Konzilsdekret zu widmen und sich nicht, wie es zu einem bestimmten Zeitpunkt in der Kommission erwogen worden war, auf ein rundes Dutzend Vorschläge und eine Abschlussbotschaft zu beschränken.

Das bedeutete harte Arbeit – vor allem in den Momenten größter Anspannung, die im Zusammenhang mit dem priesterlichen Zölibat sogar ein Eingreifen Papst Pauls VI. persönlich erforderlich machten. Die Kommission musste auch zur Spiritualität der Priester Stellung nehmen und jahrhundertealte Traditionen, die manchen *pietistisch* erschienen, aktualisieren. Sie befasste sich mit der Präsenz des Priesters in der Welt und der Tatsache, dass sie grundlegende menschliche Tugenden pflegen mussten, um den Männern und Frauen ihrer Zeit zu dienen, ohne dabei jedoch laikale Lebensformen zu übernehmen oder parteipolitische Verpflichtungen einzugehen. Es ging also kurz gesagt um die Freiheit, sich Vereinen anzuschließen, die auf je unterschiedliche Weise die persönliche Heiligung des Priesters in der Entfaltung seines priesterlichen Dienstes förderten.

Über die Liturgie – einen anderen zentralen Aspekt der Arbeit des Zweiten Vatikanischen Konzils – äußerte Don Alvaro sich lediglich in seinen Briefen an die Zentren der Prälatur. Aufgrund seiner tiefen Frömmigkeit schmerzte es ihn, wenn er von den Irritationen erfuhr, die in diesem Bereich aufkamen. Er glaubte, dass sie den Seelen schadeten, weil sie die Frömmigkeit der Gläubigen untergruben. Ich habe ihn vielsagende Beispiele nennen hören, anhand derer er bei aller Zurückhaltung doch unmissverständlich klar machte, dass die kirchlichen Anordnungen in liturgischen Fragen mit Liebe befolgt werden müssen.

Er war bezaubert von der Vielfalt der in den liturgischen Büchern vorgesehenen zeremoniellen Formen und von der Flexibilität, die das II. Vatikanische Konzil der Kirche gebracht hatte. Gleichzeitig erinnerte er die Priester in der Stunde der Entscheidung an ein wichtiges praktisches Kriterium: »die heilige Liturgie der Kirche mit täglich wachsender Liebe zu Gott und zum Wohl der Seelen zu kennen und zu leben«. In einem allerdings musste Einigkeit und völlige Übereinstimmung herrschen: dem Wunsch, sehr fromm zu sein und sich für das Wohl der Gläubigen einzusetzen.

Die Weisungen der Kirche setzte er gewissenhaft um, denn er war davon überzeugt, dass »die Strenge in der Liturgie zu Gott hinführen kann« (*Der Weg*, 53). Er pflegte das Motto des Gründers zu wiederholen: Das Opus Dei wird niemals eine eigene Liturgie haben, sondern den allgemeinen Vorschriften der Kirche stets mit Sorgfalt und Liebe gehorchen. Don Alvaro hielt sich an den Geist und das Beispiel des Gründers, der 1969 betonte: »Wir werden diese neue Liturgie lieben, so wie wir die alte geliebt haben.«

Ein weiteres großes Thema des II. Vaticanums war der ökumenische Impuls. Auch hier lernte Don Alvaro vom Leben und Beispiel des Opus-Dei-Gründers. Ich bin mir sicher, dass ihm dies mit seinem liebenswürdigen und verständnisvollen Charakter nicht schwergefallen ist. Er lebte die Ökumene mit Spontaneität. Das zeigte sich schon Ende der vierziger Jahre, als eine internationale Kommission in Rom eintraf, um Papst Pius XII. für die Hilfe zu danken, die der Heilige Stuhl der jüdischen Gemeinde während der Besetzung Roms geleistet hatte. Neben anderen war auch Don Alvaro damit beauftragt, sich um die Gesandtschaft zu kümmern. Beim Abschied bedankten sie sich:

»Alle haben uns im Vatikan sehr gut empfangen und behandelt, aber niemand so wie Sie.«

»Das hat nichts zu sagen«, erwiderte Don Alvaro rasch. »Bedenken Sie, dass die große Liebe meines Lebens eine Jüdin ist.«

»Wer ist das?«, fragten sie.

»Die Jungfrau Maria, die Mutter Jesu Christi.«

Und so nimmt es nicht wunder, dass bei Don Alvaros Tod der Rabbiner David Rosen, Direktor für den interreligiösen Dialog von der jüdischen Organisation ›Anti-Defamation League of B'nai B'rith‹, ein Beileidstelegramm schickte, das außerdem auch von deren Repräsentantin in Italien, Lisa Palmieri-Billig, und dem Rabbiner León Klenicki aus New York unterzeichnet war. In der Botschaft drückte er »sein zutiefst empfundenes Beileid angesichts des großen Verlustes von Bischof Alvaro del Portillo« aus und schrieb weiter: »Wir rufen die Hilfe des Herrn an, damit die gute Arbeit, die das Opus Dei in der Welt leistet, weiter voranschreitet.«

Wenn Don Alvaro die, die Christus nicht kannten, mit Zuneigung und Verständnis behandelte, so brachte er den getrennten Brüdern eine noch größere Herzlichkeit entgegen. Entsprechend der Gewohnheit von Josemaría Escrivá lebte er die Gebetswoche für die Einheit der Christen, die die Kirche in den Tagen vor dem Fest Pauli Bekehrung am 25. Januar begeht, mit besonderer Intensität und erwartete diese Intensität auch von anderen. Und er versäumte keine Gelegenheit, sein großes Herz zu zeigen, wo alle Platz fanden.

Beim UNIV-Kongress des Jahres 1976, dem ersten nach dem Tod des Opus-Dei-Gründers, waren Teilnehmer aus vielen verschiedenen Ländern anwesend. Einige von ihnen, darunter auch Nichtkatholiken, konnten sich öffentlich an Don Alvaro wenden:

»Vater, ich bin Muslim«, sagte Said. »Wie kann ich dem Werk mit meinen geringen Mitteln helfen?«

»Schau«, entgegnete Don Alvaro, »deine Mittel sind genauso gering wie meine. Vor dem allmächtigen Gott sind wir alle gering. (…) Ich achte deine Überzeugungen und deinen Glauben, und ich sage dir, dass dein Gott und mein Gott derselbe ist, der einzige Allmächtige Gott, Schöpfer des Himmels und der Erde. Bete zu ihm, damit er dich klar sehen lässt; damit du, wenn es sein Wille ist, das gesamte Licht der Offenbarung erlangst, das uns Katholiken erleuchtet. Sei in jedem Fall konsequent in deinem Glauben; und wenn Gott dich um mehr bittet, dann sag ja.«

Clark, ein Presbyterianer, hatte erst vor kurzem in Strathmore zu arbeiten begonnen, einem rassenübergreifenden Bildungszentrum, das Mitglieder des Opus Dei in Nairobi gegründet hatten. Er fragte Don Alvaro, wie er erkennen könne, »welche Richtung Gott meinem Leben geben will«.

»Du hast mir gesagt, dass du Presbyterianer bist«, wiederholte Don Alvaro zu Beginn seiner Antwort. »Ich respektiere dich, und ich wäre bereit, mit Gottes Gnade mein Leben hinzugeben, um deine Gewissensfreiheit zu verteidigen. Davon gehen wir aus: Das ist die Prämisse. Doch dann muss ich dir etwas anderes sagen. Ich bin ein Mann voller Fehler, aber ehrlich; und ich betrachte mich als deinen Freund. Und da ich dein Freund bin, bin ich zur Loyalität verpflichtet. Die Loyalität ist eine Tugend, die man der ganzen Welt, aber vor allem seinen Freunden gegenüber leben muss; denn ohne Loyalität muss eine Freundschaft zerbrechen. Ich betrachte dich als meinen Freund, und du mich auch, oder? *Are you my friend?*«

»Ja, Vater«, antwortete Clark, und Don Alvaro fuhr fort, über die Gemeinsamkeiten – den Glauben an ein und denselben dreifaltigen Gott – und über die Unterschiede – in der Frage der Sakramente und der hierarchischen Struktur der Kirche – zu sprechen, um schließlich auf die Notwendigkeit des Gebets einzugehen.

Am Ende fragte ihn Matthias, ein deutscher Protestant, woher er die Kraft nehmen solle, zu konvertieren. Don Alvaro sprach mit ihm über das Evangelium, über die Gewissensfreiheit und über die einzige von Jesus Christus gegründete Kirche – die katholische:

»Im 16. Jahrhundert lösten sich Stücke aus dieser großen Kirche Christi, die etwas vom göttlichen Reichtum bewahrt haben.

Pius XI. hat dies mit einem goldhaltigen Felsen verglichen, von dem Splitter abbrechen: In jedem dieser Splitter findet sich auch noch ein Körnchen Gold. Du hast viel Gold in deinem Glauben: Du glaubst an den Vater, den Sohn und den Heiligen Geist; du glaubst an viele Dinge … Aber ich wäre ein Heuchler, wenn ich dir nicht sagen würde, dass dir zum wahren Glauben noch etwas fehlt, zu jenem Glauben, den deine Vorfahren hatten, ehe sie sich von der einzigen Kirche Jesu Christi abgespalten haben. Das Einzige, was ich tun kann, ist, dich um die Erlaubnis zu bitten, für dich zu beten, damit der Heilige Geist dir die Fülle des Glaubens schenkt. (…) Im Gegenzug bitte auch ich dich um etwas: für mich zu beten. Wir schließen eine Art Pakt: Du betest, dass ich der würdige Nachfolger eines Heiligen sein möge, denn ich bin ein armer Mensch, ein armer Priester Jesu Christi.«

Ähnliche Szenen wiederholten sich in Rom und auf den Reisen, die Don Alvaro auf alle fünf Kontinente führten. Sie vermitteln einen kleinen Eindruck von seinem Umgang mit Nichtkatholiken. Sie zeigen, wie er die Liebe zur Wahrheit und die Liebe zur Freiheit miteinander in Einklang brachte – und sie zeigen seine Zuneigung und seinen Respekt für jeden Einzelnen.

Nach dem Konzil war Don Alvaro weiter als direkter Mitarbeiter an den Aktivitäten der Römischen Kurie beteiligt. Die Umsetzung der Konzilsbeschlüsse erwies sich als nicht gerade einfach. Einerseits erschlossen sie einen großen Schatz an innovativen Erfahrungen, andererseits riefen sie aber auch Bestürzung und ernsthafte Schwierigkeiten hervor. Der Gründer des Opus Dei sprach von einer *Zeit der Prüfung* und war zutiefst erschüttert von der Krise, die sich in so vielen Bereichen des kirchlichen Lebens zeigte. Don Alvaro reagierte wie immer in der angemessenen Weise auf die Sorgen des priesterlichen Herzens von Josemaría Ecsrivá. Wieder und wieder sprach er davon, dass man beten müsse, damit diese *Zeit der Prüfung* so schnell wie möglich ende. Für ihn war klar, dass schlechte Zeiten gute Zeiten sind: Sie erfordern einfach mehr Heiligkeit, einen stärkeren Geist des Gebets und der Buße. Wenn er die Liebe zur Kirche einforderte, tat er dies mit kraftvollen, deutlichen Worten, aber gelassen und liebenswürdig, um jeglicher Versuchung des Pessimismus, der Entmutigung oder der Bitterkeit vorzubeugen.

Im Oktober 1983 reiste ich nach Rom. Zu dieser Zeit fand gerade eine Bischofssynode statt. Johannes Paul II. hatte Don Alvaro eingeladen, an der Synode teilzunehmen. Bei dieser Gelegenheit erhielt ich die ganz konkrete Bestätigung dessen, was ich schon seit dem Zweiten Vatikanischen Konzil wusste: Er verausgabte sich im direkten Dienst an der Kirche und wurde gleichzeitig seiner seelsorgerischen Mission im Werk gerecht. Er *vervielfältigte* die Stunden. Und es war beeindruckend zu sehen, wie gutgelaunt er trotz all dieser Verpflichtungen immer noch an den kurzen Zeiten des Beisammenseins im Zentrum des Generalrats des Opus Dei teilnahm.

Alles in allem, so fasste es Pedro Rodríguez in seinem Beitrag *in memoriam* des Großkanzlers der Universität Navarra zusammen, »waren sein Dienst an der Römischen Kirche und sein Dienst am Opus Dei für Alvaro del Portillo keine Gegensätze, sondern in der einen *Communio* der Kirche Jesu Christi vollkommen verschmolzen«.

Für Don Alvaro diente ganz sicher alles in der Kirche dem Fortschritt des geistlichen Lebens und der Evangelisierung. Dasselbe Ziel hatte Johannes XXIII. dazu bewogen, das Konzil einzuberufen. Daran hat er viele Male erinnert. Mit besonderer Prägnanz brachte er dies am 1. September 1987 mit Blick auf die bevorstehende Bischofssynode zum Ausdruck, die die Sendung der gläubigen Laien in der Kirche und in der Welt zum Thema haben sollte: »Bittet den Heiligen Geist um eine Überfülle an Licht für den Papst und die Synodenväter, damit die eingehende theologische und spirituelle Beschäftigung mit der Kirche, die in diesen Tagen stattfindet, einen starken Impuls der Heiligkeit und des Apostolats mit sich bringt, der sich in alle Winkel der Erde ausbreitet.«

Nachdem er so intensiv am II. Vatikanischen Konzil beteiligt gewesen war, ist es nur logisch, dass er – als vom Papst ernannter Synodenvater – auch berufen wurde, an der außerordentlichen Synode teilzunehmen, die Papst Johannes Paul II. für 1985 ankündigte, wenn sich das Ende des Konzils zum zwanzigsten Mal jähren würde. Sobald die Einberufung veröffentlicht worden war, bat Don Alvaro die Mitglieder des Opus Dei um ihr intensives Gebet und Opfer, damit diese Bischofsversammlung reiche Frucht brächte.

Als sie am 8. Dezember schloss, machte er aus seiner Freude keinen Hehl. Die Lehren des Zweiten Vatikanischen Konzils waren vertieft worden – unter anderem, um Anwendungen entgegenzuwirken, die seinen Entscheidungen widersprachen und unter Berufung auf den *Geist des Konzils* eingeführt worden waren. Die zentralen Punkte nannte Don Alvaro bei seiner Rede zur Eröffnung des akademischen Jahres 1986/87 als Großkanzler des damaligen Römischen Akademischen Zentrums vom Heiligen Kreuz. Ich hatte Gelegenheit, diesem Akt beizuwohnen, der am 16. Oktober 1986 in der großen Aula des *Palazzo di Sant' Apollinare* stattfand. Explizit erwähnte er die *Relatio finalis* dieser Außerordentlichen Synode: »Sie rät nicht nur ausdrücklich zum Studium einiger ausgesprochen aktueller Themen – denen an den kirchlichen Athenäen besondere Aufmerksamkeit gewidmet werden sollte –, sondern beschreibt gleichzeitig auch Licht und Schatten der gegenwärtigen Zeit, die das Volk Gottes durchschreitet. Um ihnen verantwortungsvoll zu begegnen, drängt sie dazu, die Lehre des Konzils mit Beständigkeit und Treue zu vertiefen.« Von dieser großen Inspiration sollte sich das Päpstliche Athenäum nach dem Willen seines Großkanzlers bei der Erfüllung seiner wissenschaftlichen Aufgaben des Forschens und Lehrens leiten lassen.

In den Vereinigten Staaten sprach Don Alvaro – vielleicht mehr als in anderen christlichen Nationen – Anfang 1988 von den dogmatischen Problemen, die sich dem christlichen Gewissen damals stellten und die in den Medien ein breites Echo fanden. Am Ende seiner Reise fuhr er von New York aus zu McCarrik, dem Erzbischof von Newark, der ihn und sieben weitere Bischöfe zum Mittagessen eingeladen hatte. Nach dem Essen wollte Erzbischof

McCarrik gerne mehr über Don Alvaros Beteiligung am Zweiten Vatikanischen Konzil und an der Synode von 1987 erfahren. Alle anwesenden Bischöfe verfolgten seinen Bericht mit lebhaftem Interesse und erkannten Don Alvaros moralische Autorität stillschweigend an: Schließlich hatte nur einer von ihnen am Konzil teilgenommen ...

13

Der Tod des Gründers

Trotz der außerordentlichen Gelassenheit, die er stets an den Tag legte, war der plötzliche Tod von Josemaría Escrivá am 26. Juni 1975 einer der schwersten Momente im Leben von Don Alvaro. Er war gleichwohl davon überzeugt, dass dieser Tag für das Opus Dei ein *neues Pfingsten* bedeutete, da sein Kopf nun im Himmel war. Doch der menschliche Schmerz über diese Trennung fügte seiner Seele eine Wunde zu, die sich nie wieder schließen sollte.

Das letzte Kapitel des mit Cesare Cavalleri geführten Interviews *Über den Gründer des Opus Dei* trägt die Überschrift: »Der 26. Juni 1975«. Einer einzigen Frage folgt ein mehr als zwanzig Seiten langer Bericht, der wesentlich ist, wenn man die Liebe Don Alvaros zum heiligen Josemaría in all ihren Nuancen kennenlernen will. Er erzählt darin, was geschehen ist und was er getan hat. Am Ende spricht er in der ersten Person. Auch wenn der Leser nicht an ihn, sondern an Josemaría Escrivá denkt, macht diese Darstellung deutlich, wie Alvaro del Portillo war, wie er fühlte, wie er handelte.

Vor allem anderen denkt er im Augenblick des Hinscheidens an die übernatürlichen Mittel: Er erteilt dem Gründer die sakramentale Absolution und versucht mit der Krankensalbung Seele und Leib zu behandeln. Er ruft Carmen Ramos, die Zentralsekretärin, an und sagt den Frauen, sie sollen alles stehen und liegen lassen und »in einem sehr dringenden Anliegen« beten. Gleichzeitig lässt er mit der Hilfe der beiden Ärzte José Luis Soria und Juan Manuel Verdaguer nichts Menschenmögliches unversucht.

Als sie den Tod feststellen, fügt sich Don Alvaro dem Willen Gottes und umklammert – auch im physischen Sinne – das Kreuz: Er nimmt das Reliquiar mit dem *Lignum Crucis* an sich, das Josemaría Escrivá auf seiner Brust trug, und sagt zu den Anwesenden:

»Bis der Nachfolger des Vaters gewählt ist, werde ich dieses *Lignum Crucis* tragen.«

Mit großer Ruhe kümmerte er sich um unendlich viele Dinge: Die Aufbahrung musste veranlasst, der Papst und die Mitglieder des Opus Dei mussten informiert werden, und vor allen Dingen musste man damit beginnen, Messen »corpore insepulto« zu lesen – die erste zelebrierte er selbst –, die bis zu den Exequien in ununterbrochener Folge gehalten werden sollten.

Don Alvaro verbrachte viele Stunden im Gebet bei den sterblichen Überresten des Gründers. Am Vormittag des 27. kniete er in einem symbolträchtigen Augenblick neben dem Sarg nieder und lehnte seine Stirn gegen den Kopf des Vaters. Diese Szene ist wie ein Portrait seines ganzen Lebens und wie ein Schlüssel zu jener Treue, die er in all den Jahren seiner Zugehörigkeit zum Opus Dei an den Tag gelegt hat: immer und in allem »ad mentem Patris, ad mentem Conditoris«, im Sinne des Gründers zu arbeiten und sich durch nichts davon abbringen zu lassen.

Fast zwanzig Jahre später, am 28. Januar 1995, fand in der Universität Navarra der schon erwähnte akademische Akt *in memoriam* statt. Den Vorsitz führte Bischof Javier Echevarría, Prälat des Opus Dei, der Don Alvaro auch in der Leitung dieser universitären Einrichtung nachgefolgt war. Ganz zu Anfang seiner Rede sagte er mit Nachdruck: »Treue: Das ist ohne Zweifel die beste Zusammenfassung des Lebens von Alvaro del Portillo und die zutreffendste Erklärung der tiefen Spur, die er in der Kirche, im Opus Dei und damit auch in der Universität von Navarra hinterlassen hat. Er war immer ein Mann von geradezu heroischer Treue: gegenüber Christus, gegenüber der Kirche, gegenüber dem Wehen des Geistes, gegenüber der apostolischen Sendung, die der selige Josemaría ihm übertragen hatte.«

Im Lauf des Interviews mit Cesare Cavalleri tritt kaum merklich und gleichsam im Hintergrund die Fürsorge zutage, mit der Don Alvaro Josemaría Escrivá behandelt hat. Immer ist es sein Ziel, dessen heroische Tugenden zur Geltung zu bringen. Doch es gibt auch familiäre Details, die die ganze Liebenswürdigkeit seiner herzlichen Hingabe deutlich machen: wie er dem Gründer ein Wollhemd kauft, als dieser sich in Turin eine heftige Erkältung zugezogen hat; wie er ihn dazu drängt, sich statt seiner alten eine neue Brille zu kaufen; wie er Teppichboden in sein Schlafzimmer legen lässt, nachdem er beim Aufstehen ohnmächtig geworden war und eine Weile bewusstlos auf den kalten Fliesen gelegen hatte.

Don Alvaro war so loyal, dass er auch weiterhin seine Aufgaben als *Custos* des Gründers wahrnahm, weil er ihn nicht enttäuschen wollte. Klar und einfach erteilte er ihm die Zurechtweisungen, die er für angebracht hielt. Gelegentlich fiel es Josemaría Escrivá schwer, sie zu akzeptieren; dann machte er sich die Gegenwart Gottes bewusst – wie ich den derzeitigen Prälaten des Opus Dei selbst habe erzählen hören:

»Alvaro lässt mir nichts durchgehen … das scheint keine Liebe, sondern Grausamkeit zu sein.«

Und gleich darauf der Kontrapunkt:

»Danke, Herr, dass du mir meinen Sohn Alvaro an die Seite gestellt hast, der mich so sehr liebt, dass … er mir nichts durchgehen lässt!«

Don Alvaros Leben war ein beständiger Dienst am Gründer des Opus Dei. Am 1. Mai 1962 hatte Josemaría Escrivá an den Regionalvikar des Werkes in Spanien geschrieben: »Alvaro ist in der Klinik, aber wir hegen die Hoffnung, dass keine weitere Operation nötig sein wird. Betet, denn auch wenn unter euch, meinen Söhnen, viele heroisch und viele sogar Heilige der Altäre sind – und ich gehe mit diesen Bezeichnungen niemals leichtfertig um –, so ist Alvaro doch für euch alle ein Vorbild und derjenige meiner Söhne, der am meisten für das Werk gearbeitet und gelitten und meinen Geist am besten begriffen hat. Betet.«

Diese Zeilen fassen mit der für Josemaría Escrivá typischen Dichte Don Alvaros Treue zusammen, die für alle, die ihn kannten, seine herausragende Eigenschaft war. Der Gründer selbst hatte einige Zeit zuvor am Türsturz zu Don Alvaros Arbeitszimmer eine lateinische Inschrift anbringen lassen: »*Vir fidelis multum laudabitur*« (ein treuer Mann wird viel gelobt werden) (Spr 28,20).

1973 nutzte Josemaría Escrivá eine Gelegenheit, um in Abwesenheit von Don Alvaro anlässlich seines Geburtstages von seiner lächelnden Opferbereitschaft zu sprechen, die ihn zu einem »Heroismus« befähigte, »der völlig normal zu sein scheint«. Und er fügte vor seinen Zuhörern in der Villa Tevere hinzu:

»Ich möchte, dass ihr ihn in vielen Dingen, doch vor allem in seiner Loyalität nachahmt. In diesen vielen Jahren seiner Berufung haben sich ihm – menschlich gesprochen – viele Gelegenheiten geboten, sich zu ärgern, zu grollen, illoyal zu sein; und doch waren sein Lächeln und seine Treue immer unvergleichlich. Aus übernatürlichen Gründen, nicht aus menschlicher Tugend. Es wäre sehr gut, wenn ihr ihn darin nachahmen würdet.«

Am Tag seines Todes wurde Javier Echevarría gefragt:

»Was hat Bischof Alvaro del Portillo für das Opus Dei bedeutet, und was ist sein Vermächtnis?«

»Er hat eine sehr tiefe Spur hinterlassen, und eine seiner wesentlichen Eigenschaften ist das Wissen um seine Wurzeln und sein Streben nach Loyalität, in erster Linie gegenüber Gott, unserem Herrn, und dann gegenüber dem Geist des Opus Dei, wie der Gründer ihn an uns weitergegeben hat. Er hat alle Aspekte der Spiritualität des Opus Dei in seinem Leben bis zur Perfektion umgesetzt: Sie sind ihm in Fleisch und Blut übergegangen.«

Und das alles mit einer eleganten und humorvollen Demut. Pilar Urbano erwähnt in ihrem 1995 erschienenen Buch *El hombre de Villa Tevere* ein altes Stück Papier ohne Datum mit einer lakonischen handschriftlichen Notiz des Gründers: »In einem Werk Gottes bin ich nur ein Störfaktor. Mariano.« Und darunter: »Und ich erst. Alvaro.«

Don Alvaro hatte das Leben des Gründers im Gedächtnis, als hätte man es ihm eingraviert. Die Aufmerksamkeit und Freude, mit der er zuhörte oder erzählte, wenn es um Josemaría Escrivá ging, waren außerordentlich. In all den Jahren hat er niemals routiniert oder müde reagiert, sondern immer jenes Staunen gezeigt, das man angesichts von etwas Neuem oder einer Überraschung empfindet – mit der uneingeschränkten Zuneigung eines jungen Herzens, das noch nichts von der Kälte und Gleichgültigkeit weiß, vor der Josemaría Escrivá die Seelen gewarnt hatte (vgl. *Christus begegnen*, 26).

Seit 1975 erzählte er immer wieder von Ereignissen und Aspekten im Leben des Gründers, weil sie, wie er schrieb, beispielhaft waren für »einen heroischen Kampf um Heiligkeit zum Wohl der Kirche durch die Treue zum Werk im Dienst an allen Seelen«. Es waren keine *historischen* Erzählungen aus der Perspektive eines Außenstehenden. Er hatte sie zu einem organischen Teil seines Daseins werden lassen und wollte, dass sie im Leben der Mitglieder des Werkes erneut gegenwärtig würden, damit sie darum kämpften, sich mit dem zu identifizieren, »was Gott uns vor Augen hält, um das Opus Dei zu verwirklichen«.

Zu der Verantwortung, die er immer gespürt hatte, gesellte sich der väterliche Auftrag, den Papst Paul VI. ihm in einer der ersten Audienzen nach seiner Wahl an die Spitze des Opus Dei erteilte. Er erwähnte bei verschiedenen Gelegenheiten, wie der Heilige Vater zu ihm gesagt habe, dass er den Gründer als »einen der Menschen mit den meisten Charismen in der Geschichte der Kirche« betrachte, »der diesen göttlichen Gaben immer mit Großzügigkeit und Treue entsprochen hätte. Und er wiederholte mehrfach, dass er ihn für einen sehr großen Heiligen halte.«

Als er dem Papst andere Details über Josemaría Escrivá erzählte, fragte dieser ihn freundlich:

»Haben Sie das alles aufgeschrieben?«

Don Alvaro bejahte dies, und der Papst versicherte ihm:

»Das ist ein Schatz, nicht nur für das Opus Dei, sondern für die ganze Kirche.«

Und dann betonte er noch einmal:

»Alles, was mit dem Gründer, seiner schriftlichen oder gelebten Lehre, den Ereignissen seines Lebens zu tun hat, gehört schon jetzt nicht mehr nur dem Opus Dei: Es ist Teil der Geschichte der Kirche.«

Don Alvaro trieb diese Arbeit, die auch für den Seligsprechungsprozess von Josemaría Escrivá unverzichtbar war, energisch
voran. Und man versteht seine Freude in den letzten Monaten des
Jahres 1985, über die der Postulator des Opus Dei, Flavio Capucci,
in *Studi Cattolici* (1994) berichtet. Sie waren gerade dabei, die
Vorbereitungen für einige noch unveröffentlichte Schriften zu
beenden, die in der Prüfungsphase des Prozesses vorgelegt werden
mussten. Eines Tages war Don Alvaro im Büro und unterhielt sich
mit Flavio. Worüber sie sprachen, weiß er nicht mehr genau, doch
er erinnert sich an das, was Don Alvaro ihm am Ende anvertraute:

»Unerwartet sagte er zu mir (nicht wörtlich, aber der Inhalt
trifft hundertprozentig zu): ›Jetzt, mein Sohn, kann ich das *Nunc
dimittis* anstimmen.‹ Wie der greise Simeon, von dem der heilige
Lukas im zweiten Kapitel seines Evangeliums erzählt und der nur
noch in der Erwartung gelebt hatte, dass die Verheißung des
Heiligen Geistes wahr wurde. (...) Er sagte zu mir, dass sich der
Sinn seines Lebens bereits erfüllt hätte. ›Aber Vater, was sagen Sie
da? Warum? Es gibt doch noch so viel zu tun‹, antwortete ich. Der
Vater entgegnete: ›Nein, ich wollte vor meinem Tod noch drei
Dinge erledigen, und damit bin ich jetzt fertig‹, und dann begann
er, diese drei Dinge aufzuzählen. Ich komme vom Thema ab, aber
seine Worte waren kurz, nüchtern und kommentarlos: ›Das Werk
musste als Prälatur errichtet werden; ich musste meine Aussage für
den Prozess unseres Vaters zu Ende bringen, und ich musste die
Anmerkungen zu den *Apuntes íntimos* verfassen. Jetzt bin ich fertig.‹
Das war alles, was er sagte.«

Bei den *Apuntes íntimos* handelt es sich, wie Flavio Capucci
erklärt, um »acht handschriftliche Hefte, in denen sich der heilige
Josemaría in verschiedenen Phasen seines Lebens, aber nicht so
kontinuierlich und minutiös wie in einem Tagebuch, Notizen
gemacht hatte: zu den Erleuchtungen, die Gott ihm im Gebet
geschenkt hatte, zu den seelsorglichen Erfahrungen, die die ersten
apostolischen Schritte des Opus Dei begleitet hatten, und zu den
Bahnen, die sich für die zukünftige Entwicklung abzuzeichnen
schienen.« 1968 ging Josemaría Escrivá diese Aufzeichnungen

noch einmal durch und markierte die Punkte, an denen er einen Kommentar oder eine Anmerkung für notwendig hielt, damit diese Texte auch für die Nachwelt noch verständlich wären.

Dieses Material wurde sorgfältig aufbewahrt, und der Gründer ordnete für den Fall, dass er vor Beendigung dieser Arbeit starb, ausdrücklich an, dass sein Sohn Alvaro die Anmerkungen zu den betreffenden Stellen verfassen sollte. Dabei ging es im Wesentlichen darum, den Kontext, die historischen Umstände oder mögliche zugrunde liegende Motive zu erklären und auf diese Weise Sorge zu tragen, dass diese Aufzeichnungen, die normalerweise noch am selben Tag niedergeschrieben worden waren, auch nach Jahren noch verstanden würden.

Im Spätsommer 1985 äußerte Don Alvaro sich überaus zufrieden darüber, dass er die Anmerkungen zu diesen Heften beendet habe; er musste nur noch einige Notizen stilistisch überarbeiten und eine Einleitung schreiben, doch die Hauptsache – der Auftrag des Gründers – war erledigt. Am 15. September erzählte er voller Freude in Rom:

»Mir ist eine Last von der Seele gefallen! Ich trug diesen Auftrag des Vaters die ganzen letzten Jahre hindurch mit mir herum und konnte ihn nicht vollenden.«

Darüber hinaus wurde er nicht müde, an alltägliche Begebenheiten aus dem familiären Zusammenleben mit Josemaría Escrivá zu erinnern: angefangen bei entscheidenden Aspekten seiner Heiligkeit und seines Eifers für die Seelen bis hin zu Facetten seiner menschlichen Persönlichkeit und seines Humors in zuweilen ganz belanglosen Lebenssituationen. Und es fehlte auch nicht an Szenen aus seiner Jugend oder Schilderungen aus seinem Elternhaus, die Don Alvaro vom heiligen Josemaría selbst gehört hatte.

Der größte Teil dieser Berichte ist veröffentlicht worden. Manches jedoch nicht, wie beispielsweise die Liebe, die Doña Dolores einer Zigeunerin namens Teresa in Barbastro erwies, der es sehr schlecht ging: Sie begnügte sich nicht damit, ihr Almosen zu geben, sondern versuchte sie außerdem mit guten Ratschlägen zu trösten, während sie sich in ihrem Schlafzimmer mit ihr unterhielt; das war eine sehr seltene Ausnahme, denn Doña Dolores nahm nicht einmal ihre vertrautesten Freundinnen mit zu sich in ihr Zimmer. Doch sie hatte einfach so großes Mitleid mit jener armen, guten Frau.

Bis ich es von Don Alvaro erfuhr, wusste ich auch nicht, dass Don José Escrivá ein sehr guter Tänzer war. Doña Dolores verwendete hierfür eine volkstümliche Redewendung: »Er konnte auf einer Degenspitze tanzen.« Damals lernte ich auch einen Satz kennen, den Don José gerne benutzte: »Halbe Sachen sind für die Füße.« Darin spiegelten sich seine negativen Geschäftserfahrungen wieder.

Andere Erinnerungen waren einfach nur lustig, wie die Anekdote von einem noch unerfahrenen Chauffeur im Spanien der vierziger Jahre. Er hieß César und war allem Anschein nach kein sehr guter Fahrer. Eines Tages brachte er den Gründer gemeinsam mit dem Ordensmann José López Ortiz und Don Casimiro Morcillo nach Madrid. Auf der *Paseo de la Castellana* in der Nähe der *Plaza de Colón* kam er von der Fahrbahn ab, überfuhr um ein Haar einige Passanten und prallte schließlich gegen eine Straßenlaterne. Was den Gründer zu einer seiner blitzschnellen Bemerkungen bewog:

»*Ave, Caesar, morituri te salutant!*« (Sei gegrüßt, Cäsar, die Todgeweihten grüßen dich!)

Und César, der kein Wort verstanden hatte, fiel nichts Besseres ein, als zu antworten: »Vielen Dank, Vater.«

In seiner kindlichen Liebe zu Josemaría Escrivá prägten sich Don Alvaro auch ganz einfache menschliche Kleinigkeiten ein. Am 6. September 1993 aß er auf dem Weg von Torreciudad nach Madrid im Opus-Dei-Zentrum in Zaragoza zu Mittag. Im Beisammensein erwähnte er neben wichtigen Begebenheiten aus dem Leben des Gründers, die sich in dieser Stadt zugetragen hatten, einige aragonesische Vokabeln, die er gelegentlich verwendete, wie zum Beispiel ›desgana‹ für Hunger, ›laminero‹ für naschhaft oder ›lagotero‹ für Speichellecker. Dann fiel ihm ein, welches Adjektiv Don Josemaría einmal benutzt hatte, um die – raue und nicht sehr saubere – Bettwäsche eines Hauses, in dem er übernachten musste, zu beschreiben: ›arguellada‹. Und schließlich der Name für den, der sich um die Transporte von einem Ort zum anderen kümmert: den ›tío traidor‹, den ›Onkel, der die Sachen bringt‹ und der im kastilianischen Spanisch ›ordinario‹ und im Süden ›cosario‹ heißt.

Aus Liebe zu Josemaría Escrivá hegte Don Alvaro eine besondere Zuneigung zu Barbastro und seinen Einwohnern. Das fiel auf, wenn man in der Unterhaltung auf die Geschichten und Landschaften des aragonesischen Berglands zu sprechen kam. Noch deutlicher spürte man es während seiner Aufenthalte in Torreciudad. Wenn es ihm möglich war, beschränkte er sich nicht darauf, Orte zu besuchen, die mit der Familie des Gründers in Zusammenhang standen; er nahm sich auch Zeit für alte Freunde und für die zivilen und kirchlichen Behörden von Barbastro.

Ich habe die vielfältigen Facetten dieser gegenseitigen Zuneigung am 3. September 1992 beobachten können, als in Barbastro eine Gedenkfeier für den im Mai seliggesprochenen Josemaría Escrivá stattfand. Am Nachmittag begab sich Don Alvaro zum Rathaus, wo er von den Gemeindevertretern begrüßt wurde. Sein Eintrag in das Goldene Buch der Stadt endete mit den warmherzigen Worten: »Als Bischof und Priester bete ich jeden Tag für Barbastro. Das ist eine Dankesschuld, die ich gerne erfülle.« Man spürte seine Wertschätzung für die Menschen des *Somontano*, ihre Träume, Bräuche und Landschaften; seine Liebe war vielleicht sogar größer, als wenn er selbst hier zur Welt gekommen wäre: Auch in diesem Punkt war er mit seinem eigenen Dasein das getreue Echo Josemaría Escrivás.

Insbesondere nach 1975 fühlte sich Don Alvaro dafür verantwortlich, verschiedene Arbeiten auf den Weg zu bringen, um das Leben des Gründers zu rekonstruieren – auch deshalb, weil er keine Gedanken oder Facetten seiner Verkündigung verlorengehen lassen wollte. Er kümmerte sich persönlich darum, dass unveröffentlichte Schriften in Druck gegeben wurden, weil er davon überzeugt war, dass dies zum Wohl der Seelen geschah.

Das erste postum veröffentlichte Buch von Josemaría Escrivá war *Freunde Gottes*, das in der spanischen Ausgabe Ende 1977 erschien. Don Alvaro lag die Publikation dieser neuen Predigtreihe – über verschiedene Tugenden – sehr am Herzen, und er verfasste eine ausführliche Einleitung.

Der Kreuzweg erschien zum ersten Mal im Februar 1981; seine Veröffentlichung folgte exakten Vorgaben von Seiten Don Alvaros. Er umfasst einige kurze und kraftvolle Kommentare des Gründers zu jeder einzelnen Station dieser alten christlichen Andachtsform. Jeder Szene wurden einige Betrachtungen aus der mündlichen oder schriftlichen Predigt von Josemaría Escrivá angefügt.

Knapp einen Monat später verbrachte Don Alvaro einige Tage in Madrid. Bei dieser Gelegenheit äußerte er den Wunsch, andere vorrangige Arbeiten zu erledigen, um neue Bücher in Druck geben zu können: weitere Homilien und vor allem *Die Spur des Sämanns* und *Im Feuer der Schmiede*. Er sagte, dass er die Texte gemeinsam mit Javier Echevarría abschließend redigieren müsse, um zu gewährleisten, dass alles mit dem von Josemaría Escrivá vorgesehenen Original übereinstimmte: Und genau das war der springende Punkt, denn er war zu dieser Zeit mit sehr viel dringenderen Problemen beschäftigt.

Sobald er die Anmerkungen zu den Aufzeichnungen und Heften des Gründers beendet hatte, nahm er im Sommer 1985 mit Don Javiers Hilfe die Durchsicht der Originale von *Die Spur des Sämanns* und *Im Feuer der Schmiede* in Angriff. Diese Arbeit stand seit 1950 aus: Damals hatte der Verfasser im Vorwort zur siebten spanischen Ausgabe von *Der Weg* ein weiteres Buch – *Die Spur des Sämanns* – versprochen, »das ich dir in wenigen Monaten zu überreichen hoffe«. Doch er fand nicht die Zeit, es zu überarbeiten. Am 8. September 1960 fragten wir den Gründer des Opus Dei im *Colegio Mayor Aralar* in Pamplona nach diesem Werk, und ich erinnere mich noch, wie spontan er uns mit einer spanischen Redensart antwortete:

»Man kann nicht gleichzeitig die Glocken läuten und mit der Prozession gehen.« Auf diese volkstümliche Weise gab uns Josemaría Escrivá zu verstehen – wie er es bei ähnlichen Gelegenheiten erläuterte –, dass es im Zusammenhang mit der Bildung der Mitglieder des Werkes, das sich zu jener Zeit auf der ganzen Welt ausbreitete, große Aufgaben zu bewältigen gab.

Josemaría Escrivá hatte das Original – das er in gewöhnlichen Briefumschlägen aufbewahrte – einschließlich zweier sehr schöner Vorworte fertiggestellt. Jeder Briefumschlag entsprach einem der im Inhaltsverzeichnis vorgesehenen Kapitel. Doch für die Gesamtdurchsicht – bei der unter anderem eventuelle Wiederholungen beseitigt und Irrtümer oder mögliche Schreibfehler korrigiert werden sollten – hätte er einige aufeinanderfolgende Tage lang Ruhe gebraucht und nicht gestört werden dürfen. Und so war Don Alvaro am Ende des Sommers 1985 sehr zufrieden, dass er ein weiteres unerledigtes Projekt zum Abschluss hatte bringen können.

Anfang Januar 1986 erschienen *Die Spur des Sämanns* und *Im Feuer der Schmiede* und konnten der Kongregation für die Selig- und Heiligsprechungsprozesse gemeinsam mit den anderen für den Seligsprechungsprozess von Josemaría Escrivá notwendigen Dokumenten übergeben werden. Rasch wurden sie überdies in nicht spanischsprachige Länder geschickt, um dort die Übersetzungen vorzubereiten. Sie würden so veröffentlicht werden, wie der Gründer sie hinterlassen hatte, erklärte Don Alvaro:

»Wir werden nicht daran herumfeilen; so wird die Sprache frischer, spontaner sein. Es werden lediglich kleine Korrekturen vorgenommen werden – einige Satzzeichen, Druck- oder Transkriptionsfehler –, die in den ersten Exemplaren bei der Vorbereitung der Übersetzungen entdeckt worden sind.«

Tatsächlich wird der eine oder andere aufmerksame Leser bei aller spirituellen und stilistischen Einheit festgestellt haben, dass Punkte, die aufeinanderfolgen, aber zu unterschiedlicher Zeit entstanden sind, im Spanischen in sprachlichen Nuancen voneinander abweichen.

14

Geistliches Erbe

Der Gründer muss sehr rasch, vielleicht schon Ende der dreißiger Jahre, erkannt haben, dass Don Alvaro ihn einmal an der Spitze des Werkes *ablösen* würde. Diese Überzeugung zeigte sich immer wieder in besonderen Situationen. Und sie wurde 1948 offensichtlich, als Josemaría Escrivá entschlossen war, das Opus Dei zu verlassen, um eine neue Gründung für Diözesanpriester ins Leben zu rufen. Damals gab er ein originelles Foto in Auftrag: im Vordergrund zwei Handflächen – die von Don Alvaro –, die einige Eselchen aus Holz entgegennehmen.

Als Don Alvaro am 15. September 1975 einstimmig zum Nachfolger des Gründers gewählt wurde, war niemand überrascht. »Ihr habt«, so wandte er sich danach an die, die ihn gewählt hatten, »die Last des Werkes auf die Schultern dieses armen Menschen legen wollen – ich weiß gut, dass ich nichts wert bin, dass ich nichts kann, dass ich nichts bin –, und ihr habt dies getan, weil ihr wusstet, dass niemand mehr Zeit an der Seite unseres Vaters verbracht hat und weil ihr Kontinuität anstrebtet. Ihr habt nicht für Alvaro del Portillo gestimmt, ihr habt unseren Vater gewählt.«

Am 21. August 1981 hatten wir kurz vor dem Essen ein zwangloses Beisammensein mit Don Alvaro. Wir versuchten uns an ein nicht besonders wichtiges Datum zu erinnern, und jemand meinte, das müsse »zur Zeit unseres Vaters« gewesen sein. Don Alvaro reagierte sofort und sagte lächelnd:

»Im Werk wird immer die Zeit unseres Vaters sein«; und dann forderte er uns auf, andere Formulierungen zu benutzen: »als er noch auf Erden war« oder etwas Ähnliches.

In diesen schnellen Reflexen spiegelt sich das, was er seit 1975 immer wieder betont hatte: Der Tod des Gründers hatte die Gründungsepoche des Opus Dei beendet; damit war die *Etappe der Kon-*

tinuität angebrochen. Sein Geist – so schrieb er im September 1975 – »ist schon jetzt unveränderlich, so dass niemand ihm etwas hinzufügen oder wegnehmen kann«. Daraus ergab sich die große Verpflichtung zu Loyalität und Treue gegenüber diesem Geist: »ihn unversehrt zu erhalten, makellos zu bewahren, in seiner ganzen Fülle weiterzugeben«.

Dem Gedächtnis der Wähler haben sich vor allem jene Worte eingeprägt, die Don Alvaro bei der Predigt in der Messe zum Heiligen Geist sprach, mit der die Wahlversammlung eröffnet wurde. Sie zeugten von der Kraft des Trösters in seiner aufgeschlossenen Seele:

»In diesem feierlichen und unwiederholbaren Moment bitte ich Gott, dass er uns barmherzig sein möge, wenn wir nicht treu sein sollten. Da wir die Gabe der Freiheit besitzen, könnte jemand, wenn er sich widersetzen wollte, der Gnade Gottes und dem Geist unseres Vaters untreu werden. Wenn dies geschehen sollte, dann mögen sich die Gebeine des Vaters, die wir hier unten bei uns haben, erheben, um ihn zu verfluchen.«

Einige Stunden später war die Wahl beendet und Don Alvaro erklärte beim familiären Beisammensein:

»Ein Mitglied des Werkes, das das Unglück haben sollte, nicht treu zu sein, braucht das Verständnis, die Liebe und die Barmherzigkeit aller und den in die Praxis umgesetzten Vorsatz, ihm weiterzuhelfen. Doch wenn es sich nicht nur um ein Mitglied des Werkes, sondern um einen Nachfolger des Vaters handelt (…); wenn dieser Nachfolger des Vaters – jetzt oder im Lauf der Jahrhunderte – sich vom Geist unseres Gründers entfernen will, dann soll er verflucht sein. Ich verstehe – vergebt mir meine Erregung –, dass dies ein sehr hartes Wort ist, aber ich nehme es nicht zurück. Und ihr werdet alle meiner Meinung sein.«

Am selben Tag, kurz vor ein Uhr mittags, ging er in die Krypta der Kirche *Unsere Liebe Frau vom Frieden*: Es war sein erster Besuch am Grab des Gründers, seit er zu dessen Nachfolger gewählt worden war. Als er eintrat, standen alle Anwesenden respektvoll auf. Don Alvaro wies mit der Hand auf das Grab: »Wo es einen Kapitän gibt, befiehlt kein Matrose. Und der Kapitän ist dort.« Er kniete nieder, küsste den Grabstein und fügte hinzu:

»Bittet ihn, dass er das Werk vom Himmel aus lenken möge und dass seine Nachfolger nur seine Werkzeuge sein mögen und nichts weiter.«

Der Wunsch, in die Fußstapfen des Gründers zu treten, zeigte sich auch an ganz kleinen und eigentlich unbedeutenden Begebenheiten. Als er begann, Kontaktlinsen zu tragen, erzählte er, dass er lange Jahre gegen eine Art Tick angekämpft habe: Er zog immer die Nase kraus, um seine Brille wieder nach oben zu befördern. Da er viele Stunden an der Seite von Josemaría Escrivá verbrachte, wies dieser ihn darauf hin, und so gelang es ihm, diese Angewohnheit zu überwinden. Nach langer Zeit jedoch erwischte er sich erneut bei dieser instinktiven Bewegung und dachte bei sich: »Man muss das Übel bei der Wurzel packen; wenn ich die Brille ausziehe, kann sie mir nicht mehr herunterrutschen.« Es gab jedoch noch einen weiteren guten Grund, Kontaktlinsen zu benutzen, denn die Ärzte glaubten, dass er dann besser würde sehen und lesen können. Damals erinnerte er sich daran, dass Pius XII. den *Camauro* der Päpste nie gerne getragen hatte: jene mittelalterlich anmutende Kopfbedeckung mit einem weißen Pelzbesatz oberhalb der Stirn und seitlichen Zipfeln, die auch die Ohren bedecken. Als er gestorben war, zog man sie ihm an. Jemand wies darauf hin, dass der Heilige Vater dies nicht gemocht hatte. Und erhielt zur Antwort:

»Tote erteilen keine Befehle …«

Und im Gedanken an den Gründer und seine Rolle innerhalb des Werkes fügte Don Alvaro mit großem Nachdruck hinzu:

»Doch, die Toten erteilen sehr wohl Befehle!«

Obwohl er sich ohnehin sehr stark mit dem Gründer identifizierte, drängte Don Alvaro die Mitglieder des Werkes, für ihn zu beten, damit er sich bemühe, dem Gründer immer ähnlicher zu werden. Er zitierte das spanische Sprichwort: *Quien a los suyos parece, honra merece* (»Wer den Seinen ähnelt, verdient Achtung«). Und seit Juni 1975 sagte er immer wieder:

»Bittet Gott, dass ich nur das im Sinn habe, was auch unser Vater im Sinn hat; dass ich nur das will, was auch unser Vater will. Dann wird alles gut.«

Und er unterstrich diese Bitte, indem er darauf hinwies, dass es einigen seiner Töchter in Kenia, die noch sehr jung waren, schwerfiel, den Gründer und Don Alvaro voneinander zu unterscheiden, weil sie beide eine Brille und eine lange Nase hatten. Der einzige Unterschied, den sie erkennen konnten, war die Hautfarbe. Abschließend sagte er:

»Ich weiß, meine Kinder, dass ich dem Gründer äußerlich gar nicht ähnlich sehe. Innerlich aber auch nicht, und das ist das Schlimme … Bittet den Herrn, denn das wird dem ganzen Werk unendlich viel Gutes bringen, dass ich unserem Vater von Tag zu Tag ähnlicher werde, bis man nicht mehr in der Lage sein wird, uns voneinander zu unterscheiden.«

Mit großem Jubel – diesen Ausdruck hat er selbst immer benutzt – erinnerte er sich oft an den Rat Papst Pauls VI. in der ersten Privataudienz nach dem Tod von Josemaría Escrivá: »Nachdem er mir die allergrößte Treue zu seinem Geist ans Herz gelegt hatte, riet er mir mit Bestimmtheit und Freude: Versetzen Sie sich jedes Mal, wenn Sie irgendein Problem lösen müssen, in die Gegenwart Gottes, und fragen Sie sich: Was würde der Gründer jetzt tun? Und dann handeln Sie dementsprechend.«

Don Alvaro wollte ein sichtbares Zeichen des heiligen Josemaría sein. Das brachte er auf vielfältige, mehr oder weniger anschauliche Weise zum Ausdruck. So erinnerte er sich, wenn er am Ende eines Beisammenseins oder vor einer Reise den Mitgliedern des Werks den Segen erteilte:

»In den letzten Jahren hat der Vater, wenn er den Segen erteilte, oft zu mir gesagt: Alvaro, hilf mir. Deshalb bitte ich ihn jetzt, dass er uns allen seinen Segen gibt und dass ich ihm dabei nur helfe, dass ich seine sichtbare Geste bin und dass – auch wenn ihr nur mich seht – in Wirklichkeit unser Vater uns alle segnet.«

Er wollte unbemerkt bleiben. Er versuchte die Seelen zu Gott, zur Kirche, zum Gründer, zum Opus Dei zu führen. Er selbst machte sich unsichtbar. Im Juni 1976 verbrachte ich einige Tage in Pamplona und notierte mir danach eine Art Fazit: Es ist ergreifend, wie demütig er ist; immer wieder betont er, dass alles von Gott kommt und dass Gott sich auf die Fürsprache von Josemaría Escrivá des Eifers seiner Kinder bedient, die im geistlichen Sinne zusammenstehen wie ein Pinienzapfen. Im Hinblick auf den Gründer fühlte er sich lediglich als *Taktstock, Wetterfahne, Schatten*:

»Dennoch, meine Kinder, müsst ihr viel für mich beten. Ein Taktstock ist ein träges Stück Holz und nicht in der Lage, der Hand des Künstlers irgendeinen Widerstand entgegenzusetzen. Ich dagegen kann Ja oder Nein sagen, wie alle Menschen.«

Am 13. Juni unterstrich er in Madrid:

»Ich bin wie die Wetterfahne, die *Banderuola*, wie der Italiener sagt. Nicht, weil ich mein Fähnlein nach dem Wind drehe, sondern weil die Wetterfahne, wenn sie gut geschmiert ist, bei Wind die Richtung angibt und dem Wind vollkommen gehorcht, auch wenn er nur ganz leise weht (...). Wenn ich *roste*, wenn ich lau wäre, wenn ich nicht von Gott abhängig wäre, könnte ich euch nicht die Richtung weisen, den Kurs; und ihr könntet vom Weg abkommen. Ihr seht also, dass es sehr wichtig ist, für mich zu beten.«

Ihm sei bewusst, so vertraute er Mitgliedern des Opus Dei manchmal an, dass er ständig Redewendungen, Worte oder Ideen des heiligen Josemaría benutze und dass ihn dies mit Freude erfülle: »Wenn ich ihn doch nachahmen und mit seinen Taten der Gottesliebe und der Sühne zu euch sprechen könnte; ich bitte ihn, dass ihr euch dasselbe wünscht.« Oder: »Ich müsste immer wieder darauf hinweisen, dass ich euch die Nahrung anbiete, die ich von ihm empfangen habe. Wenn ich das nicht tue, dann nur, um nichts zu wiederholen, was ihr schon wisst, was ins Auge springt, was ich auch gar nicht verbergen will, denn es ist mein heiliger Stolz – und das versuche ich immer –, die Verkündigung unseres Gründers fortzusetzen.«

Im Juli 1976 erinnerte er beiläufig an einige Verhaltensweisen, die den dringenden Wunsch des Gründers deutlich machten, dass er nach seinem Tod zu seinem Nachfolger gewählt würde: Deshalb, so schloss er, sei es die besondere *Pflicht* des Gründers, ihm zu helfen. Und dann fasste er zusammen, worin seine drei großen *Stützen* bestünden:

- in der Verpflichtung des Gründers ihm gegenüber;
- in den Gebeten der Mitglieder des Werkes;
- in seinen eigenen – und unseren – Schwächen, die Gott so sehr gefallen, wenn wir gegen sie kämpfen.

Bei all seiner Einfachheit war es doch auffällig, wie häufig er darum bat, für ihn zu beten. Mit großem Nachdruck stellte er immer wieder klar, dass er derjenige sei, der diese Gebete am nötigsten hätte, und zwar gerade weil er *an der Spitze stünde*. Er hielt sich selbst für ein »Häuflein Elend«, das Gebet und Liebe brauchte. Er pflegte zu sagen, dass er »ein armer Sünder« und doch »der Nachfolger eines Heiligen« sei. Und er beendete seine Briefe an die Mitglieder des Opus Dei oder die Zeiten des Beisammenseins mit mehr oder weniger großen Personengruppen mit seinem priesterlichen Segen und der Bitte:

»Und dass ihr für mich betet!«

Natürlich wusste er, dass Zehntausende an tausend Orten der Erde sich in Arbeit und Leid, in der Messe oder im Rosenkranz und in ihrem Gespräch mit Gott beständig mit seinen Anliegen vereinten: »Wenn ich daran denke, bin ich verwirrt und gleichzeitig Gott und unserem Vater unermesslich dankbar, dessen unablässigem Gebet dieses große Wunder des Werkes zu verdanken ist.« Diese Gebete benutzte er Tag für Tag als Empfehlungsschreiben vor dem Herrn; und deshalb bestand er darauf: »Lasst mich nicht im Stich!«

Er trat in die Fußstapfen des Gründers und bettelte mit ausgestreckter Hand »um das Almosen eines intensiveren Gebets«. Mit *Beharrlichkeit*, mit hartnäckigem *Gehämmer* – das waren seine eigenen Worte – erinnerte er immer wieder daran, weil er davon überzeugt war, dass wir »mehr beten können und müssen«. »Unterstützt mich, damit ich das tun kann, worum der Herr mich bittet. Versagt meinen Anliegen nicht eure Hilfe!«

Und neben dieser beständigen Bitte war da die Dankbarkeit,

weil er Tag für Tag und geradezu physisch – wie ich ihn selbst habe sagen hören – diese liebevolle Unterstützung seiner Kinder spürte, die für ihn beteten.

Er gewöhnte sich nie daran, dass er die Blicke und die Zuneigung so vieler Menschen auf sich zog. Im November 1980 erzählte ihm Juan Francisco Montuenga von einem guten Freund, der nach einem Besuch bei Don Alvaro voller Dankbarkeit aus Rom zurückgekommen war. Und Emilio Nadal erwähnte eine andere Person – zwei ihrer Söhne waren Mitglieder des Werkes –, die Gott nähergekommen war, nachdem sie in der Ewigen Stadt an einem Beisammensein mit dem Vater teilgenommen hatte. Don Alvaro antwortete sehr rasch mit einer alten scholastischen Weisheit:

»*Quidquid recipitur, ad modum recipientis recipitur* (was auch immer verstanden wird, wird in der Art und Weise des Verstehenden verstanden): Es gibt gute Menschen, die gut reagieren …«

Seine Demut erachtete alles für unwichtig, was seine eigene Person betraf. Seit 1975 benutzte er im Zentralsitz des Opus Dei das unglaublich kleine Schlafzimmer von Josemaría Escrivá, das fast schon eher einer Abstellkammer ähnelte. Weshalb er das tat, erklärte er kurz nach seiner Wahl:

»Es ist mir sehr schwergefallen zu gehorchen, aber der Vater hat verfügt, dass aus seinem Zimmer kein Museum oder etwas Ähnliches gemacht werden sollte.«

In diesem Raum wurde im Oktober 1975 an der Wand gegenüber dem Kopfende des Bettes ein kleiner Bischofsstab auf rotem Samt angebracht, der mit zwei Inschriften versehen und von einer einfachen Leiste umrahmt war. Im oberen Teil waren die Worte des heiligen Paulus eingraviert: *Cursum consummavi, fidem servavi* (den Lauf hab' ich vollendet, den Glauben bewahrt). Don Alvaro gab dazu folgende Erläuterung:

»Wenn ich mich ausruhe, gibt mir das die Gelegenheit, an den Tod zu denken. Es ist eine Mahnung, in meiner Seele gründlich zu kehren, damit ich alle bösen Dinge entferne und eines Tages dieselben Worte sagen kann.«

Im unteren Teil war in Anlehnung an das, was Jesus kurz vor seiner Passion zu Petrus gesagt hatte, ebenfalls in Latein, die Kurzfassung eines langen Verses aus dem Evangelium zu lesen, »als ob der Vater diese Worte an mich richten würde«, wie Don Alvaro im Oktober 1975 sagte: *Et tu ... confirma filios meos!* (Und du ... stärke meine Kinder!) Später fand er noch eine weitere Deutung:

»Ihr seid jetzt meine Kinder, und deshalb kann ich diese Worte auch benutzen, um den Vater zu bitten, dass er euch in eurer Berufung stärkt.«

Seine Demut war nicht gespielt oder »de garabato«, geschnörkelt, wie der Gründer zu sagen pflegte. Vom ersten Augenblick an drängte er die Mitglieder des Opus Dei:

»Bittet um das, worum ich bitte, denn das ist der sichere Weg.«

Das war die aktualisierte Version eines Stoßgebets, das er Jahre zuvor geprägt hatte und das zeigte, wie sehr seine Gefühle und Absichten mit denen des Gründers übereinstimmten: »Worum der Vater bittet, was der Vater will, was der Vater betet, was der Vater tut und denkt.« Und er erklärte: »Ihr könnt sicher sein, meine Kinder, dass ich ein armer Mensch bin; aber ihr geht nicht in die Irre, wenn ihr im Gebet um das bittet, worum ich bitte.«

Er dachte nicht an sich und seine Interessen. Er ließ sich nicht bedienen, er duldete keine Ausnahmen für sich, nicht einmal dann, wenn sie berechtigt waren. Ihm war bewusst, dass er nur ein vorübergehendes Werkzeug war. Das habe ich bei unzähligen Gelegenheiten beobachten können – unter anderem bei einem familiären Beisammensein 1976: Ich erinnere mich nicht mehr, worum es ging; jedenfalls wies Don Alvaro mit großer Selbstverständlichkeit darauf hin, dass *dies* vielleicht etwas sei, was sein *Nachfolger* würde erledigen müssen. Das war das erste Mal, dass ich ihn diesen Begriff habe verwenden hören, und es fiel mir auf, weil seine Wahl noch kein Jahr zurücklag. Tatsächlich sprach er fast nie von *seinem Nachfolger*, sondern lieber von *den Nachfolgern unseres Vaters*, denn im Werk sollen alle den Geist des Gründers verinnerlichen und seine direkten Nachfolger sein.

Gerade wegen seiner Demut besaß Don Alvaro sehr viel Initiative: Er hatte keine Angst vor dem Urteil anderer. Allein aufgrund der treuen und aktiven Unterstützung, die er Josemaría Escrivá bis 1975 leistete, hätte er in der Geschichte des Opus Dei schon einen Ehrenplatz verdient. Erst danach jedoch kommt seine eigentliche Bedeutung zum Tragen. Zwischen 1975 und 1994 sind die entscheidenden Meilensteine in der Geschichte des Opus Dei von seiner kreativen und loyalen Energie durchdrungen, und er hat diese Epoche vom ersten Tag an als Etappe der Kontinuität bezeichnet – so überzeugt war er von der Aktualität und Kraft des Gründungscharismas. Bei anderen Gelegenheiten sprach er von der Etappe der Treue, um hervorzuheben, dass es nicht um eine mechanische Kontinuität ging, sondern darum, »dem geistlichen Erbe, das uns der Gründer hinterlassen hat, mit unserem Leben und unter veränderten Voraussetzungen zu entsprechen«.

Echte Treue verlangt Initiative, um in jeder neuen Situation die Forderungen der Liebe oder der Gerechtigkeit zu erfüllen. Sie ist eine »feinfühlige, praktisch gelebte und beständige« Loyalität, die letzten Endes »das beste Mittel gegen geistiges Altwerden, Kälte des Herzens und Starrköpfigkeit im Denken« darstellt (*Gespräche mit Msgr. Escrivá de Balaguer*, 1). Wie Don Alvaro es 1981 ausdrückte, als er mit dem Direktor der *Scripta Theologica* über die Evangelisierungssendung sprach: »Treue ist Fruchtbarkeit und deshalb Vorstellungskraft, die Fähigkeit, neue Methoden zu erfinden, jene konkrete Weisheit, die darin besteht, immer dieselbe Sprache zu sprechen wie Gott, auch wenn sie in unterschiedlichen Kleidern daherkommt. Das haben die Heiligen getan: Sie haben keinen ›neuen Christus‹ und keine ›neue Kirche‹ erfunden, sondern die Menschen ›von neuem‹ an Christus und die Kirche herangeführt.« Deshalb wurde er nicht müde, den Mitgliedern des Werkes »Spontaneität und persönliche Initiative« zu predigen, »weil diese Haltung unverzichtbar ist, wenn man den Geist des Opus Dei in all seinen Aspekten verinnerlichen und umsetzen will«.

Ohne Trägheit und ohne Routine sorgte er dafür, dass das empfangene Erbe Früchte trug. Wir werden im Zusammenhang mit der juristischen Entwicklung des Opus Dei oder der Seligsprechung des Gründers noch Gelegenheit haben, näher darauf einzugehen. Dennoch möchte ich schon hier von den vielen Details der Arbeit, die Don Alvaro im Werk geleistet hat, einige hervorheben, an die ich mit besonderer Freude zurückdenke.

Ende der siebziger Jahre sollten die ersten Assoziierten des Opus Dei zu Priestern geweiht werden. Schon in den Fünfzigern hatten sie ihre Theologie- und Philosophiestudien an den entsprechenden Einrichtungen aufgenommen. Sie machten nur langsame Fortschritte, weil sie weiterhin ihren beruflichen Pflichten nachkamen und sich häufig gleichzeitig auch noch um ihre Angehörigen kümmerten. Später äußerte der Gründer den Wunsch, dass niemand zum Priester geweiht werden sollte, ohne vorher an einer kirchlichen Universität promoviert zu haben. Also musste in Pamplona gemeinsam mit der theologischen und der kirchenrechtlichen Fakultät der Universität Navarra eine besondere Einrichtung geschaffen werden, damit die assoziierten Mitglieder dort promovieren und ihre Vorbereitung auf die Priesterweihe zum Abschluss bringen konnten. Der erste Kandidat erhielt seinen Doktortitel genau in dem Moment, als bekannt wurde, dass Johannes Paul II. eine Spanienreise plante, und so wurden – dank eines glücklichen Zusammentreffens – die ersten Assoziierten des Opus Dei in Valencia vom Papst zu Priestern geweiht.

Don Alvaros Kühnheit zeigte sich auch im Zusammenhang mit der Basilika *Sant'Eugenio*, in der 1975 das Requiem für den Gründer stattgefunden hatte und die seither natürlich besonders eng mit der Geschichte des Opus Dei verbunden ist. Schon Josemaría Escrivá hätte gerne einen Teil seiner Zeit darauf verwendet, in einer Kirche in Rom Beichte zu hören. Er hatte dabei an die Pfarrkirche *San Giovanni Battista al Collatino* gedacht, die von Priestern des Opus Dei betreut wurde. Doch es war nicht möglich. Im Mai 1980 sprach Don Alvaro mit dem Vikar von Rom, Kardinal Ugo Poletti, und vertraute ihm an, dass er die Basilika *Sant'Eugenio a Valle Giulia* für sehr geeignet halte, da sie so nah an der Villa Tevere liege.

Er hatte keinen formellen Antrag gestellt. Er hatte nur in vertraulichem Ton von einem großen Traum gesprochen. Doch Kardinal Poletti war von der Idee fasziniert. Knapp einen Monat später teilte er Don Alvaro mit, dass der Papst – auf sein Ersuchen – beschlossen habe, diese Kirche dem Opus Dei anzuvertrauen.

»Darin erkennt man die Fürsprache von Josemaría Escrivá; anders ist das nicht zu verstehen«, äußerte sich der Kardinalvikar angesichts der Schnelligkeit, mit der die ganze Angelegenheit vonstatten gegangen war. Der neue Pfarrer, ein Priester des Opus Dei, wurde am 1. März 1981 in sein Amt eingeführt.

Noch eine weitere Initiative von Don Alvaro möchte ich an dieser Stelle kurz erwähnen: *Romana*, das Amtsblatt der Prälatur Opus Dei, das der Gründer als Vorhaben für einen späteren, günstigeren Zeitpunkt im Sinn gehabt hatte. *Romana* erscheint seit 1986 und enthält Dokumente des Papstes und der Römischen Kurie; Dekrete, Ernennungen und verschiedene Texte des Prälaten; vielfältige Informationen über den Gründer, Nachrichten aus der Prälatur und Chroniken zu apostolischen Initiativen seiner Mitglieder; den Abschluss bildet üblicherweise ein theologischer oder kirchenrechtlichter Aufsatz. Das – über 300 Seiten starke – Amtsblatt erscheint zweimal im Jahr und wird auf dem Postweg an alle Abonnenten verschickt.

Der in juristischer Hinsicht bereits festgeschriebene Geist des Opus Dei würde eine adäquate theologische Ausgestaltung brauchen. Dies erklärte Don Alvaro 1993, als er eine vom Päpstlichen Athenäum vom Heiligen Kreuz veranstaltete Tagung über den Gründer eröffnete. Er hatte bereits zahlreiche theologische und kanonische Publikationen über seine Persönlichkeit und seine Lehre angeregt, doch eine gewaltige Aufgabe blieb noch zu tun:

»Die zentralen Lehren von Prälat Josemaría Escrivá sind heute allgemein bekannt, und einige sind in feierlichen Erklärungen vom Lehramt der Kirche bestätigt worden. Doch sie gehören zum größten Teil Bereichen an, in denen die theologischen Forschungen noch ganz am Anfang stehen (…). Je mehr ich die Lehre des seligen Josemaría im Studium vertiefe und im Gebet betrachte, desto mehr gewinne ich den Eindruck, dass ich gerade erst damit begonnen habe, ihren tiefen Reichtum auszuloten, der zu immer neuen und faszinierenden Entdeckungen einlädt.«

Zu Beginn der Audienz, die der Heilige Vater Johannes Paul II. den Teilnehmern gewährte, präsentierte Don Alvaro einen kurz gefassten Tagungsbericht. Bewegt hörte er zu, wie der Papst mit großer theologischer Tiefe über den Gründer sprach und ihn zu jenen herausragenden Persönlichkeiten zählte, »die mit ihrem Leben und mit ihrer Botschaft die verschiedenen Epochen der Geschichte erleuchten«. Bei jenem Akt sagte der Heilige Vater unter anderem:

»Die theologische Forschung, die in den Beziehungen zwischen Glaube und Kultur eine unverzichtbare Mittlerrolle spielt, schreitet voran und gewinnt an Reichtum, indem sie aus den Quellen des Evangeliums schöpft und sich darin von der Erfahrung der großen Zeugen des Christentums inspirieren lässt. Zu diesen gehört ohne Zweifel auch der selige Josemaría.«

Am 23. März 1994 fasste Prälat Javier Echevarría die Arbeit zusammen, die Don Alvaro für das Opus Dei geleistet hatte:

»Es war eine erstaunliche Zeit, ein wunderbares Abenteuer, und das aus vielen Gründen. Es ging darum, das Zeugnis eines Heiligen zu bewahren, und er nahm diese Herausforderung an und brachte sie, wenn ich so sagen darf, mit demselben Schwung, demselben Rhythmus und derselben Kraft voran, mit der unser Gründer immer gehandelt hatte.«

15

Nachfolger eines Vaters

Nicht lange nach seiner Wahl an die Spitze des Opus Dei erklärte Don Alvaro, welche Bedeutung der Gründer in seinem Leben gehabt habe, und er benutzte dabei die Antwort, die Alexander der Große gegeben haben soll, als man ihm vorwarf, dass er Aristoteles mehr schätze als seinen Vater, König Philipp von Makedonien:

»Ja, weil meine Eltern mich zur Welt gebracht haben, aber Aristoteles hat mich mit seiner Lehre von der Welt in den Himmel gehoben.«

Am 19. Februar 1984 – Don Alvaros Namenstag – erzählte ihm Flavio Capucci, dass er ein bekanntes etymologisches Namenlexikon konsultiert habe: Alvaro bedeute »der, der alle beschützt, der über alle wacht, der alle verteidigt«. Don Alvaro antwortete ihm, dass er persönlich eine Bedeutung vorziehe, die sich nicht aus dem Germanischen, sondern aus dem Semitischen herleite und *der Sohn* bedeute, und fügte hinzu:

»Doch wir können sie mit deiner Interpretation kombinieren: Bete, dass es wahr wird, dass ich ein guter Sohn und gleichzeitig ein guter Vater bin, der über die anderen wacht.«

Wahrscheinlich hatte Flavio Capucci diese Worte noch im Gedächtnis, als er 1994 in der Zeitschrift *Studi Cattolici* schrieb, dass »die tiefe Einheit zwischen dem Gründer und seinem Nachfolger, diese Väterlichkeit, die vom einen auf den anderen – unterschiedlich im Temperament, aber gleich im Geist – übergegangen ist, und unser kontinuierliches und unverändertes Gefühl, seine Kinder zu sein, eine Wirklichkeit bezeugen, für die es keine menschliche Erklärung gibt«.

Ohne Zweifel ist es Don Alvaro zu verdanken, dass sich der Geist der Kindschaft und Brüderlichkeit (vgl. *Der Weg*, 955), der für eine christliche Familie typisch ist, im Opus Dei mit Gottes

Gnade in all seiner Kraft erhalten hat. Diese Bande wurzeln in der radikalen Neuartigkeit des Charismas: Sie sind zwar vom Gründer initiiert, aber nicht an seine herzliche menschliche Person gebunden.

Am ersten Jahrestag erklärte Don Alvaro zusammenfassend die doppelte Vaterrolle von Josemaría Escrivá: kraft der Gründung – einer Vaterschaft, die nur er als Gründer besaß – und kraft der Spiritualität, die »im Werk immer Bestand haben wird, bis ans Ende der Zeiten, weil wir eine Familie mit übernatürlichen Banden sind«.

Zehn Jahre nach seiner Wahl dachte er voller Dankbarkeit daran zurück, wie die Gnade sein Leben und das Leben des Opus Dei beeinflusst hatte:

»Die geistliche Vaterschaft, die unser geliebter Gründer auf unvergleichliche Weise verkörpert hat, ist auf diesen armen Menschen übergegangen, der jetzt euer Vater ist. Wahrhaftig, *cor nostrum dilatatum est* (2 Kor 6,11): Mein Herz ist weit geworden, um euch alle zu lieben, jeden Einzelnen und jede Einzelne, mit der Liebe eines Vaters und einer Mutter, wie unser Vater es sich für seine Nachfolger gewünscht hat.«

Gleichzeitig erwiderten die Mitglieder des Opus Dei seine Liebe so offensichtlich, dass seine Seele voller Dankbarkeit war, »weil das Opus Dei nach wie vor *una bella famigliola* ist«. Esther Toranzo erzählt, wie Don Alvaro 1989 Kibondeni, ein Zentrum der Frauen des Opus Dei in Nairobi, besuchte. Er wurde mit einem Massai-Lied empfangen, das unter den Klängen und Rhythmen von sechzehn Trommeln unter anderem folgende Verse enthielt: »Ich ging aus dem Haus, um den Vater zu sehen. / Als er anfing zu sprechen, bat ich ihn zu schweigen, / weil ich ihm zuerst zeigen wollte, / wie sehr ich mich freute, ihn zu sehen.«

Bei unzähligen Gelegenheiten zeigte sich Don Alvaros väterliches Verhalten. Er liebte die Mitglieder des Opus Dei mit der Zärtlichkeit irdischer Eltern, ohne sie jedoch zu bevormunden. Mit seinem bewundernswerten Gedächtnis erinnerte er sich neben den großen Problemen der Kirche oder des Werkes auch an die vielen größeren oder kleineren Einzelheiten, die er von seinen Kindern erfuhr. Aus den Briefen, die sie ganz spontan direkt an ihn richteten, waren ihm ihre Sorgen, ihr Kummer und ihre Freuden schon bald vertraut. Immer wieder überraschte mich seine Fähigkeit, so viele Informationen zu speichern, und häufig stellte er denkbar konkrete Fragen, auf die wir Übrigen keine Antwort wussten.

Viele Male habe ich bei ihm Reaktionen beobachtet, wie sie für einen Vater oder eine Mutter typisch sind: aus *Gründen des Herzens*, die der Verstand nicht kennt. Fast immer handelte es sich dabei um die Pflege oder das Wohlergehen der Kranken. Doch sie zeigten sich auch in eigentlich eher unwichtigen Situationen. Oder in seiner tiefen Bewunderung für Tugenden oder Gewohnheiten, die zwar harmlos und berechtigt war, aber auf einen außenstehenden Betrachter manchmal durchaus übertrieben gewirkt haben mag.

Die Linguistikprofessorin Ana Echaide, Mitglied der Akademie der Baskischen Sprache, erinnert sich an ein Beisammensein 1980 in Torreciudad: Es ging um ihre Mitarbeit an der baskischen Übersetzung von Schriften des Gründers, und Don Alvaro lobte sie in vertraulichem Ton:

»Niemand auf der ganzen Welt spricht besser Baskisch als sie.«

Nie werde ich Don Alvaros Anteilnahme an der Erkrankung von Jaume Tur, tätig in der regionalen Leitung des Opus Dei in Deutschland, vergessen. An einem Nachmittag im August teilte er uns mit, dass man ihn nach Navarra gebracht habe und vermutlich einen sehr komplizierten chirurgischen Eingriff vornehmen müsse. Er bat uns, viel für ihn zu beten. Am Tag der Operation, einem Donnerstag, erinnerte er uns wenige Augenblicke vor der morgendlichen Betrachtung in der Kapelle mit lauter Stimme daran, dass die Ärzte nun bald mit der Arbeit beginnen würden, damit wir ihn in unser Gebet einschlössen. Kurz nach zwölf erfuhren wir, dass alles gut verlaufen war.

Doch am nächsten Tag traten Komplikationen auf. Nach meinen Informationen musste er 48 Stunden lang ruhiggestellt werden, damit sein Herz sich nicht überanstrengte. Erst danach würde eine realistische Einschätzung der Lage möglich sein. Trotzdem sprach Juan Domingo Celaya am Samstag noch spät mit den Ärzten: Es gab keine Neuigkeiten; Jaume blieb stationär, und die Lage war weiterhin ernst. Was mir jedoch auffiel, war Don Alvaros Dankbarkeit gegenüber Juan Domingo, als der ihn unterrichtete: Mit dem Verstand hatte er die medizinischen Informationen verarbeitet und auch akzeptiert, dass man sich 48 Stunden lang gedulden musste; doch sein Herz freute sich zu hören, dass alles unverändert war. Eine Mutter hätte nicht anders reagiert.

Jaume erholte sich nach und nach, bis Professor Diego Martínez Caro, Kardiologe der Universitätsklinik in Pamplona, am 21. August ankündigte, dass er die Intensivstation verlassen könne.

»Ich danke euch, dass ihr für diesen meinen Sohn gebetet habt«, sagte Don Alvaro wieder und wieder, »aber betet weiter, denn die Lage ist noch immer ernst.«

Tatsächlich traten weitere Probleme auf: So konnte Jaume beispielsweise kaum lesen. Sein Zustand verschlechterte sich erneut. Die Ärzte ließen nichts unversucht, doch sie konnten ihn nicht retten. Don Alvaro, der inzwischen wieder in Rom war, hoffte bis zum Schluss mit zerrissenem Herzen. Noch an Jaumes Todestag, dem 2. Oktober, bat er in der Villa Tevere, dass sie weiter beten sollten. Die Ärzte hätten gesagt, dass »seine Genesung ein Wunder wäre, praktisch wie die Auferstehung eines Toten«. Und Don Alvaro fügte hinzu, dass er während der Messe sowohl im Gebet für die Lebenden als auch im Gebet für die Verstorbenen an Jaume gedacht habe; dass Jaume viel gearbeitet und viel gelitten habe und dass Gott, wenn dies sein Wille sei, seine geläuterte Seele sicherlich direkt in den Himmel aufnehmen würde.

Don Alvaro liebte die Kranken aufrichtig und ermutigte sie, kein menschliches und übernatürliches Mittel unversucht zu lassen, um ihre Gesundheit wiederzuerlangen. Bezeichnend war für mich in diesem Zusammenhang auch der Fall von Seamus Timoney, einem der ersten Mitglieder des Opus Dei in Irland. Am Palmsonntag 1988 erreichte uns in Madrid ein Anruf aus Dublin mit der Bitte, Seamus am Flughafen Barajas abzuholen, von wo aus er nach Pamplona weiterreisen wollte. Er litt an einer Art Leukämie, und die Ärzte hatten keine Hoffnung mehr. Als Don Alvaro davon erfuhr, setzte er sich lebhaft dafür ein, dass er sich von den Onkologen der Universität Navarra untersuchen ließ. In der Universitätsklinik wurde die Diagnose bestätigt, doch man kannte dort eine Methode, mit der man das Leben des Patienten wenigstens um einige Jahre verlängern zu können glaubte. Bereitwillig unterzog sich Seamus der strapaziösen Therapie – und erholte sich. Er war der Klinik, Josemaría Escrivá für seine Fürsprache und allen für ihre liebevolle Anteilnahme überaus dankbar, doch vor allem galt seine Dankbarkeit Don Alvaro, der ihn gedrängt hatte herzukommen, als alle ihn schon aufgegeben hatten. Bis Ende 1991 führte er ein normales Leben; dann gewann seine schwere Erkrankung nach einer neuerlichen Krise die Oberhand.

Am 19. April 1990 erwarteten wir Don Alvaro im *Colegio Mayor Aralar* in Pamplona. Er kam mit dem Auto aus Barcelona. Wir wussten, wann er aufgebrochen war, und rechneten damit, dass er gegen ein Uhr mittags eintreffen würde. Als wir alles für seinen Empfang vorbereitet hatten, erhielten wir einen Anruf und erfuhren, dass es noch eine ganze Weile dauern würde. Man nannte uns auch den Grund: Er hatte in Zaragoza Halt gemacht, um – auf der Station für Brandverletzte des Miguel-Servet-Krankenhauses – eine seiner Töchter zu besuchen, die Ende Januar einen schweren Unfall gehabt und dabei am ganzen Körper Verbrennungen erlitten hatte. Es ging ihr nach wie vor sehr schlecht. Sie lag isoliert. Don Alvaro unterhielt sich mit ihr über ein Telefon, und sie sah ihn durch eine Glasscheibe. Er versicherte ihr, dass er für sie bete, seit die Nachricht von dem furchtbaren Unfall ihn in Rom erreicht habe, und dass er sich auf sie und ihre Schmerzen, die sie aufopferte, stütze, um die apostolische Arbeit auf der ganzen Welt voranzubringen. Ihr Name war Camino Sanciñena. Sie studierte damals Jura und berichtete später im *Diario de Navarra* vom 5. April 1994: »Es gibt Momente, in denen es schwierig ist, sich eine positive Einstellung zu bewahren, besonders dann, wenn sich durch einen Unfall dein ganzes Leben ändert (...). Der Vater sagte mir, der Schmerz sei eine Liebkosung Gottes, auch wenn das schwer zu ver-

162

stehen ist. Er sagte es allen Ernstes. Er sagte es mit solchem Nachdruck, dass man sich auf seiner Welle emportragen lassen konnte. Einer Welle des Glaubens.«

Natürlich habe ich seine Zuneigung auch unmittelbar erfahren. Don Alvaro kümmerte sich auch um die einfachsten Dinge. Sein aufmerksamer Blick richtete sich auf Kleinigkeiten, die sonst niemandem auffielen. Anfang August 1988 scherzten wir beim Frühstück über meine unverkennbare Morgenmuffligkeit, und ich erzählte in diesem Zusammenhang, dass beim Rasieren kein warmes Wasser mehr da gewesen sei; ich hatte mich mit kaltem Wasser einseifen müssen; nach dem Rasieren drehte ich erneut den Warmwasserhahn auf – mein *Autopilot* ging davon aus, dass das Wasser nach wie vor kalt war – und musste erneut den Wasserhahn wechseln, weil ich mich um ein Haar verbrannt hätte. Ich erzählte dies, weil ich es für ein Missgeschick meinerseits hielt, und so verstanden es auch alle anderen. Don Alvaro aber fragte mich ganz nebenbei, um wie viel Uhr ich mich denn rasiert hätte. Ich rechnete nach und antwortete:

»Um zehn nach sieben.«

»Das muss ich gewesen sein«, bemerkte er.

Am folgenden Tag erkundigte sich Don Alvaro erneut nach dem Wasser. Es war alles normal gewesen. Daraufhin schlussfolgerte er:

»Dann lag es wirklich an mir.« Er hatte herausgefunden, dass ich exakt zu dem Zeitpunkt begonnen hatte, mich zu rasieren, als er im Zimmer darunter – in einem Haus, das Anfang des Jahrhunderts erbaut worden war – warmes Wasser einlaufen ließ, weil die Ärzte ihm das damals geraten hatten. Und dann beschämte er mich dadurch, dass er sein morgendliches Bad auf einen früheren Zeitpunkt verschob, um mich nicht beim Rasieren zu stören.

Die ersten Nutznießer von Don Alvaros liebevoller Art waren logischerweise die Mitglieder des Opus Dei und noch direkter diejenigen, die ihm besonders nahe waren oder mit ihm zusammenlebten. Zuneigung war für ihn nichts Selbstverständliches: Er erwies sie auf ganz praktische Weise. Eine besondere Vorliebe – auch darin folgte er den Spuren des Gründers – hegte er für diejenigen, die sich beruflich um die Hauswirtschaft der Zentren der Prälatur kümmerten. Eines Nachmittags im Frühsommer 1987 oder 1988 berichtete der italienische Fernsehsender RAI, dass man für die Region Latium eine Hitzewelle erwarte. Wenige Minuten später erkundigte er sich telefonisch, ob man auch daran gedacht hätte, Vorsorge zu treffen, damit eine seiner Töchter, die erst vor kurzem einen Herzinfarkt erlitten hatte, nicht zu sehr unter der Hitze leiden müsse. Obwohl es ihr schon wieder besser ging, schlug Don Alvaro vor, dass sie einige Tage von Rom nach Casale d'Ocre übersiedeln könne, einen Ort in den Abruzzen, wo es kühler war.

1990 konnte ich aus nächster Nähe miterleben, welche Fürsorge Don Alvaro gegenüber Javier Echevarría und Francisco Vives, seinen beiden Vikaren in der Prälatur, an den Tag legte, die sich beide im Sommer einem schweren chirurgischen Eingriff unterziehen mussten. Er ertrug diese schwere Zeit mit übernatürlichem Sinn. Und mit Humor: Als er von Madrid aus nach Rom aufbrach, bat er uns, für seine beiden Vikare zu beten, die er so *ramponiert* in Pamplona zurückgelassen habe ...

In solchen Situationen war seine Haltung einfach bewundernswert, die, wie er selbst es zusammenfasste, aus drei Grundelementen bestand:

- sich ganz und gar den Händen Gottes überlassen, ohne dabei die menschlichen Möglichkeiten aus dem Blick zu verlieren;

- sich in seiner Zuversicht und guten Laune nicht erschüttern lassen;

- beständig menschliche Zuneigung zeigen.

Gleichzeitig betonte er, dass Krankheiten ein enormer Reichtum sind. Wenn der Papst auf die *Kraft* des Opus Dei anspielte, dachte er dabei vor allem an die Kranken, die Gott ihre Leiden und sogar ihr Leben für seine Anliegen aufopferten:

»Das ist eine beeindruckende spirituelle Energie, und«, so schloss er scherzhaft, »wir wären verrückt und reif für die Anstalt, wenn wir sie nicht nutzen würden.«

Den Mitgliedern des Werkes in Pamplona war er für ihren

Einsatz in der Krankenpflege besonders dankbar. Schon seit geraumer Zeit kamen alle, die ernsthaft krank waren, in die Universitätsklinik von Navarra. Neben Ärzten und Krankenschwestern waren viele andere Personen für die Patienten da und teilten ihre Leiden und ihre Freuden. Don Alvaro dankte ihnen ein ums andere Mal, unter anderem auch in seinen Briefen an den Vikar in der Delegation von Pamplona: »Macht so weiter, meine Töchter und Söhne«, schrieb er im Mai 1988 an Juan Domingo Celaya, »und gebt alles in eurer liebevollen Sorge um die Kranken: Das ist ein ungeheuer wichtiges und Gott wohlgefälliges Apostolat, und es ist notwendig, um den familiären Geist des Opus Dei, die Garantie unserer übernatürlichen Wirksamkeit, aufrechtzuerhalten.«

Wenn er sich in der Klinik untersuchen ließ, nutzte er immer die Gelegenheit, die Mitglieder des Werks, die dort stationär behandelt wurden, zu besuchen, um ihnen Zuspruch und Hoffnung zu bringen. Selbst den hoffnungslosen Fällen riet er, um das Wunder ihrer Genesung zu beten. Und uns alle forderte er auf, für sie zu beten, damit ihnen die Gegenwart Gottes und die Freude erhalten bleibe.

Wie der Gründer machte er immer wieder deutlich, dass die Kranken der *Schatz des Opus Dei* seien: nicht nur, weil die Krankheit ein *christliches Gut* ist, sondern auch wegen der spirituellen Energie, die die Leidenden für die anderen gewinnen können, indem sie sich in der *beruflichen Arbeit* ihres Krankseins heiligen. In diesem menschlich und theologisch überaus bedeutsamen Kontext erklärt sich auch seine große Wertschätzung für die Klinik der Universität Navarra, der er – im übernatürlichen Sinne – die Wirkkraft einer Atombombe zuschrieb, weil es dort soviel Leid, Gebet, Liebe und Freude gab. Als man am 28. Januar 1995 den akademischen Akt *in memoriam* des verstorbenen Großkanzlers beging, brachte die Vizerektorin der Universität Navarra, Prof. Natalia López Moratalla, dies mit folgenden Worten zum Ausdruck: »In der Klinik erregten zwei Dinge seinen heiligen Neid: die von Frauenhänden dort geleistete Arbeit und das Leid der Kranken und insbesondere der Kinder.«

Auch die Liebe zu seiner Familie stach in Don Alvaros Gefühlswelt hervor. Ich lernte Tomás Niño und Pilar del Portillo in Segovia kennen, als ich einen Teil des Sommers an der Plazuela de la Merced bei meiner Großmutter Piedad verbrachte. Ihr ältester Sohn, José Ramón, war in meinem Alter. Sie wohnten ganz in der Nähe, die Calle de Daoíz hinunter, gegenüber der Esplanade des Alcázar. Das Beispiel ihres Bruders Alvaro – das dadurch bestätigt wurde, dass sich auch einige ihrer Söhne Gott weihten – hat Pilar del Portillo davon überzeugt, dass »die volle Hingabe des Herzens an Gott niemanden von seinen Eltern oder Geschwistern trennt. Ganz im Gegenteil. Das sind die Kinder, die ihren Eltern am nächsten stehen; zumindest ist das meine Erfahrung.« Und sie erinnert sich gerne daran, wie sehr Alvaro sie alle liebte: mit einer tiefen Zuneigung und ohne Sentimentalität:

»Er vergaß keinen Namenstag, kein Familienfest, keinen Geburtstag ... Und wenn er bei uns war, dann genoss er es sichtlich: Er erkundigte sich nach diesem und jenem, plauderte, scherzte liebevoll ...«

Natürlich interessierte er sich auch lebhaft für die Verwandten der Mitglieder des Werkes. In Ländern mit einer christlichen Minderheit kam es vor, dass die Eltern von Gläubigen der Prälatur nicht getauft waren. Don Alvaro riet ihnen, sie sehr zu lieben, sie zu respektieren, sie zu ehren. Im Februar 1987 sagte er in Nagasaki zu einer Frau, deren Eltern Buddhisten waren:

»Dass dir der Glaube geschenkt worden ist, war sicherlich der Wille Gottes. Doch deine Eltern haben dir den Weg geebnet, weil sie ihre Überzeugungen aufrichtig gelebt haben. Vielleicht war es ihnen gar nicht bewusst, dass sie aus dir einen religiösen Menschen gemacht haben, der fähig ist, die Saat des Glaubens aufzunehmen. Du kannst deinen Eltern nichts beibringen, sondern musst sie mit großem Respekt und großer Liebe behandeln. Das Einzige, was du für sie tun kannst und tun musst, ist, für sie zu beten.«

Und als ihn später eine Medizinstudentin nach dem Ursprung des Glücks fragte, fügte er hinzu:

»Sie müssen sehen, dass du glücklich und zufrieden bist. Dann werden sie sich fragen: Wie kommt es, dass unsere Tochter glücklicher ist als vorher? Vielleicht fragen sie dich sogar danach. Ich bitte Gott darum, dass sie es tun. Dann wirst du ihnen sagen können: Das liegt am christlichen Glauben. Und für diesen Glauben stehst du ein: mit deinem vorbildlichen Fleiß und Engagement, mit deiner Bereitschaft, ihnen in allem zu dienen, und indem du ihnen beweist, dass du sie liebst und ihnen hilfst.«

An diesem Beisammensein nahm die Schwester eines Opus-Dei-Mitglieds teil, das damals außerhalb von Japan arbeitete. In einem Brief schilderte sie ihm ausführlich, welchen Eindruck Don Alvaro auf ihre Eltern gemacht hatte: »Er war sehr herzlich, doch gleichzeitig sehr anspruchsvoll, *subtil* (eindringlich) und würdig, und er hatte ein ganz besonderes Leuchten in den Augen.« Und dann vertraute sie ihm an: »Trotz der vielen Leute in dem Beisammensein spürte ich, dass der Vater mich ganz persönlich ansprach, Auge in Auge, dass er sich in meinem Herzen festsetzte und mir die Tiefe und den anspruchsvollen Maßstab seines Lebens übermittelte.«

Gerade weil Don Alvaro so an seinen Kindern hing und so viele Menschen in seine väterliche Zuneigung einbezog, erreichten ihn häufig Nachrichten über Sterbefälle. Dann betete er ein Responsorium – das traditionelle christliche Gebet für die Verstorbenen –, ganz gleich, wo er gerade war. Das war seine erste Reaktion: Erst danach erkundigte er sich nach der Todesursache oder den Angehörigen.

Zum ersten Mal habe ich diese Angewohnheit im August 1976 beobachtet, als die Nachricht vom Tod einer Frau aus dem Opus Dei eintraf, die in der Universitätsklinik von Navarra gelegen hatte. Wenige Tage zuvor hatte Don Alvaro ihr einen ausführlichen Brief geschickt, den sie auch noch beantwortet hatte, obwohl ihr das Schreiben bereits schwerfiel. Alles ging sehr schnell: Am Morgen hatte sie die Kommunion empfangen, dann den ›Engel des Herrn‹ gebetet und war wenig später nach einem sehr kurzen Todeskampf gestorben. Nachdem er das Responsorium gebetet hatte, vertraute Don Alvaro uns an, dass er sie am selben Vormittag mit dem Gebet auf dem Andachtszettel der Fürsprache des Gründers beim Herrn *nominatim* empfohlen hatte.

Am frühen Morgen des 15. September 1978 starb in Segovia ganz unerwartet mein Vater. An jenem Tag, an dem die Kirche das Gedächtnis der Schmerzen Mariens begeht, jährte sich gleichzeitig zum dritten Mal der Tag der Wahl Don Alvaros. Da ich wusste, dass der Regionalvikar des Werkes in Spanien ihn am Abend in Rom anrufen würde, schlug ich ihm vor, den Tod meines Vaters nicht zu erwähnen, um ihn an einem eigentlich so freudigen Tag nicht traurig zu stimmen. Als der Regionalvikar anrief, war Javier Echevarría am Apparat; er hörte sich den Vorschlag an, ging jedoch nicht darauf ein. Einige Tage später erklärte er mir: »Er war dir sehr dankbar für deine Absicht, ihm nichts zu sagen, aber er war noch viel dankbarer dafür, dass wir es ihm doch gesagt haben, weil er dich so gleich von Anfang an hat begleiten können: mit der Kraft, mit der wir im Werk einander lieben, und mit seiner besonderen Kraft als Vater.«

Danach erhielt ich einen handschriftlichen Brief von Don Alvaro, der vom 16. datierte. Auf einem Blatt, das auf beiden Seiten mit seiner unverwechselbaren, großzügigen, feinen und geschwungenen Handschrift bedeckt war, schrieb er mir: »Heute Abend hat mir Don Florencio die schmerzliche und unerwartete Nachricht vom Tod Deines lieben Vaters mitgeteilt. Ich habe sofort begonnen, für die ewige Ruhe seiner Seele zu beten, und die traurige Neuigkeit an alle im Rat weitergegeben, damit sie sich Deinen und meinen Gebeten anschließen. Ich werde auch weiterhin beten – heute war es in der heiligen Messe –, obwohl ich hoffe, dass die göttliche Barmherzigkeit die Rechtschaffenheit Deines Vaters bereits belohnt hat und er daher keine Gebete mehr benötigt (…).

Sei getrost und bleibe heiter; hilf Deiner Familie, mitten in diesem so großen Leid den Frieden nicht zu verlieren; opfere den Schmerz dieser schweren Stunde auch für mich auf und vereinige dich mit den Anliegen meiner Messe. Ich für meinen Teil werde Euch – Dich, Deine liebe Mutter und die Deinen – besonders in dieser Zeit von ganzem Herzen begleiten (…).«

Am 9. Juni 1991 beendete ich eine Arbeitsphase am Zentralsitz des Opus Dei. Früh am Morgen rief Don Alvaro mich über das Haustelefon an, um mich über den unerwarteten Tod von Luis Jesús Soto zu informieren, einem Mitglied des Delegationsrates des Werkes in Sevilla. Er sagte mir, dass wir einen neuen Fürsprecher im Himmel hätten, dass dies jedoch ein sehr harter Schlag sei. Und dass es ihn sehr ergriffen habe zu hören, dass Luis Jesús in seinen letzten Stunden alles für den Vater und das Werk aufgeopfert habe.

Kaum zwei Stunden später war ich in seinem Arbeitszimmer, als man ihm bereits die Schreibmaschinenfassung seines Briefes brachte, den er aus diesem Anlass an Tomás Gutiérrez, den Regionalvikar von Spanien, geschrieben hatte. Fast gleichzeitig erreichte ihn die Nachricht, dass in Pamplona der Priester und Professor für Kirchenrecht Eduardo Labandeira gestorben sei. Daraufhin fügte Don Alvaro seinem Brief an den Regionalvikar folgenden Abschnitt hinzu: »Gerade hatte ich voller Trauer und doch voller Frieden diese Zeilen geschrieben, als mich die neue Hiobsbotschaft von Eduardos Tod erreicht. Was soll ich Euch sagen? Dass ich mich rückhaltlos den Händen der Allerheiligsten Dreifaltigkeit überlasse; dass ich diese Kreuze ergeben annehme, denn ich bin überzeugt, dass dies die einzig angemessene Reaktion ist; und dass ich den Herrn bitte, uns zu helfen, damit wir den Kampf um die Heiligkeit lieben, wie unser Vater und die vielen anderen Männer und Frauen, die uns vorangegangen sind, es getan haben.« Wieder sah ich Don Alvaro zutiefst betroffen – und doch von Frieden erfüllt – angesichts dieser Lücke, die der Verlust seiner Söhne hinterließ.

Er *gewöhnte sich* nie an diese Nachrichten, obwohl sie so häufig waren, weil – wie er bemerkte – »wir schon so viele sind«. Sein Herz gewöhnte sich nicht daran, obwohl er sich völlig den Händen des göttlichen Vaters überließ. Anfang September 1991 verbrachte er nach den Priesterweihen in Torreciudad ein paar Tage in Pamplona. Als er kurz vor dem Abendessen von einigen Krankenbesuchen zurückkehrte, erreichte ihn die traurige Nachricht vom Tod zweier Frauen des Werkes in den Vereinigten Staaten. Nachdem er für sie gebetet hatte, sagte er:

»Nach einer großen Freude kommt immer ein großer Schmerz, was soll man da tun? Das sind Stockschläge – Liebkosungen – Gottes.«

Im Laufe meiner Zeit im Opus Dei habe ich mich gelegentlich gewundert, wenn Menschen negativ darauf reagierten, dass in Fragen des Glaubens, der Spiritualität und des Apostolats unter den Gläubigen der Prälatur vollkommene Einigkeit herrscht, während sie ansonsten, was Mentalität, Kultur und soziales Umfeld betrifft, denkbar unterschiedlich sind. Es gibt einen starken gemeinsamen Nenner; ansonsten aber sind wir uns, wie der Gründer zu sagen pflegte, nur darin einig, dass wir uns nicht einig sind: Es lebe die Freiheit! Die juristische oder verwaltungstechnische Organisation löst sich – *unorganisiert* – in zutiefst menschliche, sympathische und freie Züge auf. Verbindlich wie eine Rechtsverpflichtung und dringlich wie ein militärisches Engagement besitzt die Zugehörigkeit zum Werk doch gleichzeitig auch den liebevoll freiwilligen Charakter einer Familie.

Ein Stein des *Anstoßes* war immer wieder die effektive und affektive Einheit mit dem, der das Werk *leitet* – eine Einheit, die vielleicht nicht böswillig, aber doch ungerechtfertigt zuweilen sogar als ›Persönlichkeitskult‹ interpretiert worden ist. Ich jedenfalls kann bezeugen, dass Alvaro del Portillo allein schon aufgrund seiner charakterlichen Veranlagung von einer derartigen Haltung weit entfernt gewesen ist.

In Don Alvaro fanden die Mitglieder des Opus Dei wieder neu die Tatsache bestätigt, dass der Prälat – und nicht nur der Gründer – vor allem ihr Vater ist und dies immer sein wird, und mit diesem Namen wird er, wie es in den Statuten der Prälatur festgeschrieben ist (Nr. 130, § 1), auch üblicherweise angesprochen. Außerdem macht diese Namensgebung deutlich, dass es in einer Familie keinen Raum für falsche Gegenüberstellungen von Person und Institution, von Gehorsam und Freiheit gibt. Sie hebt den Primat der Person hervor, auch wenn die Arbeit schwerfällt oder es an spürbarer Begeisterung fehlt. Und diese Realität wurzelt nicht in soziologischen oder intellektuellen Gegebenheiten, sondern erwächst aus einer tiefen spirituellen Wirklichkeit und äußert sich in gegenseitigem Vertrauen und in offener Anerkennung der Würde des anderen.

Mit dieser *Menschlichkeit* hat Don Alvaro sein kirchenrechtliches Amt ausgefüllt. Über die verschiedenen juristischen und seelsorglichen Zuständigkeiten hinaus – die unter Ziffer 132, § 3 der Statuten der Prälatur beschrieben sind – war er ein Lehrer und ein Vater, der alle mit dem Herzen Christi wahrhaft liebte, mit brennender Liebe formte und entzündete und freudig sein Leben für sie hinschenkte. Das war sein Daseinsgrund, die Mitte all seiner Tage, der Kern seiner Arbeit und seines Gebets. Seit 1975 wurde sein Herz immer größer und wuchs seine Liebe spürbar von Tag zu Tag.

Gleichzeitig drängte er immer wieder und ohne Unterlass darauf, diese familiäre Atmosphäre zu stärken, die für die unverwechselbare und selbstverständliche Entfaltung jeder einzelnen Persönlichkeit unabdingbar ist. Das wusste er. Doch es bewegte ihn, Tag für Tag bestätigt zu finden, dass das Opus Dei eine kompakte Familie war: »Der Zement, der uns jeden Tag mehr zusammenkittet«, schrieb er am 7. November 1976 an den Regionalvikar des Werkes in Brasilien, »ist die Liebe Gottes und der Geist, den unser Vater so vollkommen verkörpert und mit unglaublicher Treue weitergegeben hat: Und dieser Zement wird nie auseinanderbrechen, wenn wir alle darum kämpfen, gute Söhne zu sein.«

Covadonga O'Shea fragte Javier Echevarría, was das Wichtigste gewesen sei, das er von Bischof del Portillo gelernt habe:

»Ohne jeden Zweifel die Formbarkeit und Einfachheit. Ich habe nie einen Menschen kennengelernt, der den anderen so zur Verfügung stand wie Don Alvaro. Wenn es je einen Menschen gab, der lieben konnte und dafür geliebt wurde, dass er den Lehren unseres Gründers folgte, dann war das Alvaro del Portillo« (in der Wochenzeitschrift *¡Hola!*, Madrid, 5. Mai 1994).

Und so war es bis zum Ende seines Erdenlebens. In einer kurzen eigenhändigen Notiz vom 7. März 1994 hat Don Alvaro sich einige Gedanken aufgeschrieben, die er anlässlich seines goldenen Priesterjubiläums in einem Brief an die Gläubigen der Prälatur darlegen wollte. Nach der Treue zum Gründer kam die »Abscheu vor der Verbürgerlichung« und der feste Vorsatz, sie zu vermeiden: »sich helfen: brüderliche Zurechtweisung«. Und dann: »Je größer das Werk, desto einiger«. Und schließlich nach einer dankbaren Bemerkung zum Geist der Kindschaft ein einziges Wort, dick unterstrichen: »Brüderlichkeit«.

Man musste kein Mitglied des Opus Dei sein, um dies zu spüren. Der Schriftsteller Vittorio Messori, der Don Alvaro wenige Monate vor seinem Tod interviewt hatte, erklärte am 23. März 1994 gegenüber dem *Corriere della Sera*: »Er war wirklich ein Vater, wie sie ihn im Opus Dei nennen. Um ein Haar hätte ich bei ihm gebeichtet, statt ihm Fragen zu stellen.«

16

Eifer für die Seelen

Don Alvaros väterliches Gemüt wurde immer dann besonders deutlich, wenn er auf ein Thema zu sprechen kam, das er stets gegenwärtig hatte: das Apostolat.

»Seelen, meine Kinder, Seelen! Um uns herum leben so viele Menschen, die Christus noch nicht kennen und die darauf warten, dass ihr euch um sie kümmert: aufopferungsvoll, liebevoll.« In diesen Worten zeigt sich eine weitere von Don Alvaros Leidenschaften. Einmal – er sprach gerade von der Anbetung der Könige – rief er aus: »Wie kalt ist die Welt, meine Kinder! Wir müssen sie mit dem Feuer unserer verliebten Herzen wärmen!«

Er hatte dieses Anliegen so verinnerlicht, dass er im Februar 1988, als er gerade in Chicago angekommen war, auf die Frage nach seinem bevorzugten Stoßgebet halb im Ernst, halb im Scherz Folgendes antwortete:

»Ich beichte bei Don Javier und sehe keinen Anlass, eine öffentliche Beichte abzulegen. Ich sage dir jetzt in aller Form und im Angesicht dieser riesigen Stadt und dieses riesigen Landes, dass das, was unser Vater in *Der Weg* schreibt, ein sehr gutes Stoßgebet ist: *Jesus, souls! Apostolic souls! They are for you, for your glory!*« (»Jesus, Menschen! … Apostolische Menschen! Sie sind für dich, für deine Verherrlichung«, *Der Weg*, 804).

In seinen apostolischen Vorhaben zeigte er die Kraft und den Optimismus eines Menschen, der sicher ist, dass Gott wachsen lässt (vgl. 1 Kor 3,6). Er ermutigte alle, mit Realismus und positivem Geist zu arbeiten und sich nicht in fruchtlosen Klagen zu ergehen, wie er es nannte. Er glaubte fest an die übernatürliche Wirksamkeit der apostolischen *Mittel*, die der Gründer des Opus Dei mit der Hilfe Gottes eingeführt hatte. Im September 1975 schrieb er: »Ein Eifer für die Seelen, der nicht von Gebet und Buße vorbereitet, begleitet und gefolgt ist, ist ein bloß menschliches Bemühen, und wir sind nicht aus irdischen Motiven zum Opus Dei gekommen, sondern um eine göttliche Aufgabe zu erfüllen; nicht mehr und nicht weniger als das Werk Gottes.«

Ich erinnere mich, dass er sich im Sommer Jahr für Jahr und Tag für Tag immer wieder mit neuem Interesse nach der Arbeit erkundigte, die in der betreffenden Zeit an vielen Orten mit jungen Leuten geleistet wurde. Eine besondere Freude war es für ihn, wenn er eine Kontinuität zu den winterlichen Aktivitäten feststellen konnte, denn das hieß, dass es in der Ausbildung und Förderung der Jugend und derer, die sich um die Jugendlichen kümmerten, keine *Ferien* gab.

Anfang August 1977 referierte der Regionalvikar von Spanien beim Mittagessen kurz den Inhalt einiger Briefe, die er am Morgen gelesen hatte. Einer davon berichtete von einer recht stattlichen Anzahl von Jungen, die sich an den diesjährigen Sommeraktivitäten beteiligt hatten. Don Alvaro bemerkte:

»Das wird noch mehr werden, wenn wir nur treu sind.«

Gleichzeitig legte er Wert darauf, dass die Initiativen in jeder Hinsicht weite Horizonte eröffneten; so freute es ihn beispielsweise, wenn die Eltern direkt an den Bildungsaufgaben beteiligt waren, die sich an ihre Kinder richteten, oder wenn man sich auch um die Familien derer kümmerte, die an diesen Aktivitäten teilnahmen. Er war zutiefst von der apostolischen Wirksamkeit dieser *Verflechtung* der apostolischen Arbeit überzeugt. In Übereinstimmung mit dem Lehramt der Kirche unterstrich er die Notwendigkeit, das menschliche und christliche Potential der Familie auszuschöpfen.

In jenen Jahren wuchs die Zahl der Initiativen zur sozialen Förderung in praktisch allen Zentren des Werkes und insbesondere in den ländlichen Gebieten. Damals wurde in der Presse fast nichts über diesen *freiwilligen Dienst* geschrieben, der jetzt, Mitte der neunziger Jahre, da ich diese Zeilen schreibe, so *en vogue* ist. Doch auch in diesem Bereich haben Angehörige des Opus Dei mit ihrem sachlichen und großzügigen Solidaritätsverständnis Pionierarbeit geleistet: Sie drangen in unbekannte und abgelegene Gebiete des

Landes vor, um ihren Landsleuten zu helfen, und erzählten in ihren Briefen mit großem Taktgefühl die haarsträubendsten Anekdoten. Bei Don Alvaro lösten diese Berichte starke Emotionen aus: Er fieberte mit seinen Söhnen mit und dankte Gott für das *kapillare Apostolat* – so sagte er immer –, das sich in diesen Briefen widerspiegelte.

Niemals versäumte er es, auf die Praxis der Werke der Barmherzigkeit zu drängen, die im Opus Dei von Anfang an geübt wurden: »Wir alle müssen, soweit möglich, zu den Menschen in Kontakt treten, die leiden, zu den Kranken, zu den wirklich Armen, zu denen, die allein und von allen verlassen sind.« Und dann fügte er hinzu, wobei er den Gründer fast wörtlich zitierte, dass dort »unser Reichtum« liege, »um die Arbeit auszuweiten; unser Schatz, um uns noch mehr in Gott zu verlieben und unsere Berufung zu stärken; unsere Kraft – die Kraft Gottes –, um zu siegen«.

Aus tiefster Seele lebte er jenes große Anliegen des Opus-Dei-Gründers: »Von hundert Seelen interessieren uns hundert.« Im Februar 1976 erzählte ihm Mike, ein Nordamerikaner, der im Römischen Kolleg vom Heiligen Kreuz studierte, das un *indio rojo*, ein roter Indianer, um die Admission ins Werk gebeten habe. Don Alvaro erklärte ihm liebevoll, dass der spanische Ausdruck *piel rojo*, Rothaut, laute und fügte hinzu:

»Wir haben dich genau verstanden; doch daran ist gar nichts Besonderes: Wir gehören alle derselben Rasse an, der Rasse der Kinder Gottes; weiß oder rot oder kupferfarben oder olivfarben, wir alle sind Kinder Gottes! Und es ist auch gleichgültig, aus welcher Gesellschaftsschicht wir kommen oder welche intellektuelle Bildung wir erhalten haben.«

Und dann nutzte er die Gelegenheit, um folgendes zu erzählen:

»Gestern habe ich einen Brief von einem Hirtenmädchen erhalten, das nicht im Werk ist. Sie schrieb sehr gut, Rechtschreibung und Satzbau waren völlig korrekt. Sie erzählte mir, dass sie eine EFA (*Escuela Familiar Agraria*, ›Landwirtschaftsschule‹) besucht und Kühe hütet: Sie ist eine Kuhhirtin. Etwas Einfacheres gibt es kaum! Dann aber fügte sie einige Gedanken an, die mich in Erstaunen versetzten, denn der Heilige Geist hatte die Hand dieser Tochter Gottes geführt. Sie sprach von ihrer Zuneigung zu unserem Vater und von den Opfern, die sie bringen muss, um an den monatlichen Einkehrtagen teilnehmen zu können, denn sie kümmert sich um ihre kranke Mutter und kann nicht lange fortbleiben … Sie erzählte mir, dass sie nicht vom Werk sei, unseren Gründer aber wie einen Vater liebe; so sehr, dass sie sich, wenn sie um die Admission ins Werk bitten sollte, wie eine postume Tochter fühlen würde; und dann erklärte sie mir, dass sie den Vater zu seinen Lebzeiten nicht habe kennenlernen können, ihn aber lieb gewonnen habe, weil ihre älteren Schwestern ihr von ihm erzählt hätten. Ist das nicht wunderbar? Von einem Hirtenmädchen geschrieben, und doch ein so deutlicher Beweis für das Wehen des Heiligen Geistes. Und wir bilden uns so viel auf unser Wissen und unser Studium ein …«

Der allumfassende apostolische Eifer war offenkundig. Er hatte von Josemaría Escrivá gelernt, in den Menschen, die er traf, Seelen zu sehen, auch wenn er nicht mit jedem Einzelnen sprechen konnte: wenn er zum Beispiel im Auto unterwegs war oder aus reiner Höflichkeit alle grüßte, die ihm auf einem Spaziergang durch die Felder begegneten. Er dachte an ihre spirituellen und menschlichen Bedürfnisse und betete für sie. Das konnte man an den Bemerkungen erkennen, die er gelegentlich machte.

Bei verschiedenen Reisen konnte ich aus nächster Nähe beobachten, dass er für die Personen, mit denen er zusammentraf, als Mensch und als Christ immer ein gutes Wort hatte. Er kam leicht mit ihnen ins Gespräch, interessierte sich direkt für ihre Angelegenheiten und schuf sofort ein Verhältnis von beiderseitiger Herzlichkeit. Damals verstand ich, warum Josemaría Escrivá im Zusammenhang mit Don Alvaro so oft von seiner »Fähigkeit, die Leute zu überzeugen«, gesprochen hatte.

Denis Saint-Maurice hat dies am 1. Mai 1994 im Montrealer *L'Informateur* auf den Punkt gebracht: »Seine Identifikation mit der Botschaft des Opus-Dei-Gründers, seine Demut und seine große Liebenswürdigkeit haben ihm unzählige Freunde gewonnen.

Er hatte wahrhaftig das Talent, sich für alle seine Gesprächspartner zu interessieren – wer immer es auch jeweils sein mochte –, und die Herzen öffneten sich ihm, ohne zu zögern.«

Wenn er in Spanien auf die Straße trat, kam es sehr oft vor, dass ihn die Leute erkannten, und er nahm sich für jeden Einzelnen Zeit und ging aufmerksam auf ihn ein. Die Menschen waren bewegt von seiner Aufgeschlossenheit und natürlich auch von seinem seelsorglichen und apostolischen Geist. Und Don Alvaro dankte Gott, denn das zeigte ihm, wie weit das Opus Dei in den unterschiedlichsten Bereichen verbreitet war.

Am 28. Januar 1985 rief Don Alvaro von Madrid aus bei Juan Domingo Celaya, dem Delegationsvikar der Prälatur in Pamplona, an. Er wollte ihm für seine Aufmerksamkeit während seines Aufenthalts dort danken und ihn bitten, sich um einen Jungen zu kümmern, der in der Universitätsklinik von Navarra lag. Er war etwa zwölf Jahre alt, litt an Diabetes und musste sich einem chirurgischen Eingriff unterziehen. Eines Nachmittags war er ihm auf dem Flur der Station begegnet und hatte ihm erzählt, dass er am nächsten Tag operiert werden würde. Daraufhin hatte Don Alvaro ihm versprochen, ihn zu besuchen. Als er am folgenden Tag gegen viertel vor drei unterwegs zum Besuch beim Allerheiligsten in der Klinikkapelle war und am Zimmer des Jungen vorbeikam, hörte er ihn weinen: Er kämpfte gegen den Schlaf, denn nach der Operation war er müde, wollte aber nicht einschlafen, ehe Don Alvaro nicht da gewesen war. Don Alvaro trat ein, sprach einige Worte, der arme Junge hörte auf zu weinen und schlief zufrieden ein.

Am folgenden Morgen durfte er bereits wieder aufstehen und sagte zu Don Alvaro:

»Sehen Sie nur, wie gut es mir geht: Das war Ihr Gebet.«

Später sagte er zu Don Alvaro, dass er gerne ein Bild für ihn malen würde (er konnte sehr gut malen und hatte sogar einen Preis bei einem nationalen Wettbewerb gewonnen). Sie einigten sich auf ein Bild von der Muttergottes. Wenn es fertig war, sollte eine Krankenschwester es zu Don Alvaro bringen. Don Alvaro sagte ihm, dass er Pamplona vielleicht schon am nächsten Tag verlassen müsse, doch der Junge ließ sich nicht beirren:

»Ich schicke es ihnen auf jeden Fall.«

Don Alvaro erzählte uns dieses Gespräch in Madrid und bemerkte abschließend:

»Er tat mir leid. Der arme Junge war so traurig.«

Deshalb gab er Juan Domingo den Auftrag, sich weiterhin gut um ihn zu kümmern.

Nach seinen Aufenthalten in Solavieya verabschiedete sich Don Alvaro immer sehr ausgiebig von Emilio de Francisco, der für die Instandhaltung zuständig war, und von Manolo Lougedo, dem Gärtner. Noch Jahre später erinnerte Manolo sich daran, dass er sich schon früh wie ein Familienmitglied fühlte, weil Don Alvaro selbst ihn vom ersten Tag an so behandelt hatte. Wenn er abreisen musste, umarmte er ihn, obwohl Manolo protestierte, denn er war von der Arbeit ganz verschwitzt:

»Eine herzliche Umarmung, Wange an Wange, und er ekelte sich nicht vor einem, auch wenn man geschwitzt hatte. Ich hielt mich ja bei der Umarmung zurück, weil ich schmutzig war, aber er kein bisschen, er drückte mich herzlich an sich, obwohl er dabei meinen ganzen Schweiß abbekam.«

Manolo war beeindruckt, wie sehr sich Don Alvaro für seine Familie interessierte: seinen Vater, seine Frau, seine Kinder. Er fragte nach ihren schulischen Leistungen, aber auch nach dem Sohn, der Fußball spielte und hoffte, einmal bei Sporting de Gijón unterzukommen …

»Er sprach mit mir«, so fasst Manolo zusammen, »als ob wir miteinander aufgewachsen wären.«

Ohne sich bedienen zu lassen, beeinflusste Don Alvaro mit dem Beispiel seiner Güte auch Manolos Leben:

»Wenn er sich mit mir unterhielt, machte mich das sehr froh und zufrieden. Du bist voll von diesen Worten, sie setzen sich in dir fest, und du vergisst sie nie. Er brachte einen zum Beten. Er hat mir oft gesagt, ich könnte Gott dankbar sein für meine Familie, für meine Frau und für meine *prächtigen* Kinder, und ich sollte für sie beten und Gott auch meine Arbeit für sie aufopfern.«

1989 erfuhr Don Alvaro, dass Manolo schwer erkrankt war. Er konnte zwar noch arbeiten, wurde aber auf Teilzeitbasis von einem zweiten Gärtner unterstützt. Don Alvaro informierte uns und bat uns, für ihn zu beten. Tag für Tag schloss er ihn in sein Gebet mit ein, und wenn wieder eine Untersuchung anstand, erkundigte er sich, was die Ärzte gesagt hätten. Diese kurzen und herzlichen Gespräche fanden normalerweise am späten Vormittag statt, wenn Don Alvaro nach vier Stunden Arbeit in den Garten des Landhauses hinunterging, um den Rosenkranz zu beten.

»Ich bin sicher«, erinnerte sich Manolo 1995, »dass er dort jeden Tag für mich gebetet hat, ganz sicher, denn er hat es nie versäumt, für seine Familie zu beten, und wir gehörten zur Familie, das hat er mir selbst gesagt; und dann auch für die anderen Kranken. Und jetzt noch mehr, denn er ist mein Freund, und ich bitte ihn um viele Dinge.«

Noch eine weitere Szene hat sich mir tief eingeprägt. Es war am 3. September 1991, früh am Morgen in der Nähe von Torreciudad. Don Alvaro war mit dem Auto nach Pamplona unterwegs. Ich fuhr mit Don Joaquín Alonso in einem zweiten Wagen hinter ihm. Viele Menschen winkten ihm im Vorbeifahren auf der Esplanade des Wallfahrtsortes, neben den Eingangstoren der Einfriedung oder auf der Straße, die zum See hinabführt, zu. Doch der Wagen hielt erst an einem Kreuz auf der Höhe von El Poblado. Dort stand eine gestikulierende Frau mit einem in Silberpapier gewickelten Rosenstrauß im Arm, den sie Don Alvaro offenbar schenken wollte. Sie war sehr gepflegt und gekleidet wie jemand, der häuslichen Arbeiten nachgeht. Ich hörte später, dass sie als Köchin in El Poblado arbeitete. Ich sah, wie Don Alvaro das Fenster herunterließ. Nach einem sehr kurzen Gespräch kniete die Frau auf der Straße nieder, küsste ihm die Hand und winkte zum Abschied, wobei sie die Rosen mit der anderen Hand festhielt. Als wir in Pamplona ankamen, erfuhr ich, dass die Frau Don Alvaro die Blumen zum

Dank für all das Gute hatte schenken wollen, das er ihrer Seele und ihrer Familie durch das Opus Dei getan hatte. Außerdem wollte sie ihn bitten, für einen ihrer Söhne zu beten. Don Alvaro nahm die Rosen dankbar an, bat die Frau jedoch, da sie ja nun ihm gehörten, sie in seinem Namen zur Gottesmutter zu bringen und dort gläubig für ihren Sohn zu beten, denn sie könne sicher sein, dass das Gebet einer Mutter vor Gott überaus mächtig ist.

Ich habe mich so lange bei diesen Begegnungen aufgehalten, weil ich sie selbst erlebt habe und von der herzlichen Beziehung beeindruckt war, die zwischen Don Alvaro und diesen ganz normalen Menschen bestand. Daneben war aber auch seine tiefe Freundschaft mit großen, zum Teil wirklich herausragenden Persönlichkeiten wie den Päpsten Paul VI. und Johannes Paul II. oder Francesco Cossiga – dem früheren Präsidenten der Republik Italien – oder auch den zahlreichen Kardinälen, Erzbischöfen und Bischöfen bekannt, die ihn mit Freuden bei sich aufnahmen oder ihn besuchten, wenn er sich in Köln oder Prag, in Mexiko oder New York, in Manila oder Singapur, in Nagasaki oder Hongkong aufhielt. Wie Kardinal Bernard Law, der Erzbischof von Boston, es in seiner Predigt vom 25. März 1994 formulierte: »Ich bin in Rom viele Male in den Genuss seiner Gastfreundschaft gekommen. Er war außerordentlich herzlich: An seiner Seite hatte ich immer das Gefühl, zuhause zu sein.«

Don Alvaro war wirklich für andere da und schenkte allen seine Zuneigung. Im Mai 1987 erzählte er in Rom von einer Begebenheit, die sich wenige Tage zuvor in einem südeuropäischen Land zugetragen hatte. Ein Betrunkener taumelte auf ihn zu, überrascht, in seinem Heimatort katholische Priester über die Straße gehen zu sehen. Um ihm die Sache rasch zu erklären, gab Don Alvaro ihm einen Gebetszettel von Josemaría Escrivá, auf dem kurz und klar auch auf das Opus Dei Bezug genommen wird. Dann bat er ihn, für sie zu beten. Der andere war noch schlagfertig genug, um ihm zu antworten, dass er nie bete. Don Alvaro sagte zu ihm, dass Gott ein Vater ist, der sehnsüchtig auf das Gebet und die Bitten seiner

Kinder wartet. Da wurde der Mann – innerhalb seiner Möglichkeiten – nachdenklich und erklärte:

»Ja, ich bete, ich werde für Sie beten.«

Don Alvaros herausragende Fähigkeit, sich Freunde zu machen, beruhte auch auf der Aufrichtigkeit und Klarheit seiner Worte. Im Januar 1987 besuchte er das *Warrane College* in Sydney. Ein Student berichtete ihm, das *College* sei in die Kritik geraten, weil die Studenten auf ihren Zimmern keinen Mädchenbesuch haben durften. Don Alvaro erklärte ihm die tieferen Gründe dieser Regelung, die für die anderen angenehmer sei und auch das Lernen erleichtere, und dass das menschliche Zusammenleben gegenseitige *Rücksichten* erfordere. Dann aber äußerte er sich – sogar mit einer gewissen Härte – darüber, wie ungerecht diese Kritik sei:

»Außerdem ist Sydney sehr groß. Alle, die hier sind, haben die Freiheit, hinauszugehen und andere Orte aufzusuchen. Oder sind sie so schüchtern, dass sie sich gar nicht trauen, mit Mädchen zusammen zu sein, wenn sie sie nicht mit auf ihr Zimmer nehmen können? Oder sind sie kleine Tiere, die immer eine Frau an ihrer Seite brauchen, weil sie sonst nicht leben können? In diesem *College* leben Männer, die sich von ihrem Verstand leiten lassen.«

Don Alvaro hatte viele Freunde, weil er selbst ein so guter Freund war. Er predigte, was er lebte: »Freundschaft bedeutet gemeinsame Interessen und Liebe zu den Menschen, und das führt dazu, dass man sie liebt, so wie sie sind, dass man sich Zeit für sie nimmt, dass man den Kontakt zu ihnen nicht vernachlässigt, auch wenn man den Eindruck hat, dass sie nicht oder nur langsam reagieren.«

Er ermunterte seine Zuhörer, Liebe zu verströmen und im persönlichen Bereich voller Freude entgegenkommend zu sein: »Empfangt alle mit einem Lächeln, opfert euch für sie, geht über die Kleinigkeiten des täglichen Zusammenlebens hinweg, ohne ihnen allzu große Bedeutung zu geben. Sucht das, was euch verbindet, nicht das, was euch trennt. Seid positiv.« Und immer, ergänzte er, »mit menschlicher Großmut, mit Feingefühl, ohne es euch anmerken zu lassen«.

Er verschenkte sich rückhaltlos an seine Mitmenschen. Er war verständnisvoll, bereit, anderen zu vergeben und ihnen die Hand zu reichen. Er praktizierte diese Freundschaft – die untrennbar mit seinem persönlichen Apostolat verbunden war – im Übermaß und beschrieb sie im Januar 1981 im Mailänder Studentenwohnheim Torrescalla mit diesen Worten: »Sie ist Großzügigkeit, sie ist Hingabe, sie ist Opfer, sie ist Liebe.«

Er pflegte sie noch in den letzten Stunden seines irdischen Lebens. Bei seinem Tod lag die Visitenkarte eines der Piloten auf seinem Nachttisch, der sie vom Heiligen Land nach Rom geflogen hatte. Er hatte sich während der Wartezeit am Flughafen von Tel Aviv und während der Reise mit ihm unterhalten. Ihre Bekanntschaft war kurz, aber tief: Sobald der Pilot von Don Alvaros Tod erfuhr, kam er, um vor seinen sterblichen Überresten zu beten.

Mit demselben menschlichen und übernatürlichen Feingefühl kümmerte sich Don Alvaro um die apostolischen Einrichtungen, die dem Opus Dei anvertraut waren. Davon konnte ich mir selbst ein Bild machen, seit er Josemaría Escrivá als Großkanzler der Universität Navarra nachgefolgt war. Seine Treue zum Geist des Gründers war tief, aktiv und kreativ, auch wenn es darum ging, alte Wünsche und Projekte auf den Weg zu bringen, die bis 1975 noch nicht hatten verwirklicht werden können. Ich denke hierbei zum Beispiel an die Einrichtung der Zentren für kirchliche Studien in Rom und Pamplona mit dem Ziel, der Weltkirche und den Teilkirchen in vielen Ländern der Welt mit immer größerer Effizienz zu dienen.

Häufig brachte er die durch und durch christliche Identität der Professoren zur Sprache, die tiefgläubig sein, die Einheit des Lebens praktizieren und den Wunsch hegen sollten, andere an dem bereichernden Licht der katholischen Lehre teilhaben zu lassen. Er erklärte ihnen, dass die Gesellschaft in den verschiedenen Bereichen des Wissens und der menschlichen und gesellschaftlichen Aufgaben auf ihr christliches Zeugnis warte – ein entschlossenes und engagiertes Zeugnis im Respekt vor der Freiheit und im Bewusstsein ihrer Verantwortung für die Schwächsten und Hilfsbedürftigsten. Aus dieser Freiheit heraus brennt ein aktiver Christ in allen Epochen darauf, den Nöten der Menschen abzuhelfen, und nährt sich von einer Spiritualität, die untrennbar mit dem Aufbau des Zusammenlebens verbunden ist. Und all das mit großer Herzlichkeit und Umgänglichkeit. Aufgrund seines heiteren und ausgeglichenen Naturells schenkte Don Alvaro menschliche Wärme – und forderte sie ein.

Seine Seele war erfüllt von der Leidenschaft, anderen zu helfen: kraftvoll und kühn, ohne Menschenfurcht, anspruchsvoll gegenüber sich selbst und verständnisvoll gegenüber den anderen. Wie gerne diente er! Wie oft wiederholte er das Wort *Dienst* auch im Zusammenhang mit diesen Arbeiten im Rahmen eines kollektiven Apostolats. Er verfolgte die Arbeit der bereits bestehenden korporativen Werke genau und dachte immer darüber nach, wie ihr Apostolat noch fruchtbarer werden könnte. Dabei verlor er auch den zweiten zentralen Aspekt des Gründungscharismas von Josemaría Escrivá niemals aus den Augen und achtete darauf, dass ihr dezidiert laikaler und professioneller Charakter erhalten blieb. Diese Bildungs- und Hilfsinitiativen erwachsen und entfalten sich aus der Freiheit und Verantwortung von Bürgern – und in vielen Ländern überdies mit der Beteiligung von Nichtchristen – und können daher niemals konfessionell gebunden sein, auch wenn die Initiatoren die katechetische Ausrichtung und geistliche Betreuung dieser Aktivitäten dem Opus Dei anvertrauen.

Ein Bereich, der Don Alvaro aufgrund seiner gesellschaftlichen Tragweite besonders am Herzen lag, war die Schulung der Unternehmer. Sie sollten lernen, ihren Beruf gut auszuüben und dabei im umfassenden Sinne des Wortes Christen zu sein. Er träumte – davon konnte ich mich seit den siebziger Jahren persönlich überzeugen – von Schulen, die entscheidend dazu beitragen sollten, mit Disziplin und Professionalität gültige Antworten auf die erschreckenden sozialen Unterschiede in vielen Ländern zu finden. Diese himmelschreienden Ungerechtigkeiten appellieren an das christliche Gewissen und verlangen Lösungen, dürfen jedoch nicht zu Hass und Klassenkampf führen.

Don Alvaros priesterlicher Seele – und auch damit befand er sich in vollkommenem Einklang mit dem Gründer des Opus Dei – ließ die eklatante Armut der Dritten Welt keine Ruhe. Immer wieder ermunterte er die Mitglieder des Opus Dei, noch mehr zu tun, nachdem er seine Freude über ihre zahlreichen Initiativen in diesen Ländern zum Ausdruck gebracht hatte, die auf den Weg gebracht worden waren, um in Situationen allergrößter Not mit einer breiten Palette von Lösungen Abhilfe zu schaffen: angefangen bei den Projekten körperschaftlicher Werke, die dem Opus Dei anvertraut sind, bis hin zum persönlichen Engagement in Nichtregierungsorganisationen, die sich in stark unterentwickelten Gebieten gebildet haben.

Besonders tief hat sich mir eingeprägt, mit welchem Nachdruck er von den Forderungen der Gerechtigkeit sprach, wie die Soziallehre der Kirche sie formuliert. Ich hatte – vor allem nach dem Zusammenbruch der marxistischen Regimes in Europa – den Eindruck, dass er sich gedrängt fühlte, die Praxis der christlichen Tugenden einzufordern: zum einen, damit sich die Persönlichkeit jedes Mannes und jeder Frau gemäß der ihr eigenen Würde entfalten kann; zum anderen aber auch, damit die Gläubigen ihre Verantwortung für den Aufbau einer gerechten Gesellschaftsordnung wahrnehmen, und zwar »in vollkommenem Respekt vor der Freiheit aller, sofern sie nicht völlig indiskutabel ist, doch mit dem Ziel, dass niemand unter dem Deckmantel der Freiheit (vgl. 1 Petr 2,16) nach Vorwänden sucht, um nicht seinen Teil zur Lösung vieler Ungerechtigkeiten beitragen zu müssen«.

Man begreift, weshalb Javier Echevarría am 24. März 1994 in der Madrider Zeitung *ABC* in einer kurzen Bilanz der apostolischen Bemühungen von Don Alvaro schrieb, dass er in allen Bereichen dazu aufgerufen habe, »soziale Initiativen von großer Tragweite« auf den Weg zu bringen oder auszuweiten, »die immer auf dasselbe Ziel ausgerichtet waren, dem auch die erste Verantwortung und die vorrangige Aufmerksamkeit der Hirten der Kirche gilt: die geistlichen Güter der Erlösung«. Der derzeitige Prälat des Opus Dei wies darauf hin, dass »einige dieser Initiativen durch ihren Beitrag zur Lösung der sozialen Probleme in dem betreffenden Umfeld herausragen: neue Universitäten in Ländern, die bemüht sind, Führungspersönlichkeiten auszubilden, damit sie eine homogene Entwicklung ihres Landes im Respekt vor der Würde des Menschen vorantreiben können; Bildungs- und Hilfseinrichtungen zugunsten von besonders entwicklungsschwachen Gebieten und Bevölkerungsgruppen vor allem in Lateinamerika und in Afrika«.

17

Apostolische Expansion

Am Tag nach Don Alvaros Tod erinnerte Ignacio Aréchaga in einem Zeitungsartikel an das durch den Bürgerkrieg isolierte und verwundete Spanien: »Da war nichts, was den Gedanken an internationale Projekte hätte aufkommen lassen. Und doch begann ein junger Student und angehender Bauingenieur in diesem Klima Japanisch zu lernen.« Der Gründer des Opus Dei träumte davon, seine universale Botschaft in möglichst viele Länder zu tragen. »Später führte das Leben Alvaro del Portillo auf Wege, die ihm keine Gelegenheit mehr dazu gaben, sein Japanisch zu perfektionieren. Doch die Tatsache, dass er sich an diese Sprache heranwagte, ist absolut charakteristisch für ihn«, schloss der Direktor von *Aceprensa*.

Wer mit Don Alvaro zu tun hatte, der spürte das Schlagen seines weiten Herzens, das *sauerstoffhaltiges Blut* – sein Gebet und sein übernatürliches Leben kraft der Gemeinschaft der Heiligen – an alle Enden der Erde pumpte. Eine bloße Pressemeldung genügte, um seine seelsorgliche Aufmerksamkeit für Orte zu wecken, die häufig sehr weit entfernt waren. An seiner Seite lernte man, den eigenen Blickwinkel auf die Gegebenheiten, Probleme oder Wechselfälle der verschiedensten Länder der Erde auszuweiten.

Als er 1975 die Nachfolge von Josemaría Escrivá antrat, war das Opus Dei bereits auf allen fünf Kontinenten vertreten. Dennoch gab es noch viel zu tun. Der Gründer war entschlossen gewesen, in weiteren Ländern, beispielsweise in Bolivien, die Arbeit aufzunehmen. Unter Don Alvaros Leitung wurden zunächst von Argentinien aus in regelmäßigen Abständen Reisen nach La Paz unternommen, bis schließlich im Juli 1978 das erste Opus-Dei-Zentrum in der höchstgelegenen Hauptstadt der Welt seine Tore öffnete.

Das nächste amerikanische Land war Honduras. Dieser Nation,

unter deren Flagge sie während des spanischen Bürgerkriegs in Madrid Zuflucht gefunden hatten, fühlten sich der Gründer und Don Alvaro besonders verpflichtet. Seit 1979 erfolgten Reisen dorthin, und Ende 1980 wurde in Tegucigalpa ein Zentrum des Werkes eröffnet.

Auch Afrika lag Don Alvaro sehr am Herzen, und er wollte in den französischsprachigen Ländern mit der apostolischen Arbeit beginnen. Bis zu diesem Zeitpunkt gab es Zentren in Kenia und Nigeria. Ende 1979 reisten Juan Masiá und Benito Badrinas im Auftrag von Don Alvaro nach Zaire und an die Elfenbeinküste, um den Beginn der apostolischen Arbeit in diesen Ländern einzuleiten. In dem Brief, den Don Alvaro anlässlich des bevorstehenden Weihnachtsfestes an die Opus-Dei-Zentren schrieb, bat er die Mitglieder des Werkes, viel zu beten, damit man 1980 dort auf einer soliden Grundlage mit der Arbeit beginnen könne.

Seit diesem Jahr wurde es zu einer Art Tradition, dass Don Alvaro sich in seinen Weihnachtsbriefen über die bevorstehenden apostolischen Expansionspläne äußerte. So schrieb er beispielsweise im Dezember 1980: »In diesem Jahr kann ich Euch voll Freude ankündigen, dass sehr bald mit der regelmäßigen Arbeit in Hongkong begonnen werden wird; betet viel für dieses neue Tor, das sich im Osten öffnet, und erfüllt euch mit heiligem Eifer, damit diese himmlische Saat sich in der gesamten Menschheit Bahn bricht, dass sie aufgeht und reiche Frucht bringt.«

Ein Jahr später sprach er von »all diesen geliebten asiatischen Nationen« und bat insbesondere um Gebet für die baldige Einrichtung des ersten Zentrums in der malaysischen Hauptstadt Kuala Lumpur. In einigen Ländern des Fernen Ostens waren beträchtliche Schwierigkeiten zu überwinden; es mussten sogar Aufenthaltsgenehmigungen für die Priester erwirkt werden, ehe man sich dort niederlassen konnte, denn als kirchliche Einrichtung besteht das Apostolat des Opus Dei in einer organischen Verbindung aus Priestern und Laien. Bald unternahm man regelmäßige Reisen nach Kuala Lumpur, und Ende Oktober 1982 nahm ein Zentrum in Singapur seine Arbeit auf.

In der Vorweihnachtszeit sollte sich das apostolische Panorama des Opus Dei auch auf »die kalten Gebiete im Norden Europas« ausweiten: »die skandinavischen Länder«. Don Alvaro schloss die Vorgeschichte des Opus Dei in diesen Ländern mit der Reise ab, die er vom 20. bis 27. März 1983 unternahm und die ihn nach Oslo, Helsinki, Stockholm, Uppsala und Kopenhagen führte. Am 25. März wurde die neue Kathedrale von Stockholm eingeweiht, und Don Alvaro nahm an der feierlichen Konzelebration teil, bei der Kardinal Höffner als päpstlicher Legat den Vorsitz führte und neben dem Nuntius weitere fünf Bischöfe aus verschiedenen Ländern anwesend waren. Im Dezember schrieb er an die Mitglieder des Werkes: »Betet weiter für die Arbeit in den skandinavischen Ländern, damit wir bald ein Zentrum in Stockholm eröffnen können.«

Monate zuvor war er nach Mexiko gereist, um der Muttergottes von Guadalupe zu danken, wovon ich noch ausführlicher berichten werde. Dort sprach er mit großem Nachdruck von den sozialen Verpflichtungen der Katholiken und drängte die Mitglieder der Prälatur, ungeachtet der großen Zahl der bereits bestehenden Projekte neue Initiativen zur menschlichen und kulturellen Förderung auf den Weg zu bringen: am Rand der großen Städte oder in Gebieten wie dem Valle de Chalco, die unverkennbar im Abseits lagen. Praktisch am Ende seines Aufenthalts verkündete er:

»Meine Kinder, das, was ich auf meinen Streifzügen durch die verschiedenen Teile des Landes habe beobachten können, weist auf einen großen Unterschied zwischen den gesellschaftlichen Klassen hin. Ich erinnere euch alle an die Lehre des heiligen Apostels Johannes und sage, dass wir Gott nicht wahrhaft lieben können, ohne unseren Nächsten zu lieben, den wir sehen und der bei uns ist. Erinnert euch immer wieder gegenseitig daran, jeder auf seine Art; lehrt sie, sich nicht nur von dem zu trennen, was überflüssig ist, sondern auch von dem, was sie für notwendig halten; sie sollen verschenken können.«

Schon bald nahmen in Guadalajara die Berufsschule Jarales und in Mexiko-Stadt das Zentrum für Bildung und technische und industrielle Studien CEFETI ihre Arbeit auf: soziale Initiativen, die eine christliche Bildung vermitteln und Personen mit geringen finanziellen Mitteln eine menschliche Zukunft ermöglichen.

Ein Jahr später, als die Arbeit in den nordeuropäischen Ländern bereits begonnen hatte, richtete Don Alvaro seine Aufmerksamkeit erneut auf den Fernen Osten, wo das Opus Dei sich so bald wie möglich auch in anderen Ländern niederlassen sollte. Am 7. Juli 1985, dem 50. Jahrestag seiner Berufung zum Opus Dei, erhielt er ein großes Geschenk: die Nachricht, dass an diesem Tag das Allerheiligste im Tabernakel des ersten Opus-Dei-Zentrums in Taiwan Einzug gehalten hatte.

Anfang Januar 1986 traf Francisco Vives in Madrid ein. Er brachte den ausführlichen Brief über die Neuevangelisierung Europas mit, den Don Alvaro am 25. Dezember fertiggestellt hatte. Er war ein Echo auf die eindringlichen und wiederholten Appelle Johannes Pauls II., und Don Alvaro glaubte, die Intentionen des Papstes richtig zu deuten, wenn er die apostolischen Ziele des Opus Dei auf die Vereinigten Staaten und Kanada *ausdehnte*. Er entfaltete auf diesen Seiten ein mitreißendes Evangelisierungspanorama für die kommenden Jahre. Diese Ziele würden nur dann erreicht werden, wenn alle sich mit neuem Eifer um Heiligkeit bemühten und immer wieder zu Maria, *Refugium nostrum et virtus*, ihre Zuflucht nähmen. Daraus würden alle Hoffnung schöpfen: *Possumus!*

Das war der Leitgedanke in praktisch jeder Ansprache und jedem Beisammensein des Jahres 1986, in dem er – vor allem im Sommer – nach Österreich, Schweden, Holland, Belgien, Frankreich, Deutschland, Italien, Spanien, Portugal und in die Schweiz reiste (nachdem er Ende 1985 Großbritannien besucht hatte).

Im November leitete er in Molinoviejo zur gleichen Zeit zwei Bildungstagungen für die Leiter und Leiterinnen der Delegationen des Opus Dei in Spanien. Unterstützt von Javier Echevarría und Joaquín Alonso war er für die Betrachtungen, die Unterrichtsveranstaltungen und die Vorträge verantwortlich. Während dieser Tage legte er großes Gewicht auf das Heiligkeitsstreben und den apostolischen Eifer der Mitglieder des Werkes in Spanien im Kontext der Neuevangelisierung Europas.

Don Alvaros seelsorglicher Eifer war beeindruckend. Obwohl er damals schon über siebzig war, lag ihm nach wie vor die ganze Welt am Herzen. So bat er die Gläubigen der Prälatur in seinem Schreiben vom Dezember 1986 um ihr Gebet, um für die Arbeit in Südkorea und der Dominikanischen Republik den Boden zu bereiten.

Während der folgenden Jahre ermunterte er die Mitglieder der Prälatur in diesen Familienbriefen, ihn im Geiste auf seinen Pastoralreisen zu begleiten, die ihn zunächst in die asiatischen, später in die nordamerikanischen und schließlich in die Länder des afrikanischen Kontinents führten.

Im Januar und Februar 1987 besuchte er Singapur, Australien, die Philippinen, Hongkong – von wo aus er nach Macao und Kanton reiste –, Taiwan, Südkorea und Japan. In dem beständigen Streben, das apostolische Engagement im bevölkerungsreichen Osten auszubreiten, hob er in jedem dieser Länder bestimmte Aspekte der katholischen Lehre oder der Spiritualität des Opus Dei hervor. In Australien, einem Land von ursprünglich abendländischer Mentalität, das trotz der räumlichen Distanz fest in dieser Kultur verankert ist, griff er den Kehrvers Johannes Pauls II. auf: *Come back.* Das Land sollte zu seinen christlichen Wurzeln und einer engagierten Glaubenspraxis zurückkehren. Und was die Prälatur betraf, so galt es, in alle Gegenden dieses Kontinents einschließlich Neuseelands und anderer nahe gelegener Inseln Ozeaniens vorzudringen.

Auf den Philippinen betonte er zum einen die verantwortungsvolle Rolle als Vorreiter der Kirche im Fernen Osten und wies andererseits unermüdlich auf die Notwendigkeit hin, um Frieden und Eintracht zu beten: Das Land durchlitt damals gerade eine Zeit der öffentlichen Unruhen, die auf eine unumkehrbare Spirale von Gewalt und Hass zuzusteuern drohten. Gleichzeitig schätzte er sich glücklich, sich bei den Treffen, an denen er teilnahm, an Männer und Frauen aus allen Gesellschaftsschichten wenden zu können. Im apostolischen Blickfeld derjenigen, die mit der Arbeit des

Opus Dei begannen, waren die sozialen Unterschiede, die materielle Armut und der Mangel an Bildung äußerst präsent und appellierten unablässig an ihr christliches Gewissen. Er dankte für die Initiativen, die bereits in die Wege geleitet worden waren und unter anderem der menschlichen und christlichen Förderung der Landbevölkerung dienten, doch es gab noch mehr zu tun: Man musste aus Liebe zu Gott viele, viele Menschen mobilisieren. Bis zum letzten Tag seines Aufenthalts auf dem Archipel betonte Don Alvaro immer wieder:

»Es ist nötig, dass so schnell wie möglich weitere Sozialprojekte entstehen.«

Wenig später nahm in Cebú ein weiteres Berufsbildungszentrum für Jungen aus armen Verhältnissen die Arbeit auf: das *Center for Industrial Technology and Enterprise* (CITE).

In Hongkong war sich Don Alvaro – ebenso wie bei seinen raschen Besuchen in Macao und Kanton – lebhaft der Tatsache bewusst, dass er an der Schwelle der riesigen chinesischen Nation stand: Lobend hob er ihren Fleiß und ihre Intelligenz hervor und erwog immer wieder – in seinen Gebeten, in seinen Messen, in seinen Worten –, »dass hier über eine Milliarde Menschen leben und nur sehr wenige von der Existenz Jesu Christi wissen«; und da es Gottes Wille ist, dass die Früchte der Erlösung allen Menschen zuteil werden, schloss er daraus, dass dem Herrn »China am Herzen liegt und dass wir uns von dieser Liebe Christi zu den Seelen in China gedrängt fühlen müssen«.

In diesem Zusammenhang ließ der Aufenthalt in Taiwan die sprachlichen und kulturellen Unterschiede in den Traditionen sehr deutlich werden: Es traten ernsthafte Schwierigkeiten auf, die aber keineswegs unlösbar waren, erst recht nicht aus dem radikalen Blickwinkel des universalen Heilswortes, das Christus vom Kreuz herab verkündet hat. Das Geschenk, das Don Alvaro den Mitgliedern des Werkes in Taipeh mitbrachte, erschien mir von einer tiefen Symbolhaftigkeit: Es war ein Reliquiar mit einem *Lignum Crucis*. Die Vielzahl menschlicher Tugenden wie beispielsweise Fleiß und Gastfreundschaft, die er dort aus nächster Nähe bewundern konnte, ließen seinen sehnlichen Wunsch, dass sich die Tore des chinesischen Kontinents für die Religionsfreiheit öffnen möchten, nur noch stärker werden. Das Evangelium würde diese überaus würdigen kulturellen Gegebenheiten mit neuem Licht erleuchten: weil der christliche Glaube – wie Don Alvaro deutlich machte – das Menschliche nicht zerstört, sondern ihm Würde verleiht und es emporhebt.

Die Geschichte des Christentums in Korea – wo der Glaube dank der apostolischen Arbeit von Laien und zunächst ohne die Hilfe von Priestern Fuß gefasst hatte – erlebte mit dem Opus Dei gewissermaßen eine Neuauflage. Don Alvaro kam in ein Land, wo es eine gute Handvoll Mitarbeiter gab, die das Werk durch ihre Arbeit und ihre beruflichen Kontakte in anderen Teilen der Welt kennengelernt hatten und nun sehnlichst darauf warteten, dass sich das erste Zentrum der Prälatur dort niederließ. Mithilfe von Übersetzern sprach er persönlich mit diesen koreanischen Freunden. Und er hielt sogar eine allgemeine Versammlung an einem öffentlichen Ort ab, an der einige Hundert Personen teilnahmen: Er wandte sich auf Italienisch an die Anwesenden, und seine Worte wurden von einer Sprachlehrerin übersetzt, die auf diesem Gebiet über eine gewisse Erfahrung verfügte. Don Alvaro hinterließ fest gefügte Fundamente für die zukünftige apostolische Arbeit in Korea.

Als er in Osaka eintraf, beklagte er, dass er seinen alten Plan, Japanisch zu lernen, nicht hatte ausführen können:

»Jetzt erinnere ich mich an nichts mehr: nur an einige Verben, daran, wie man bis zehn zählt, und noch ein paar Wörter mehr. Es ist so lange her … Ich habe die Sprache ein oder zwei Jahre lang gelernt, doch da ich später keine Gelegenheit hatte, sie zu sprechen, habe ich alles vergessen.«

Während seines Japanaufenthalts konnte er ein weiteres Mal den Reichtum der Spiritualität des Opus Dei bewundern und Gott dafür danken, dass sie in der Lage ist, die große Vornehmheit der menschlichen Gegebenheiten in diesen Ländern – die Arbeit, das Feingefühl im Umgang miteinander, die Loyalität, die Liebe zur

Familie – mit christlichem Leben zu erfüllen und gleichzeitig die möglichen egoistischen Folgen des offenkundigen materiellen Wohlstands zu vermeiden. Und er ließ alle an einem großen Traum teilhaben:

»Dass Japan sich zu Christus bekehrt, dass dieses Volk gläubig und glühend wird. Was für ein großes Geschenk an die ganze Welt!«

Als er nach Rom zurückgekehrt war, griff er zur Feder, um an die Zentren des Opus Dei zu schreiben; er begann mit Worten der Dankbarkeit an die Allerheiligste Dreifaltigkeit und an Maria für die Taufen, Bekehrungen und Berufungen in jenen Ländern des Fernen Ostens und für die Einheit unter den Gläubigen der Prälatur: »Was für eine Freude, bestätigt zu finden, dass der Geist des Werkes so vollkommen in Menschen mit völlig unterschiedlichen Mentalitäten und Kulturen Gestalt annimmt; dass die spezifische Eigenart jedes Einzelnen gewahrt bleibt und doch alle dasselbe Streben nach Heiligkeit und derselbe apostolische Eifer vereint.«

Nach nur knapp elf Monaten unternahm er einen weiteren apostolischen *Streifzug*, der ihn diesmal durch einige amerikanische Länder führte: Puerto Rico, die Vereinigten Staaten und Kanada, mit einem kurzen Abstecher nach Mexiko-Stadt, um dort zu Unserer Lieben Frau von Guadalupe zu beten. Er besuchte die zahlreichen Städte, in denen die Prälatur über Zentren verfügt, und verfolgte dabei einen Grundgedanken, den er im Januar 1988 unmittelbar nach seiner Ankunft in Miami erläuterte:

»Die Vereinigten Staaten sind ein großes Land mit einem enormen menschlichen Potential, und die Augen der Welt ruhen auf euch, auf euren guten wie auf euren schlechten Taten; daher rührt das besondere Verantwortungsgefühl, durch das ihr euch von allen anderen unterscheiden müsst.«

Deshalb spornte er sie in diesem Winter 1988 immer wieder an, keine Teilzeit-, sondern Vollzeitchristen, und erst recht keine *Weekend*-Christen zu sein, die sich damit begnügen, am Samstagabend oder am Sonntag in die Messe zu gehen.

Nach seiner Rückkehr aus Amerika reiste er im August und September 1988 erneut durch nahezu alle europäischen Länder. Er wollte ein Ziel vorantreiben, das er am 31. August in Brüssel folgendermaßen skizzierte:

»Es ist offensichtlich, dass wir in Europa eine Neuevangelisierung brauchen. Dieser Kontinent, von dem aus das Licht des Evangeliums zu so vielen Nationen gebracht worden ist, liegt heute selbst im Dunkeln.«

Dabei dachte Don Alvaro logischerweise auch an Spanien. Im August 1989 wandte er sich während eines Besuches in Covadonga mit lauter Stimme an die Gottesmutter, nachdem er vor der *Santina* den Rosenkranz gebetet hatte: Er legte die Neuevangelisierung Europas in die Hände Mariens und bat sie, die religiöse Lebenskraft dieses seines Heimatlandes zu verjüngen, weil er die tiefe Hoffnung hege, dass Spanien für das Opus Dei auch weiterhin ein fruchtbarer Garten von Berufungen sein und helfen würde, die Arbeit des Werkes gemeinsam mit den Menschen anderer Länder überall auf der Welt auszubreiten.

In der Zwischenzeit blickte er auch weiterhin mit besonderer Liebe nach Afrika. Im Sommer 1988 betete er viel für den unmittelbar bevorstehenden Beginn in Kamerun. Am 18. August teilte er uns mit echtem Jubel in der Stimme mit, dass er gerade eine Nachricht aus Rom erhalten hatte: Am 22. August, dem Fest Maria Königin, würden die ersten Mitglieder des Werkes in Yaoundé eintreffen.

Anfang April 1989 schließlich erfüllte sich sein großer Traum, einige Tage in Afrika, dem *Kontinent der Zukunft* für die Kirche, verbringen zu können:

»Es war«, so sagte er zusammenfassend nach seiner Rückkehr aus Kenia, »eine große Freude für mich, dort die heilige Messe zu feiern und mit so vielen guten Leuten zusammen zu sein, die so viele menschliche Tugenden und einen so großen Glauben, so große Sehnsucht nach Gott haben. Ich habe viel von ihnen gelernt.«

Bei seiner Rückkehr war er tief bewegt von der Liebe, die man ihm erwiesen hatte, und die die bekannte afrikanische Gastfreundschaft noch bei weitem überstieg. Zur ersten allgemeinen Versammlung im Kenyatta Konferenzzentrum in Nairobi kamen Angehörige der verschiedenen Stämme, um ihm – im Beisein von vier- oder fünftausend Menschen – die Attribute seiner Ernennung zum *Elder* zu überreichen. In ihrem Rückblick auf 25 Jahre in Kenia erklärt Esther Toranzo, dass »die Rolle des *Elder* oder Ältesten den Familienoberhäuptern entspricht, deren Kinder bereits erwachsen sind und die ihr Haus klug verwaltet haben. Sie sind der Grundpfeiler in der Leitung aller Stämme in Kenia, ob sie nun zur Gruppe der Bantu, der Niloten oder der Kuschiten gehören.«

Später folgten seine Aufenthalte in Kamerun und Zaire. Als er am 15. September zurückkehrte, erzählte er in Cavabianca:

»Ich war ergriffen, als ich hörte, dass es dort in Afrika, auf dem schwarzen Kontinent, keinen einzigen Atheisten gibt. Alle glauben an Gott; die einen sind zum Glauben an den wahren Gott gekommen, andere suchen und sehnen sich danach, die Wahrheit kennenzulernen.«

Im Oktober 1989 bereiste er die Elfenbeinküste. Einige Tage später kam Javier Echevarría nach Madrid und schilderte uns einige seiner Eindrücke von Aufenthalten in verschiedenen afrikanischen Nationen, bei denen er den Prälaten des Opus Dei begleitet hatte. Es hatte ihn beeindruckt, welche Liebe und Dankbarkeit Don Alvaro von Menschen entgegengebracht wurde, deren Kultur sich so stark von seiner eigenen unterschied. Sie fühlten sich von seiner offenen Herzlichkeit angesprochen und waren zutiefst davon bewegt, dass er sich im menschlichen Umgang und in seiner Verkündigung mit ihnen auf eine Stufe stellte, damit seine Katechese für sie besser verständlich würde: Was sie besonders anzog, war sein Bestreben, sich im Hintergrund zu halten, um deutlich zu machen, dass es ihm einzig und allein darum ging, das fortzusetzen, was der Gründer des Werkes auf so wirkungsvolle Weise begonnen hatte. Und das ließ sich vollkommen mit der Entschiedenheit vereinbaren, die er an den Tag legte, wenn er von Sitten sprach, die den Forderungen des christlichen Glaubens und der christlichen Moral fremd oder entgegengesetzt sind.

In dieser Zeit spornte er immer wieder dazu an, in neuen Regionen aktiv zu werden: Im Oktober 1989 verkündete er den Beginn der regelmäßigen Arbeit in Polen. In diesem Jahr richteten sich seine Bitten vor Weihnachten »auf die neuen Bereiche des Apostolats, die sich in einigen osteuropäischen Ländern eröffnen«. Die Berliner Mauer war soeben gefallen, und kurze Zeit später war in einer feierlichen Zeremonie die Kathedrale von Wilna dem katholischen Kult zurückgegeben worden, nachdem das sowjetische System sie viele Jahre lang als Museum benutzt hatte.

Vereint mit dem apostolischen Eifer Papst Johannes Pauls II. lotete Don Alvaro die Möglichkeiten aus, die hinter dem ehemaligen Eisernen Vorhang bestanden. Schon bald legte er dem Regionalvikar des Opus Dei in Österreich die apostolische Arbeit in der Tschechoslowakei und in Ungarn besonders ans Herz. Und am 21. September 1990, kurz vor der Wiedervereinigung Deutschlands, schrieb er einen Brief an den dortigen Regionalvikar, um ihn auf dieses neue Wirkungsfeld aufmerksam zu machen – auf die »vielen Millionen von Seelen, die man so viele Jahre lang daran hindern wollte, Gott näher zu kommen«.

Im Januar 1989 hatte das Werk sich auch in Neuseeland niedergelassen. Ich erinnere mich noch an Don Alvaros große Liebe zu Mark, einem relativ jungen Mann mit acht Kindern, der damals das einzige Opus-Dei-Mitglied in diesem Land war. Mark erlitt einen schweren Autounfall, als er einige Angelegenheiten im Zusammenhang mit der Einrichtung des ersten Zentrums in Hamilton regeln sollte. Gott sei Dank überlebte er, nachdem er viele Tage im Koma gelegen hatte. Don Alvaro bemerkte hierzu, dass der Herr dem Beginn in Neuseeland mit dem Zeichen des Kreuzes einen ganz besonderen Segen habe erteilen wollen.

In jenen Tagen des Jahres 1989 erzählte er uns von der Möglichkeit, dass uns bald ein Haus in Jerusalem zur Verfügung stehen würde. Es war sein großer Traum, in der Nähe der heiligen Stätten die Arbeit aufnehmen zu können. Im September reiste Albert Steinvorth, ein deutschstämmiger Priester der Prälatur, der in Costa Rica geboren wurde und viele Sprachen beherrscht, ins Heilige Land. Bald folgten andere, und 1993 nahmen zwei Zentren des Werkes, eines für Frauen und eines für Männer, dort die Arbeit auf.

Als Don Alvaro um die Admission ins Opus Dei bat, feierte die Kirche gerade den Tag der heiligen Cyrill und Methodius, die er besonders verehrte. Es freute ihn sehr, dass Johannes Paul II. sie gemeinsam mit dem heiligen Benedikt zu Patronen Europas erklärte. Ihnen empfahl er die Arbeit des Werkes im Osten an, einschließlich Russland und die anderen Länder hinter dem Eisernen Vorhang:

»Ich träume davon, dorthin gehen zu können«, hatte er 1983 bei einem kurzen Aufenthalt in Zürich gesagt.

Im Beisammensein mit Don Alvaro wurde die Sowjetunion häufig erwähnt, denn er hegte die Hoffnung, dass sie sich im Zuge der Umwälzungen, die das kommunistische Regime zermürbten und deren Ausgang alles andere als vorhersehbar war, schließlich auch der Religionsfreiheit öffnen würde. Im Juli 1991 erzählte er uns von Menschen aus Russland, Weißrussland und anderen ehemaligen Ostblockländern, die nun begonnen hatten, in Navarra oder am Päpstlichen Athenäum vom Heiligen Kreuz kirchliche Wissenschaften zu studieren. Er zeigte sich stark daran interessiert, in diesen Nationen baldmöglichst mit der Arbeit zu beginnen, auch wenn er vorhersah, dass dies nach so vielen Jahren des Kommunismus eine schwere Aufgabe sein würde.

Im August 1991 nahm er am Weltjugendtag in Tschenstochau teil. In der Predigt der Messe, die er am 14. des Monats für spanischsprachige Jugendliche zelebrierte, sagte er: »Vor uns liegt eine besonders bedeutsame Zeit, einer dieser Momente, in denen sich das Schicksal der Völker, das Schicksal von Millionen und Abermillionen Seelen entscheidet (...). Gott ist der Herr der Geschichte, doch er zählt auf unsere Mitarbeit bei der Verwirklichung seiner Heilspläne.«

Gleich nach seiner Rückkehr trafen am 18. August die alarmierenden Meldungen vom Staatsstreich in Russland ein. Das war wie ein Schwall kalten Wassers. In Polen hatte Don Alvaro noch von den apostolischen Perspektiven *geträumt*, die sich in Zukunft vielleicht in vielen osteuropäischen Ländern eröffnen würden. Und er hatte in einer Kirche in Warschau vor dem Bild der Jungfrau von Ostrabrama gebetet, die in Litauen besonders verehrt wird.

Sofort ermunterte er uns, uns mit den Anliegen des Papstes – der sich gerade in Budapest aufhielt – zu vereinen und um Frieden und das Beste für die Kirche und die Seelen zu beten – in der Hoffnung, dass der allwissende Gott auch aus augenscheinlich schlimmen Ereignissen Gutes erwachsen lassen würde. Er riet uns, zur *Sancta Maria Stella Orientis* zu beten und für die internationale Lage zu bitten, damit die apostolischen Chancen, die sich der Kirche in diesen europäischen Nationen gerade erst eröffnet hatten, nicht wieder zunichte gemacht würden. Bis dann am späten Abend des 21. die Informationen darauf hinzuweisen schienen, dass die Putschisten gescheitert waren. Und wer hätte sich das vorzustellen vermocht, was dann am 25. Dezember die ganze Welt auf den Fernsehbildschirmen mitverfolgen konnte: wie die rote Fahne mit Hammer und Sichel über dem Kreml eingeholt und durch das alte russische Banner ersetzt wurde?

Anfang 1992 reiste Don Alvaro nach Prag und Budapest, um die Mitglieder des Opus Dei, die in diesen Städten arbeiteten, zu besuchen. Am 17. Januar zelebrierte er in der Kapelle des Opus-Dei-Zentrums in Prag, und am 19. hielt er seine erste Messe auf ungarischem Boden. Die apostolische Arbeit der Prälatur begann in diesen europäischen Ländern Wirkung zu zeigen, »die nach so vielen Jahren der atheistischen Tyrannei nach Gott hungern«, wie Don Alvaro am 1. Februar schrieb; und er fügte hinzu: »Es ist ein staunenswertes Abenteuer, was wir hier erleben: dass wir zur Rechristianisierung jener Gebiete beitragen und gleichzeitig von so vielen Söhnen und Töchtern der Kirche lernen dürfen, die ein langjähriges Martyrium erlitten haben.«

Als er aus Wien zurückkehrte, traf er mit einigen Personen zusammen, die in Kroatien und Slowenien geboren waren und nun regelmäßig in diese Länder reisten. Er sprach ihnen im Hinblick auf die beginnende apostolische Arbeit in Städten wie Zagreb oder Split Mut zu und forderte sie zu Großherzigkeit und Eintracht auf.

Im September 1992 fand in Rom eine weitere ordentliche Generalversammlung des Opus Dei statt. Zu ihren Ergebnissen gehörte der Beschluss, die in verschiedenen mittel- und nordeuropäischen Ländern begonnene Arbeit zu konsolidieren und in einer ganzen Reihe von Nationen in Osteuropa, Asien und Afrika mit der apostolischen Arbeit zu beginnen. Am ersten Tag des Jahres 1993 schrieb Don Alvaro: »Im materiellen Sinne sind es nur einige wenige, die sich in diese neuen Länder begeben, um mit der Arbeit des Opus Dei zu beginnen, doch wir werden sie mit der Kraft unseres Gebetes und Opfers begleiten, die es möglich machen werden, dass die Prälatur an diesen Orten Fuß fasst und Frucht bringt.«

Im August 1993 hörte ich Don Alvaro über Einzelheiten der gegenwärtigen und zukünftigen Arbeit in Litauen, Russland und anderen benachbarten Ländern sprechen: Er erwähnte seine Reise, die ihn im April in die estnische Hauptstadt Tallin geführt hatte, und Informationen aus Briefen, die ihn im Sommer erreicht hatten. Kaum ein Jahr später, im September 1994, wurde in Wilna ein Zentrum des Opus Dei eröffnet.

Und schließlich Indien. Viele Jahre hatte er seine Gedanken zu diesem Kontinent mit seinen vielen Hundert Millionen Einwohnern schweifen lassen. Ich erinnere mich, dass er schon im Sommer 1976 von der Möglichkeit gesprochen hatte, an der Universität Navarra mit Studenten aus jenem Land zu arbeiten und nach Lösungen für die Probleme zu suchen, die der Gründung einer festen Niederlassung noch im Wege standen. Das Schwierigste war die Aufenthaltserlaubnis für Priester, die nicht dort geboren sind. In den letzten Herbsttagen des Jahres 1990 reiste Roberto Dotta, Mitglied des Generalrats des Opus Dei, in Begleitung einiger indischstämmiger Personen nach Indien: Sie prüften alte und neue Möglichkeiten und knüpften wichtige Kontakte. Im Sommer 1991 spielte Don Alvaro mehrfach auf diese Reise an: Er träumte davon, dass sich die Tore dieses riesigen Kontinents für das Opus Dei öffneten.

1993 drängte er uns, für den unmittelbar bevorstehenden Beginn der direkten apostolischen Arbeit in Indien zu beten. Don Alvaro hatte sich entschlossen, einen Anfang zu wagen: unter anderem deshalb, weil er – nach den entsprechenden Beratungen – glaubte, dass sich einige der Probleme besser würden lösen lassen, wenn man in dieser großen Nation erst einmal Fuß gefasst hätte. Im September und Oktober schrieb er an die Zentren des Opus Dei und bat alle um ihr Gebet für die ersten Gläubigen der Prälatur, die Richtung Delhi aufbrachen, um mit der Arbeit zu beginnen.

Immer wenn ich an die Impulse denke, mit denen Don Alvaro die Ausbreitung des Opus Dei in der Welt vorangetrieben hat, kommt mir ein Beisammensein im März 1981 ins Gedächtnis. An jenem Nachmittag entfaltete er ein weit gespanntes Panorama apostolischer Aufgaben, an denen auch die Region Spanien mitarbeiten sollte: In einigen amerikanischen Ländern wurden Leute gebraucht, um die Arbeit zu konsolidieren; man hatte die Möglichkeit, nach China zu kommen – die Eröffnung des ersten Opus-Dei-Zentrums in Hongkong stand unmittelbar bevor; man wollte sich in allen Ländern des Ostens niederlassen und mit der Arbeit im Norden Europas beginnen …

Angesichts dessen war es mehr als deutlich, dass er seine Hoffnung nicht auf menschliche Mittel, sondern auf das geistliche Leben jedes Einzelnen setzte – »davon hängt alles ab«, wie er zusammenfassend sagte –, auf die echte brüderliche Liebe und, vor allem im Bereich der Bildungsaufgaben, auf die Opferbereitschaft jedes Mitglieds wie jedes Einzelnen, der eine leitende Funktion im Werk wahrnahm. Denn darin bestand und besteht die fast ausschließliche Aktivität des Werkes: Menschen zu bilden, damit jeder an seinem jeweiligen Platz frei und verantwortlich apostolisch arbeitet – und das überall auf der Welt.

18

Prälat des Opus Dei

In den fünfziger Jahren war das Herz des Opus Dei die Pfingst-
kapelle im Gebäudekomplex der Villa Tevere. Vor einem großen
Kirchenfenster, das in leuchtenden Farben die Herabkunft des
Heiligen Geistes darstellt, befindet sich der Tabernakel mit der
Inschrift *Consummati in unum.* An den Seiten steht ein Chorgestühl
mit den klassischen *Miserikordien* – Vorsprüngen an den Klapp-
sitzen –, die in diesem Fall mit holzgeschnitzten Darstellungen verschiedener Saumtiere und Eselchen verziert sind. Dem Tabernakel
gegenüber stehen die dem Prälaten und seinen beiden Vikaren vor-
behaltenen Sitze.

Als Nisa González Guzman nach einem langen Kanadaaufent-
halt nach Rom zurückkehrte, zeigte Don Josemaría ihr die Kapelle.
Dabei verweilte er einen Moment bei dem Platz, der Don Alvaro
als dem damaligen Generalsekretär zukam: Die Miserikordie zeigt
einen Esel, der einen Wolf mit seinen Hufen traktiert. Und er
erklärte ihr die Bedeutung der Szene:

»Weil er einer meiner Söhne ist, der das Werk mit Zähnen und
Klauen zu verteidigen wusste, wenn es nötig war.«

1950 hatte das Opus Dei die *endgültige Approbation* des Heiligen
Stuhls erlangt. Doch anders als vermutet waren damit die Probleme von außen nicht ausgestanden. Im Gegenteil, schon bald erhob
sich heftiger Widerspruch, der nach und nach an die Öffentlichkeit
drang. 1950 und 1951 ahnte Josemaría Escrivá, wie Don Alvaro
berichtete, »nichts Gutes, war innerlich unruhig und spürte wie
durch einen Fingerzeig des Herrn, dass sich dunkle Wolken über
dem Werk zusammenzogen.« Er wusste nicht, worum es sich handelte. Es war nur eine unbestimmte Ahnung, dass etwas vor sich
ging. Hin und wieder vertraute er sich Don Alvaro an, der von
ganzem Herzen mit ihm litt.

In dieser Situation entschloss sich der Gründer mitten im *Ferragosto* nach Loreto zu pilgern, um das Werk am Festtag ihrer Aufnahme in den Himmel dem Liebenswerten Herzen Mariens zu weihen. Es war eine anstrengende Reise, eine Buße, wie ich Don Alvaro, der den Gründer im Auto begleitete, oft habe sagen hören. Wenige Monate später erfuhren sie, was geschehen war: Menschen, die dem Opus Dei fernstanden und Einfluss in der Römischen Kurie hatten, versuchten, das Werk in zwei getrennte Institutionen – eine für Männer, eine für Frauen – aufzuspalten, die keine gemeinsame Leitung mehr hatten. Auf diese Weise wollten sie sich des Gründers entledigen.

Am 15. August 25 Jahre später lud Don Alvaro uns ein, Gott unter anderem dafür zu danken, dass er dem Gründer 1951 die Idee eingegeben hatte, das Opus Dei dem Liebenswerten Herzen Mariens zu weihen, denn sie hatte die dunklen Wolken über dem Werk vertrieben. Sie waren zerplatzt wie eine *palla di sapone*, eine Seifenblase, und doch – so fügte er hinzu – wie ein aufs Herz gerichteter Dolch gewesen. Man hätte nur noch zustoßen müssen. Im März 1952 entschloss sich Josemaría Escrivá, einen sehr energischen Brief an Kardinal Tedeschini zu schicken, der nach damals geltendem Kirchenrecht der Protektor des Werkes war. Mit allem Respekt formulierte er einen gleichwohl sehr deutlichen Text, der das Problem schonungslos darstellte. Don Alvaro hielt es für ratsam, dieses Schreiben in seiner Funktion als Generalprokurator des Opus Dei mit zu unterzeichnen. Der Kardinal entschied sich, den Brief dem Papst vorzulesen, was er am Vorabend des Josefstags auch tat, und nachdem Pius XII. sich der Tragweite des Geschehens bewusst geworden war, sagte er zu ihm:

»*Ma chi pensa a prendere nessun provvedimento!*« (Aber wer kommt nur auf eine solche Idee?)

Nach allem, was heute bekannt ist, löste sich diese furchtbare Bedrohung damit in Luft auf. Für uns ist jedoch im Zusammenhang mit diesen ernsten Vorfällen ein Satz von Bedeutung, der Don Alvaro entschlüpfte, als er den Besuch von Josemaría Escrivá bei Kardinal Tedeschini erwähnte: »Wie immer habe ich ihn begleitet.«

Jenes Problem hatte überhaupt nur entstehen können, weil die kirchenrechtliche Form, die man dem Opus Dei damals gegeben hatte, sich gemessen an den Erfordernissen des Gründungscharismas als unzureichend erwies. Josemaría Escrivá war sich des Risikos bewusst, hatte jedoch – wie er zu sagen pflegte – *in Rom das Warten gelernt*. Ende der fünfziger Jahre sprach er erneut die Notwendigkeit an, eine passendere juristische Form zu finden: Das war sein *besonderes Anliegen*, für das er betete und schon als ganz junger Mann gebetet hatte. Wie in den vorangegangenen Etappen half Don Alvaro ihm dabei, die Bittschriften einzureichen, die jedoch nicht angenommen wurden, weil die Hindernisse im damals gültigen Kirchenrecht unüberwindlich schienen. Doch schon bald sollte das Zweite Vatikanische Konzil beginnen, das der kirchlichen Gesetzgebung neue Möglichkeiten eröffnete.

Die Klugheit veranlasste den heiligen Josemaría dazu, alle nötigen Maßnahmen – einschließlich der Einberufung einer außerordentlichen Generalversammlung des Opus Dei im Jahr 1969 – zu ergreifen, hinsichtlich der juristischen Schritte jedoch nichts zu übereilen. Und so war die Rechtsfrage noch immer offen, als Gott den Gründer 1975 zu sich rief.

Auf diesem langen *iter* war die Treue von Don Alvaro der Stärke und Klugheit des Gründers immer eine gute Stütze gewesen, und so blieb es auch auf der letzten Wegstrecke nach dem Tod von Josemaría Escrivá. Wenn nötig, konnte er sich energisch einsetzen, doch er konnte auch warten – und still mit Gebet und Opfer weiterkämpfen, wenn dies der Kirche und dem Werk eher zuträglich schien.

Ich erinnere mich an eine zufällige Bemerkung Don Alvaros im August 1976. Es ging um die Notwendigkeit, in diesem Anliegen zu beten. Einige Monate zuvor, am 5. März, hatte Paul VI. ihn in der ersten Audienz nach seiner Wahl als Nachfolger ermutigt, die Dokumente, die für den Entwurf der neuen kirchenrechtlichen Lösung erforderlich waren, vorzubereiten. Er hatte sich jedoch mit dem Papst darauf geeinigt, noch etwas Zeit verstreichen zu lassen, weil der Gründer erst kürzlich verstorben war.

In der zweiten Audienz, die Paul VI. Don Alvaro am 19. Juni 1978 gewährte, schlug er ihm vor, das Gesuch nun einzureichen. Das erwies sich jedoch als unmöglich, da der Heilige Vater im August starb.

Trotz der Kürze seines Pontifikats war Johannes Paul I. im Begriff gewesen, den Arbeiten, die im Hinblick auf die *auspicata* – die ersehnte – rechtliche Lösung für das Opus Dei noch zu leisten waren, einen positiven Impuls zu geben. Vor seinem plötzlichen Tod hatte er ein Schreiben approbiert, um die entsprechenden Untersuchungen erneut in Gang zu setzen, das er jedoch nicht mehr unterzeichnen konnte: Das erfuhr Don Alvaro von Kardinal Villot, dem damaligen Staatssekretär, den er an der Totenbahre des Heiligen Vaters traf.

Wenig später erachtete Johannes Paul II., wie es in einem Schreiben des Kardinalstaatssekretärs hieß, die Lösung des Problems als eine *unaufschiebbare Notwendigkeit*. Und so ist es nicht weiter erstaunlich, dass Don Alvaro seit Ende 1978 oder Anfang 1979 immer wieder Appelle wie diesen formulierte:

»Intensiviert das Gebet für das besondere Anliegen unseres Vaters. Bringt eure Arbeit und eure Opfer dar, eure Freuden und eure Leiden, und veranlasst andere Menschen dazu, dasselbe zu tun. Das Wohl, das der Kirche und den Seelen daraus erwachsen wird, ist so groß, dass der Herr will, dass wir viel und zu vielen beten, ehe er uns das gewährt, worum wir ihn bitten.«

Gleichzeitig rechnete Don Alvaro, gerade weil man im Begriff war, die Voraussetzungen für einen bedeutenden Dienst an Gott und den Seelen zu schaffen, mit neuen Schwierigkeiten:

»Der Teufel wird versuchen dazwischenzufunken; doch wir mit unserer Pflicht, trotz unserer persönlichen Erbärmlichkeiten treu zu sein, werden weiter voranschreiten und freudig beharren.«

Er führte diese Arbeit mit äußerstem Engagement und zugleich mit vollkommenem Vertrauen auf die übernatürlichen Mittel durch: Im Werk erlebte man ein wahres Crescendo an Gebet und Opfergeist, das auch dazu beitrug, die Einheit aller und die Einheit mit dem Vater selbst zu stärken. Nur so ist es zu erklären, dass inmitten der eher unangenehmen Neuigkeiten, die sich im November 1979 verbreiteten – sie beruhten auf leicht durchschaubaren Manipulationen der dem Heiligen Stuhl vorliegenden Dokumentation, die entgegen der ausdrücklichen Anweisung des Apostolischen Stuhls veröffentlicht worden war –, der Regionalvikar von Spanien uns bei seiner Rückkehr von einer Reise nach Rom berichten konnte, dass Don Alvaro sehr erfreut darüber sei, wie sich die Dinge entwickelten.

Doch diese Freude – ein echtes *gaudium cum pace* – war nichts Ungewöhnliches: In jenen Jahren habe ich ihn immer sehr zufrieden erlebt und von ganz unterschiedlichen Rom-Besuchern gehört, dass er sehr froh sei. Selbst in Zeiten heftiger äußerer Widerstände fielen seine Gelassenheit und überquellende Herzlichkeit auf – er schien es nie eilig zu haben, wenn er mit seinen Kindern zusammen war –, doch ebenso auffällig waren auch die Beharrlichkeit und der Eifer, mit denen er immer wieder darauf drängte, viele Gebete und Opfer für den Papst und das besondere Anliegen darzubringen.

Es war ein langer Weg, den Don Alvaro mit unverbrüchlicher Treue zum Gründer des Werkes zurückgelegt hat; mit übernatürlicher Sicht und ehrlichen Absichten, nämlich der Kirche und den Menschen immer besser zu dienen; mit unermüdlichem Einsatz und ohne auch nur ein einziges menschliches Mittel unversucht zu lassen; mit Frieden und Hingabe an den Willen Gottes, auch wenn der Widerstand immer härter wurde; und mit viel guter Laune. Und natürlich mit Gebet, dem eigenen und dem der anderen. Damit die Mitglieder des Werks nicht träge wurden, steckte er sich und ihnen immer neue Ziele wie ein Mittelstreckenläufer – so seine eigene Erklärung –, der einen neuen Rekord aufstellen will und auf den *Trick* mit dem *Hasen* zurückgreift.

Bei anderen Gelegenheiten verwiesen die sportlichen Metaphern auf den Hundert-Meter-Lauf und die äußerste Konzentration des Läufers, der unbedingt einen guten Start erwischen muss. Es galt, viel zu beten, Tag für Tag, Monat für Monat, »ohne auch nur eine einzige Sekunde zu verlieren«. Oder er sprach vom

Endspurt und dem Erreichen des Ziels, wenn die Athleten die Brust vorstrecken, um das Band zu zerreißen:

»Das ist es, worum ich euch jetzt bitte: dass ihr beim Laufen euren Körper nach vorne werft, um nicht einmal eine Zehntelsekunde zu vergeuden.«

Es war beeindruckend, mit welchem inneren Frieden er auch extreme Vorkommnisse einordnete und deutlich machte, dass Gott auch auf krummen Zeilen gerade schreibt. Die Verleumdungen, so fasste er es im März 1981 zusammen, bedeuteten, dass die Dinge Gott sei Dank gut liefen und der Teufel vor Wut rase. Sie zeigten auch, dass Gott die Mitglieder des Werkes auf die Probe stellen wolle. Letzten Endes gehe es nur darum, loyal zu sein: der Prüfung mit viel Treue standzuhalten … und mit viel apostolischer Arbeit.

Gelegentlich wies er auf den paradoxen Sachverhalt hin, dass Medien von internationalem Gewicht, die sonst gegenüber dem Papst und der katholischen Amtskirche eigentlich eher eine kritische Haltung einnahmen, den Eindruck vermittelten, »als ob sie die Bischöfe davor schützen wollten, dass wir ihnen dienen«.

Mit dem Segen der Gottesmutter legte das Opus Dei auch die letzte Etappe auf dem Weg zu einer juristischen Lösung erfolgreich zurück. Es war ein wahres Crescendo flehentlicher Bitten: Tag für Tag, in Arbeit und Freizeit, in der alltäglichen Umgebung und beim Besuch von Gnadenbildern und Wallfahrtsorten. Mehr als einmal kam mir der Gedanke, dass dieser Geist sich in den Worten verdichtete, mit denen Don Alvaro sich spontan an die Gottesmutter gewandt hatte, nachdem er 1981 die Weihe des Opus Dei an das Liebenswerte Herz Mariens erneuert hatte, die der Gründer dreißig Jahre zuvor in Loreto vorgenommen hatte:

»Seit damals sind wir auf eine sehr konkrete Weise vor die seligste Jungfrau getreten und haben dieses Liebenswerte Herz unserer Mutter gebeten, sie möge uns einen sicheren Weg bereiten, alle Dornen, alles Gestrüpp, alle Hinterhalte von unserem Weg entfernen: unserem gemeinsamen Weg und dem persönlichen Weg jedes Einzelnen, der sich in seinem inneren Kampf immer wieder mit ihnen auseinandersetzen muss. Wir sind vor sie hingetreten und haben sie inbrünstig, gläubig und beharrlich gebeten: *Iter para tutum!* Bereite uns einen sicheren Weg! Und nun bitten wir sie weiter.

Herrin, du bist unsere Mutter; du bist die Mutter Gottes. Da du die Mutter Gottes bist, vermagst du alles. Und du bist unsere Mutter. Eine gute Mutter, die uns alles schenkt, wie jede gute Mutter: und du erst recht, weil du seine Tochter bist. Mehr als du schenkt nur Gott. Wir sind in dein Herz gelegt. Wir wollen dein Leben leben, dieses Leben, das erfüllt ist von der Liebe Gottes: ein klares Leben, ein reines Leben, ein Leben der Hingabe, ein Leben der Liebe. Deshalb und weil wir wissen, dass wir nichts vermögen – wir wissen, wie klein wir sind –, kommen wir zu dir, damit du uns mehr hilfst. Wir sind das ganze Werk. Das ganze Werk liegt dir zu Füßen, Herrin. Wir sind deine Söhne und Töchter, und wir kommen, damit du uns beschützt, wir kommen, damit du uns hilfst, und wir bitten dich, dass du uns weiterhin den Weg bereitest …

Wir bitten dich ganz konkret um diese juristische Lösung, die – ich darf es noch nicht an die große Glocke hängen, aber dir sage ich es, hier vor diesen meinen Kindern – jetzt zum Greifen nahe zu sein scheint. Wir bitten dich, dass du sie uns schenkst, jetzt – ja, jetzt! – und uns nicht länger warten lässt. Doch wenn es der Wille deines Sohnes ist, dass wir noch länger warten, Monate, Jahre, solange wie nötig, dann wollen wir den Willen deines Sohnes lieben! Wenn es aber sein darf, wenn es jetzt sein darf, dann erfülle uns diese Bitte, denn es ist für deinen Sohn, es ist für dich. Du kannst es: Gewähre uns diese Gnade!«

Erst im Rückblick vermag man die menschliche und übernatürliche Einstellung so recht zu würdigen, mit der Don Alvaro die strikte Zurückhaltung wahrte, um die ihn der Heilige Vater Johannes Paul II. gebeten hatte, als er ihm mitteilte, dass er sich am 7. November 1981 entschlossen habe, die nötigen Schritte in die Wege zu leiten, um dem Opus Dei den kirchenrechtlichen Status einer Personalprälatur zu gewähren. Er begann, Gott Dank zu sagen, doch gleichzeitig betete er mit doppelter Zähigkeit weiter und bat auch alle anderen um ihr Gebet.

Im Juli 1982 sagte er uns wieder, dass wir *ungeduldig* beten und *geduldig* warten sollten. Soeben flaute eine neue Kampagne ab, die von der irrtümlichen Vorstellung ausgegangen war, dass der Papst das Opus Dei in eine Art weltweite Diözese umwandeln wollte, die über allen anderen Diözesen stünde. Ich glaube, dass man mit dieser Kampagne die Bischöfe gegen die künftige Prälatur aufbringen und den Eindruck erwecken wollte, der Papst ginge hinter bereits Erreichtes zurück. So war es zum Beispiel bezeichnend, dass Informationen dieser Art im Juni 1982 wieder in den spanischen Zeitungen auftauchten, als die Vollversammlung der Bischöfe tagte.

Don Alvaros unerschütterliche Ruhe jedenfalls war beeindruckend. Am 15. August rief der Regionalvikar des Opus Dei in Spanien in Rom an. Dort ging es gerade besonders hektisch zu. Dennoch vergaß Don Alvaro nicht, sich nach der Mutter von Ramón Herrando zu erkundigen, der es in jenen Tagen wirklich schlecht ging (tatsächlich starb Monserrat Prat de la Riba, die Tochter des ersten Präsidenten der *Mancomunitat de Catalunya*, am 7. November, dem Tag, an dem Johannes Paul II. die *Moreneta* besuchte).

Schließlich teilte der Pressesaal des Vatikan am 23. August offiziell mit, dass der Papst sich entschlossen habe, das Werk als Personalprälatur zu errichten, auch wenn die Veröffentlichung der Dokumente sich aus technischen Gründen noch verzögere. Nun war der Moment gekommen, da man Gott und dem Heiligen Vater von ganzem Herzen danken durfte, ohne deswegen jedoch in Gebet und Opfergeist nachzulassen. So formulierte es Don Alvaro, als er die Nachricht am Abend jenes Tages in der Kapelle *Santa María de los Ángeles* in Cavabianca bekanntgab, bewegt an den Gründer des Opus Dei erinnerte und die Bedeutung der päpstlichen Entscheidung erläuterte.

Und er nahm auch weiterhin seine Zuflucht zur Gottesmutter. Am 8. September 1982, dem Fest Mariä Geburt, begleitete ich Don Alvaro zum ersten Mal nach der Nachricht vom 23. August zu einer Marienwallfahrtskirche. Nach dem Rosenkranz betete er noch eine ganze Weile weiter für das besondere Anliegen. Er bat uns ausdrücklich, ihn in seinem Gebet zu begleiten. Am 18. November, als er bereits wieder in Rom war, begann er eine Novene, in deren Verlauf er eine Reihe von Marienwallfahrtsorten und Marienkirchen besuchte und die Gottesmutter bat, *den Schlussstein zu setzen*. Er beendete diese Novene am 27., einem Samstag und dem Tag, an dem die päpstlichen Dokumente zur Errichtung der Prälatur Opus Dei veröffentlicht wurden.

Auch diese letzte Phase durchlebte Don Alvaro in unerschütterlichem Frieden und einer Heiterkeit und Herzlichkeit, die er aus vollem Herzen an seine Umgebung weiterschenkte. Antonio Prieto konnte dies in jenen Novembertagen besonders gut beobachten. Er kehrte von einem kurzen Romaufenthalt zurück und war tief beeindruckt von der Gelassenheit Don Alvaros, obwohl im Vorfeld des ersehnten Ereignisses ein Übermaß an Arbeit geleistet werden musste; und von seiner tiefen Menschlichkeit, denn selbst in dieser angespannten Situation versäumte er es nicht, sich detailliert nach seinem – sehr kranken – Vater, seiner Mutter und seiner Schwester zu erkundigen.

In dieser historischen Stunde für das Opus Dei prägte Don Alvaro ein neues Stoßgebet zur Gottesmutter in Anlehnung an das *Cor Mariae Dulcissimum, iter para tutum!*, das der Gründer spätestens seit den fünfziger Jahren immer wieder gebetet hatte:

»Beten wir jetzt auch: *Cor Mariae Dulcissimum, iter serva tutum!*, erhalte uns den sicheren Weg. Dieses Stoßgebet wird mit den Jahren zu einem inständigen Rufen werden und das Gebet unseres geliebten Vaters auf Jahrhunderte hinaus fortsetzen.«

Auf Don Alvaros ausdrücklichen Wunsch hin begann man damals im Opus Dei ein *marianisches Jahr*, eine Zeit der besonderen Danksagung an die Allerheiligste Dreifaltigkeit durch die Gottesmutter, »ganz leise und unspektakulär, jeder und jede für sich, innerhalb der Familie und aus tiefster Seele«.

Nach der Dreifaltigkeit des Himmels und der Erde kam der Dank an den Papst. Don Alvaro war Johannes Paul II. deshalb besonders dankbar, weil dieser – ohne einen gebotenen Schritt zu unterlassen und mit großer Zielstrebigkeit – das Opus Dei als Personalprälatur errichtet hatte.

Nach dem Heiligen Vater kamen Kardinal Sebastiano Baggio und die kirchlichen Persönlichkeiten, die während der umfangreichen und gewissenhaften Untersuchungen, die diesem kirchenrechtlichen Akt vorausgegangen waren, so viel Arbeit investiert hatten. Am 27. November 1982 wurde die Neuigkeit im *L'Osservatore Romano* veröffentlicht, und am 5. Dezember brach Don Alvaro nach Wien auf: Er wollte sich persönlich bei Kardinal König bedanken; außerdem betete er auf dem Kahlenberg nahe der österreichischen Hauptstadt zur Gottesmutter und vor dem Gnadenbild Maria Pötsch im Wiener Stephansdom. Von dort reiste er nach Köln, um gegenüber Kardinal Höffner eine ähnliche Pflicht zu erfüllen, und in die Schweiz, wo er Erzbischof Deskur besuchte. Höhepunkt seiner Dankesreise war schließlich sein Besuch des Wallfahrtsortes Einsiedeln, der so eng mit der Geschichte des Opus Dei verbunden ist.

Sobald er konnte, machte er sich auf den Weg nach Mexiko, um sich »der Jungfrau von Guadalupe zu Füßen zu werfen und ihr Dank zu sagen, weil sie das kindliche Gebet unseres Gründers bei seiner Wallfahrt im Mai 1970 erhört hat«.

Letzten Endes dienten die ernsthaften Schwierigkeiten, die dem Opus Dei so lange Zeit in den Weg gelegt wurden, auch dazu, Don Alvaros Demut zu zeigen und zu vertiefen. Konsequent sprach er allem, was sich auf seine eigene Person bezog, jegliche Bedeutung ab. Das konnte auch P. Rafael Pérez OSA beobachten, der beim Seligsprechungsprozess von Josemaría Escrivá in Madrid der vorsitzende Richter war. Im September 1983 nahm er im *Colegio Retamar* in Madrid an einem großen Beisammensein unter freiem Himmel teil: Es war das erste dieser Art in Spanien seit der Errichtung der Personalprälatur Opus Dei, und Don Alvaro äußerte sich bei dieser Gelegenheit verständlicherweise ausführlich zu dem juristischen Weg, den man zurückgelegt hatte. Am selben Tag brachte P. Pérez seine Bewunderung für die soliden Kenntnisse des Prälaten zum Ausdruck und hob besonders hervor:

»In fast anderthalb Stunden hat er nur ein einziges Mal von sich gesprochen und sich dafür auch noch entschuldigt.«

Jahre später wurde nach alter römischer Tradition eine Gedenkmedaille geprägt:

»Sie haben darauf bestanden«, hörte ich Don Alvaro im Februar 1990 erklären. Er meinte damit, dass auf der Rückseite der Medaille das Profil des Gründers und das seine zu sehen waren mit der Umschrift GRATIAS TIBI, DEUS, GRATIAS TIBI und das Datum XXVIII * NOV * MCMLXXXII. Als man ihn davon in Kenntnis setzte, hatte er das Projekt zunächst nicht gutgeheißen:

»Das ist überflüssig«, bemerkte er, weil er es nicht für passend hielt, dass sein Bild neben dem des Gründers erschien. Das war der Hauptgrund für die Verzögerung, mit der diese Medaille geprägt wurde. Der Architekt Jesús Gazapo musste Don Alvaro mithilfe von Javier Echevarría überreden, wie Don Alvaro selbst es zu Lebzeiten des Gründers mit ihm getan hatte. Schließlich ließ er sich von dem Argument überzeugen, dass auf diese Weise die Kontinuität zum Ausdruck gebracht werde:

»Also gut«, erklärte er, »auch wenn es mir peinlich ist, denn *wo ein Größerer ist, da verschwindet der Kleinere*, das gilt noch immer.«

Auch im Hinblick auf den juristischen Weg des Werkes erinnerte er von Anfang an wieder und wieder an das, was der heilige Josemaría ihn gelehrt hatte: vergeben und für alle beten, die sich der kirchenrechtlichen Lösung des Opus Dei in den Weg stellten. Eine der Fürbitten in der Dankmesse, die er am 30. November 1982 in der Prälaturkirche *Unsere Liebe Frau vom Frieden* zelebrierte, lautete: »*Pro universis benefactoribus nostris et pro iis omnibus qui, quocumque modo, Operis Dei iter impedire vel difficile reddere conati sunt, quibus exemplum nostri Patris imitantes, non solum ex toto corde dimittimus, sed etiam inter benefactores recensemus*« (Für alle unsere Wohltäter und alle diejenigen, die auf irgendeine Weise versucht haben, den Weg des Opus Dei zu verhindern oder zu erschweren, und denen wir nach dem Beispiel unseres Vaters nicht nur von ganzem Herzen verzeihen, sondern die wir auch unter unsere Wohltäter zählen); »*ut Dominus Deus, dives in misericordia, veris bonis in hac vita eos repleat, et Caeli gloriam ipsis concedat. Oremus*« (dass der Herr in seinem reichen Erbarmen sie in diesem Leben

mit wahren Gütern beschenke und ihnen die Herrlichkeit des
Himmels gewähre).

19

Ein kluger und fordernder Hirte

Als Pilar Urbano Don Javier Echevarría 1994 fragte, ob Don Alvaro eigentlich gutmütig gewesen sei, antwortete er unumwunden:

»Kein bisschen!«

Um dann erklärend fortzufahren:

»Er war ein sehr guter, sehr heiligmäßiger Mensch und immer für die anderen da; aber er war aus hartem Holz geschnitzt und eine sehr starke Persönlichkeit. Wenn sich eine Angelegenheit in der Leitung des Werkes verzögerte, irgendetwas, was man von einem anderen Land aus bei uns beantragt hatte, dann habe ich ihn oft sagen hören: ›Ihr dürft diese Unterlagen nicht einfach vergessen: Nichts ist entmutigender als das administrative Schweigen‹« (in der Zeitschrift *Época*, Madrid, 2. Mai 1994).

Tatsächlich besaß er dank seiner kultivierten und klugen Art herausragende Führungsqualitäten. Als guter Hirte war er ein Werkzeug der Einheit, die sich auf feiner Nächstenliebe und echter Herzlichkeit gründete. Er lebte, was er lehrte – beispielsweise das, was er den Leitern des Opus Dei immer wieder in Erinnerung rief: dass sie bitten, fordern, anspornen, mitreißen sollten; beten und immer noch mehr beten; Orientierung geben, lenken, anregen; niemals lieblose Gleichgültigkeit dulden dürften, weil Heiligkeit und Apostolat einfach jeden Bereich betreffen. Und dass sie sich in alledem mit der Person und dem Geist des Gründers identifizieren sollten, dem *Pfahl*, an dem die Rebe emporwächst.

Er achtete sehr auf alles, was in seiner Umgebung geschah, und war dabei immer auf das Wohl der Seelen bedacht. Im August 1977 forderte er uns auf, viel zu beten und die Lage der Welt aufmerksam zu verfolgen: Nur so wären wir wirklich wachsam wie der gute Hirte und könnten in jeder Situation die nötigen Hilfsmittel für das innere Leben und die katechetische Ausbildung der Mitglieder des

Werkes sowie der unzähligen Personen ausfindig machen, die sich an den Apostolaten des Opus Dei beteiligten. Wir sollten das Gewicht der Verantwortung spüren und eine sehr dünne Haut haben, um mit dem Pulsschlag des Herzens Christi zu vibrieren. Und er betonte, dass die Wachsamkeit – nicht aus Misstrauen, sondern wie Verliebte im Sinne des *cor meum vigilat* (mein Herz ist wachsam) aus dem Hohelied (5,2) – eine wirklich ernstzunehmende Verpflichtung der Leiter sei, und zwar besonders dann, wenn die soziale und kulturelle Entwicklung neue doktrinelle oder moralische Probleme aufwerfe, die die Menschen unvorbereitet treffen könnten.

Ich habe viele Male gesehen, wie gründlich er sich mit den anstehenden Fragen auseinandersetzte und wie genau er denen zuhörte, die ihre Meinung dazu äußern konnten oder sollten. Seine aufgeschlossene Art führte dazu, dass niemand mit seiner Meinung hinter dem Berg hielt oder aus Furcht, blamiert oder missverstanden zu werden, darauf verzichtete, Zweifel oder Fragen zu artikulieren.

Was den übernatürlichen Geist, die Kollegialität der Entscheidungsfindung oder die professionelle Einstellung betraf, so praktizierte er die vom Gründer geprägten Kriterien ohne Ausnahme, aber auch ohne den Eindruck von Routine zu wecken. Er klammerte sich nicht an seine eigenen Ideen: Er war in der Lage, sich wenn nötig auch selbst zu korrigieren. Beeindruckend war auch, dass er nie den Überblick verlor, positiv dachte und seiner Umgebung freimütiges Vertrauen einflößte.

Vor allem anderen aber leitete Don Alvaro das Opus Dei mit jener Herzlichkeit und Nähe zu jeder Seele, die den echten Hirten auszeichnet. Im August 1988 betete er, dass der Herr ihm und den Leitern im Werk ein starkes Verantwortungsgefühl schenken möge, damit sie sich wirklich um jeden Einzelnen kümmerten. Und er führte einige Aspekte an: für alle zu beten; alle persönlich zu kennen; sich besonders für diejenigen einzusetzen, die in Schwierigkeiten waren oder Aufmerksamkeit brauchten; sich selbst alles abzuverlangen und den anderen gegenüber verständnisvoll und anspruchsvoll zugleich zu sein. An dieser Stelle unterbrach er seine Argumentation, um etwas klarzustellen, denn, so fügte er hinzu, »so leben wir Gott sei Dank immer im Werk«.

»Ich spreche viel von Forderungen, und es versteht sich von selbst, dass sie Forderungen voller Liebe, voller Taktgefühl im Umgang miteinander sind, wie der Vater es uns gelehrt hat, doch gleichzeitig eben anspruchsvoll: Man muss die Dinge beim Namen nennen. Wenn wir das nicht tun, dann kommen wir unserer Pflicht als Leiter nicht nach.«

Im Jahr 1991 hielt ich mich eines Morgens eine Weile in Don Alvaros Arbeitszimmer auf: Wir sprachen entspannt über verschiedene Themen. Sein apostolischer Eifer drängte ihn dazu, sich – und mir – ehrgeizige Ziele zu stecken. Weil es vielerorts an gut ausgebildeten Personen fehlte, mussten Entscheidungen getroffen werden, die nicht leicht fielen. Ich wies darauf hin, dass »der Studiendelegierte« – das war damals meine Aufgabe in der Regionalkommission des Opus Dei in Spanien – »sein Herz zuweilen teilen muss …«

»Dann bitte unseren Vater, dass er dir ein größeres Herz gibt«, schlug er mir unverzüglich vor.

Don Alvaro wusste die Klugheit eines Seelsorgers sehr wohl von Furcht, Feigheit oder Bequemlichkeit zu unterscheiden, die das Handeln lähmen und sich häufig hinter einer falschen, Glauben und Hoffnung unterhöhlenden *Objektivität* verbergen:

»Ich erinnere mich«, so erzählte er im März 1982 in Paris, »an einen Kameraden während des spanischen Bürgerkriegs. Wir planten, gemeinsam vor den Kommunisten zu fliehen, aber mit ihm konnte man einfach nichts machen, denn er sah sofort immer und überall Schwierigkeiten: Wir haben nicht die nötigen Mittel, sie werden uns erwischen, und wenn wir geschnappt werden, dann kommt es ja doch auf dasselbe hinaus, ob wir uns nun in einer Botschaft verstecken oder im Gefängnis sitzen … Das war eine Objektivität, die aus Furcht und Egoismus erwuchs und einen daran hinderte, Pläne zu schmieden.«

Seine Klugheit war weder furchtsam noch nervös oder übereilt. Er war auf eine gelassene und gleichzeitig durch und durch aktive Weise zielstrebig, die nichts mit Zurückhaltung oder Trägheit zu tun hatte. Schließlich ist der *actus imperii* der klassischen Beschreibung des heiligen Thomas von Aquin zufolge das Kennzeichen der Klugheit. Einem italienischen Studenten, der sich zuweilen überfordert fühlte, weil er glaubte, nicht gut genug vorbereitet zu sein, antwortete Don Alvaro im Januar 1993 mit einem Sprichwort aus seinem Land: *È che, camminando, si aggiusta la soma* (erst im Gehen verteilt sich die Last). Und er fügte hinzu: »Das Gehen lernt man, indem man einen Fuß vor den anderen setzt, und immer so weiter; manchmal fällt man auch hin, aber dann steht man wieder auf und geht weiter. So lernen die Kinder gehen.«

Er machte auch keinen Hehl daraus, dass es Zeit kostet, die anstehenden Themen gründlich zu studieren. Der Gründer hatte bestimmt, dass die Leitung des Opus Dei grundsätzlich schriftlich erfolgen sollte, um zu gewährleisten, dass sie besonnen und weder zu persönlich noch tyrannisch ausgeübt würde. Für das apostolische Ziel des Opus Dei gab es keinen anderen Weg. Man musste mindestens mit dem Einsatz, der Disziplin und der Ernsthaftigkeit eines Menschen arbeiten, der seinen Beruf gut ausübt.

Don Alvaro arbeitete viel und gut. Es ist an dieser Stelle nicht notwendig, den Ablauf seiner Arbeitstage in Rom zu beschreiben. Dazu genügt es, das dritte Kapitel seines Interviews *Über den Gründer des Opus Dei* zu lesen, das viele Seiten lang einen typischen Tag von Josemaría Escrivá in Rom beschreibt: Don Alvaro war die meiste Zeit an seiner Seite, und nach 1975 hat er diesen Plan übernommen und Jahr für Jahr, Tag für Tag exakt danach gelebt.

Was ich allerdings hier erwähnen möchte, ist seine Aufrichtigkeit: Alle Anstrengung lohnt sich, wenn man sie dem Herrn aufopfert, wenn man nur nach der Ehre Gottes strebt. Im Februar 1990 sprach er – im Rahmen einer Fortbildung für die Leiter – von zwei großen Feinden der Heiligung in den alltäglichen Pflichten, denen man den Kampf ansagen müsse: der Faulheit und einem zweiten

Phänomen, das er als Professionalitis bezeichnete: nur sich selbst in der Arbeit zu suchen, um Erfolg zu haben; das führt dazu, dass man Anstrengung und Kampf vergisst, um diese menschliche Pflicht auf die übernatürliche Ebene zu heben und zu versuchen, sie in Gebet zu verwandeln.

Vielmehr müsse der Wunsch, die Arbeit zu heiligen, der größte Ansporn für ein tiefes Pflichtbewusstsein sein; an dieser Stelle führte er die bekannte Paulusstelle *Caritas Christi urget nos* an (2 Kor 5,14): Das Verliebtsein in Christus drängt den Menschen dazu, jede Aufgabe gut zu machen, die Zeit sinnvoll zu nutzen, alles im Geist des Dienens zu tun, es in ein Werkzeug des Apostolats zu verwandeln, die Freude am Beruf aufrechtzuerhalten, auf dem Laufenden zu sein, aus den empfangenen menschlichen und übernatürlichen Talenten das Beste zu machen, die sozialen Beziehungen mit einer moralisch rechtschaffenen und christlichen Einstellung zu durchtränken, den sozialen Anforderungen des Glaubens im beruflichen und staatsbürgerlichen Bereich nachzukommen, kurz: die Einheit des Lebens zu stärken und zu vermeiden, dass der Beruf sich aus einem Thron, den wir Jesus bereiten, in einen Sockel für unser eigenes Ego verwandelt.

1991 schrieb Don Alvaro: »Eine gut *gemachte* Arbeit ist nicht dasselbe wie eine gut *gelungene* Arbeit. Die Bienen bauen vollkommene Waben und produzieren wohlschmeckenden Honig, aber sie arbeiten nicht, weil sie nicht fähig sind zu lieben. Was zählt, ist die innere Haltung, nicht das Resultat. *Dominus autem intuetur cor* (1 Sam 16,7), Gott sieht das Herz: Dort findet sich der Schlüssel zu einer gut oder schlecht gefertigten Arbeit.«

Seiner seelsorglichen Aufgabe widmete er sich mit echtem menschlichen und übernatürlichen Engagement – auch dann, wenn es ihm gesundheitlich nicht gut ging. Das erste Mal, dass ich ihn krank erlebt habe, war Anfang August 1976, als er unter einem schweren Hexenschuss litt. Trotz starker Beschwerden – die an seiner verkrampften Haltung beim Gehen oder Sitzen zu erkennen waren – lebte er ganz normal weiter und versuchte sich warm zu halten, obwohl ihm Kälte eigentlich sehr viel besser bekam als Wärme. Das hinderte ihn aber nicht daran, weiterzuarbeiten: So schrieb er beispielsweise eigenhändig einen ausführlichen Brief an die Mitglieder des Werkes, die einige Tage später in Madrid zu Priestern geweiht werden sollten.

Immer wieder habe ich ihn dafür bewundert, wie wenig Bedeutung er seinen Schmerzen beimaß. Er tat einfach nur, was der Arzt ihm sagte, und die Medikamente, die ihm verschrieben wurden, nahm er ein, ohne sie auch nur anzusehen oder zu fragen, wofür sie gut sein oder wogegen sie helfen sollten – und arbeitete weiter. 1977 ging es ihm in den Tagen um Mariä Himmelfahrt sehr schlecht: Eine neue Zahnprothese hatte zu Verletzungen im Mundbereich geführt. Als er die Klinik von Dr. Guillermo Rehberger in Oviedo wieder verließ, fühlte er sich sehr viel besser: »Als ob man mich aus dem Gefängnis befreit hätte«, bemerkte er beiläufig. Ich hatte den ganzen Tag an seiner Seite verbracht, ohne dass mir etwas aufgefallen war. Nach außen hin ließ er sich nichts anmerken. Im Gegenteil, er war aktiv wie immer oder sogar noch aktiver als sonst: In den Zeiten des Beisammenseins war er sehr gesprächig, und darüber hinaus hatte er am 15. und am 16. August zwei Predigten gehalten.

Für mich war es unerklärlich, dass der Herr ihm auch in Zeiten, in denen er der Ruhe bedurft hätte, keine Beschwerden ersparte. Denn Don Alvaro wusste die unerlässliche Ruhe, die zur Tugend des Fleißes dazugehört, durchaus zu schätzen. Er benutzte die Formulierung »das Eselchen pflegen«, die der Gründer des Opus Dei auf den eigenen Körper bezog. Und er lehrte, dass man nicht nur arbeiten und kämpfen und sich anstrengen, sondern auch ausruhen müsse. Im Mai 1983 sagte er in Bogotá:

»In Mexiko [von dort kam er gerade her] haben sie eine sehr amüsante Redewendung: *descansar poniendo adobes*. Ein *adobe* ist ein ganz einfacher Ziegel, der entweder gar nicht oder nur in der Sonne gebrannt wird. Das ist genau das, was ich tue, um mich von meiner gewöhnlichen Arbeit auszuruhen. Für mich ist ein Tag in

Rom anstrengender als ein ganzes Jahr lang zu predigen und mit vielen Menschen zusammenzutreffen und voller Freude zu sehen, wie Gott sie bewegt und an sich zieht.«

Seit Juli 1975 verfügte er über einige ruhigere Zeitabschnitte, in denen er sich ungestört mit Dingen beschäftigen konnte, die viele Stunden des Studiums und einen besonderen Überblick erforderten: wie die Arbeit an der Dokumentation für den Heiligsprechungsprozess von Josemaría Escrivá. Das war der hauptsächliche Grund dafür, dass er im Sommer eine gewisse Zeit in Solavieya oder an ähnlichen Orten in Spanien, Deutschland oder England verbrachte. Außerdem bewegte er sich dort auf Rat der Ärzte mehr an der frischen Luft. Dass ihm das gut bekam, sah man sogar äußerlich: Sobald er sich nur ein bisschen in der Sonne aufhielt, bekam seine Haut sogleich wieder ihren leicht bräunlichen Teint. Und trotz seines mangelnden Trainings sowie der unvermeidlichen Ermüdungserscheinungen und des Muskelkaters an den ersten Abenden hielt er sich getreulich an die Pläne, die man für ihn aufgestellt hatte.

Im Lauf der Jahre verschlechterte sich Don Alvaros Gesundheitszustand, und er neigte immer mehr zu Bluthochdruck. Anfang 1985 hatte er besondere Probleme: Im Januar kam er in die Universitätsklinik von Navarra, um sich einer eingehenden Untersuchung zu unterziehen, da die linke Nierenarterie eine Stenose aufwies. Nach der Dilatation (mittels eines Ballonkatheters) ging er sofort wieder zu seinem gewohnten Tagesablauf über. Als er nach Madrid kam, hatte er sehr stark abgenommen und wirkte müde; trotzdem führte er ein ganz normales Leben. In diesen Zeiten besonderer Erschöpfung lernte man seine übliche gute Laune, die sich in kurzen Bemerkungen widerspiegelte, noch mehr zu schätzen.

Die Tagungen, die er im November 1986 in Molinoviejo leitete, habe ich bereits erwähnt. Die Teilnehmer erinnern sich noch heute an die vibrierende Kraft seiner Worte und die starken Impulse, die sie dort erhielten. Keiner von ihnen bemerkte, dass er an diesen Tagen so heftige Beschwerden im Mundraum hatte, dass er

Dr. Miguel Lucas in Madrid konsultieren und eine geplante Portugalreise verschieben musste.

Seine Unempfindlichkeit gegenüber Schmerzen und Krankheit war offenkundig. Nur eine sehr kritische Situation konnte ihn daran hindern, seine Pflicht zu erfüllen, und zu seinen Pflichten gehörte es auch, sich entsprechend dem Rat seiner Ärzte täglich Bewegung zu verschaffen. Dies fiel mir vor allem im Sommer 1993 auf, als er am grauen Star operiert wurde. Es war beeindruckend zu sehen, mit welcher Ruhe er alles ertrug. Und an manchen seiner Bemerkungen konnte man auch erkennen, wie präsent diese Umstände in seinem täglichen Umgang mit Gott waren: Er bat den Herrn, wieder besser sehen zu können, um seinen Blick auf ihn zu richten; und er dehnte diese Bitte auf seine Kinder und alle Seelen aus, wobei er sich an jene Worte erinnerte, die der heilige Josemaría schon vor langer, langer Zeit an den Herrn gerichtet hatte: »Dass meine Kinder dich sehen!« Das erläuterte er kurz in seinem Brief vom 1. August: »Ich habe sie mir zu eigen gemacht, und ich habe mich an die Dreifaltigkeit gewandt, um jede der drei göttlichen Personen darum zu bitten, dass wir in allen Lebenslagen auf Gott schauen, dass wir Umgang mit ihm pflegen, dass wir ihn lieben.«

Sein 80. Geburtstag stand unmittelbar bevor. Trotz der herausragenden medizinischen Betreuung, die er erhielt, war er im Laufe seines arbeitsreichen Lebens oft krank gewesen. Das Gehen und Treppensteigen fiel ihm immer schwerer, und seine Schrift wurde zittrig. Und doch merkte man ihm sein Alter kaum an, wenn man nicht zu seiner allernächsten Umgebung gehörte, weil sein Sinn für Humor, seine Freude, seine Präsenz und seine beständige Sorge um andere ihn jünger erscheinen ließen.

In jenem Sommer des Jahres 1993 handelte er mit unglaublicher mentaler und physischer Beweglichkeit, wann immer die Belange Gottes und der Kirche dies erforderten. Trägheit kannte er nicht. Seine Verfügbarkeit war schrankenlos. Auch wenn er die berühmten Worte des heiligen Martin von Tours, *Non recuso laborem (ich scheue keine Mühe)*, nur ausnahmsweise zitierte, zeichnete er sich durch die Fähigkeit aus, unmittelbar auf die Erfordernisse der Liebe zu reagieren.

Seine seelsorglichen Aufgaben erfüllte er bis zuletzt – unter anderem auf seinen apostolischen Reisen, die ihn in verschiedene europäische Länder wie Österreich, die Schweiz, Polen, Deutschland und Spanien führten und bei denen er mit unzähligen Menschen zusammenkam und den Scharen, die zu den Beisammensein mit ihm strömten, seine ungeteilte Aufmerksamkeit schenkte. 1994 reiste er wieder nach Spanien, um als Großkanzler der Universität Navarra einen akademischen Akt zu leiten. Und schließlich gipfelte sein irdisches Leben in seiner Pilgerfahrt ins Heilige Land.

Die Seele – seine Liebe zu Gott – trieb seinen Körper an. Couragiert setzte er sich über Müdigkeit oder körperliche Beschwerden hinweg und achtete immer mehr auf andere als auf sich selbst. Javier Echevarría erzählte über die Zeit, die sie am 22. März 1994 – wenige Stunden vor seinem Tod – auf dem Flughafen Ben Gurión in Tel Aviv verbrachten:

»Er war müde. Wir dachten alle, seine Müdigkeit sei eine Folge der Pilgertage, die auch physisch anstrengend waren. Wenn man Israel verlässt, wird man aus Sicherheitsgründen sehr lange befragt – mindestens zwanzig Minuten und manchmal sogar bis zu zwei Stunden lang. Ich war überrascht, wie geduldig und normal der Vater antwortete; man könnte meinen, dass das nur logisch ist, doch man merkte ihm ja an, wie müde er war, und dennoch beantwortete er alle Fragen so gütig, natürlich und einfach wie immer und ermöglichte es dem Beamten, in aller Ruhe seiner Pflicht nachzukommen.«

Seit 1976 konnte ich auch die außergewöhnliche Mischung aus Stärke und Herzlichkeit, Zuneigung und Unnachgiebigkeit beobachten, mit der er seine unmittelbaren Mitarbeiter antrieb. Er arbeitete und ließ arbeiten. Er besaß ein hervorragendes Organisationstalent und eine besondere Begabung für die Arbeit im Team. Er lebte in einer geduldigen Anspannung, und um ihn herum herrschte eine Atmosphäre allergrößter Einsatzbereitschaft und unerschütterlicher Gelassenheit; an seiner Seite schritt man in einem guten Rhythmus und mit unendlicher Ruhe voran, ohne im schnellen Lauf außer Atem zu kommen: eins nach dem anderen, geordnet, sehr geordnet, und in aufrichtiger Gesinnung – mit der Kraft dessen, der nicht aus eigenem Interesse handelt, sondern zur alleinigen Ehre Gottes.

Wie Lucas F. Mateo Seco es 1994 in *Scripta Theologica* zusammenfasste: Sein Leben war »wie ein Fluss in einem breiten Bett, der deshalb eher sanft dahinfließt: Unter dem heiteren Frieden, den er selbst besaß und an alle weiterzugeben wusste, die mit ihm zusammenarbeiteten, strömten eine machtvolle Energie und eine riesige Arbeitskraft, die er immer in den Dienst der heiligen Kirche und der menschlichen Werte stellte.«

Das Übermaß an Arbeit drückte ihn nicht zu Boden, denn vom Gründer des Opus Dei hatte er gelernt, dass »viel Arbeit zu haben bedeutet, viel Material für die Heiligung zu haben«. Er lebte das, was er Fader Hayward im Januar 1986 in Stockholm spontan erklärte, als dieser ihn auf das Problem des Zeitmangels angesprochen hatte:

»Damit die Zeit sich vervielfacht, müssen wir dem praktischen Rat unseres Vaters folgen und mehr in der Gegenwart Gottes leben. Dann werden wir mit größerem Frieden, größerer Intensität und dem größeren Wunsch, die Dinge gut zu machen, arbeiten. Das Ergebnis ist, dass die Zeit sich vervielfacht, weil wir die Dinge besser machen, mit größerer Freude, mit größerem Interesse daran, das Richtige zu tun. Deshalb sind wir konzentrierter bei der Sache und verlieren weniger Zeit.«

Auffällig war auch Don Alvaros Ordnungssinn, der ganz sicher ein Ordnungssinn der Liebe war und sich an vielen spirituellen und menschlichen Aspekten zeigte: ein Ordnungssinn, der weder geizig noch kleinlich, sondern offen und großmütig war. Ohne deswegen unflexibel zu sein, tat er eines nach dem anderen; die Improvisation liebte er nicht; er zog es vor, reiflich über die Dinge nachzudenken und jede noch so kleine Nuance entsprechend einzuordnen. Ohne zu zögern war er in der Lage, seine Pläne spontan zu ändern, wenn das Wohl der Seelen oder der Kirche dies erforderten. Er konnte sich auch gut auf neue Situationen einstellen. Wenn er alle menschlichen Mittel eingesetzt hatte, sprach aus seinen Entscheidungen ein großes Vertrauen in den Willen Gottes, und wenn es nötig war, zog er eine geplante Reise vor oder schob sie auf oder kehrte früher als geplant nach Rom zurück. Wie er es im Februar 1992 gegenüber den Schülern des *Colegio Mayor Montalban* in Madrid formulierte:

»Es tut mir leid, dass ich euch nicht häufiger habe treffen können. Aber was soll man machen! Wir sind eben nicht dazu da, das zu tun, was wir wollen, sondern das, was wir müssen.«

Sein Ordnungssinn hatte auch nichts mit Pedanterie oder Perfektionismus zu tun. Anfang 1992 hatte ich eine komplexe Aufgabe übernommen, der ich mich nahezu ausschließlich widmete. Als er mich am 29. März traf, erkundigte er sich nach meiner Arbeit. Ich antwortete ihm, dass ich für die Redaktion noch zehn oder zwölf Tage bräuchte. Da wandte er sich an die anderen und schlug vor:

»Also, dann nehmt ihr es ihm in zehn Tagen weg …«

Er achtete auf die kleinsten Details, doch ohne dabei aufdringlich zu sein oder die Menschen einzuengen. Er zeigte damit nur seine Aufmerksamkeit, seine intellektuelle Fähigkeit, die Dinge auf den Punkt zu bringen, und seine strikte Treue zu einem sehr charakteristischen Aspekt der Spiritualität des Opus Dei. Seine Sorgfalt und Genauigkeit entdeckten Kleinigkeiten, die uns übrigen entgingen. Er las nicht diagonal. Und wenn er eventuelle Nachlässigkeiten korrigierte, tat er es mit Humor. Mir fiel die Aufgabe zu, einen Text ins Reine zu schreiben, den verschiedene Personen gesehen und abgesegnet hatten, ehe er schließlich auf Don Alvaros Schreibtisch landete. Er trug in Großbuchstaben die Überschrift »Projekt …« Als Don Alvaro den Text korrigierte, machte er mit roter Tinte die übliche Markierung an den Rand, um auf den Fehler hinzuweisen: »/e«, fügte jedoch hinzu: »und olé!«

In besonderem Maße achtete er auf diese scheinbar kleinen Details, wenn es um die Liturgie oder um Kultstätten ging. 1978 besichtigte er die neue Kapelle von Molinoviejo, die kurz zuvor eingeweiht worden war. Der Tabernakel dort ist von Kacheln umrahmt, die Maria und den Apostel Johannes zu Füßen des gekreuzigten Christus zeigen. Don Alvaro war kaum eingetreten, da wies er auch schon auf einen Fehler in der winzigen Kreuzesinschrift hin: *Iesus Nazarenus, Rex Iudeorum* (statt *Iudaeorum*).

Am 20. April 1990 sollte er auf dem internationalen Symposion an der theologischen Fakultät der Universität Navarra die Abschlussvorlesung halten. Am Vorabend begab er sich in die Aula Magna, um die Mikrophone und Lautsprecher auszuprobieren und die Lautstärke schon vorher so einzustellen, dass die Zuhörer seinem Vortrag gut würden folgen können. Die gleiche Szene wiederholte sich im September 1991 vor einer feierlichen Messe, die er für den Universitätslehrkörper halten sollte; außerdem wollte er sich mit eigenen Augen von der liturgischen Würde des Ortes überzeugen – damit alle Platz fanden, hatte man die Sporthalle der Universität gewählt.

Wir müssen nicht wieder darauf hinweisen, dass diese Sorgfalt den Geist eines Menschen widerspiegelt, der großherzig dient, und nichts mit Kleinlichkeit oder Pedanterie zu tun hat. Als er 1956 erfuhr, dass die Hauswirtschaftsverwaltung in der Villa Tevere nicht genug Bügeleisen hatte, schlug er sofort vor, man solle sich doch überlegen, ob man nicht eine Maschine anschaffen wolle, wie er sie neulich in einer Klinik gesehen habe – das sei vielleicht eine bessere Lösung. Und tatsächlich wurde kurze Zeit später eine sehr leistungsstarke Bügelmaschine des besagten Typs angeschafft.

Irrtümer korrigierte Don Alvaro ebenso liebevoll wie deutlich. Er tat dies mit solcher Herzlichkeit, dass es unmöglich war, ihm nicht dafür dankbar zu sein. Schon als junger Mann hatte er sich diese Art, andere auf bestimmte Dinge hinzuweisen, angeeignet, die die christliche Stärke und Nächstenliebe mit den Erfordernissen der Freiheit in Einklang zu bringen wusste.

Er sah nicht über Fehler hinweg, so klein sie auch sein mochten. Und er war kein Freund von Euphemismen. Dagegen interessierte ihn alles, was den Personen des Opus Dei an Leib und Seele widerfuhr. Immer wieder machte er deutlich, dass der gute Hirte den Bedürfnissen seiner Schutzbefohlenen zuvorkommen muss und überdies niemals aus Bequemlichkeit über Dinge hinwegsehen darf, die es zu korrigieren gilt … Er führte in diesem Zusammenhang sehr deutliche Beispiele an. Eines betraf die Gesundheit und die Neigung einiger, zu viel zu essen. In einem solchen Fall hätten die übrigen die Pflicht, darauf zu achten, Abhilfe zu schaffen und wenn nötig auch einen Arzt hinzuzuziehen. Abschließend bemerkte er belustigt:

»Je mehr man isst, desto mehr Hunger hat man, denn der Körper ist ein Verräter: Wenn sie Hunger haben, sollen sie es dem Herrn aufopfern … es wird ihnen schon nicht so ergehen wie dem Esel aus dem Witz, der sich irgendwann so daran gewöhnt hatte, nichts zu fressen, dass er schließlich verhungerte …«

Vermutlich haben sein Charakter und seine übernatürliche Sichtweise ihm dabei geholfen, das, was Josemaría Escrivá ihn lehrte, rasch zu verinnerlichen: klar und aufrichtig zu sein und die Dinge beim Namen zu nennen. 1986 erklärte er einem Familienvater, der ihn gefragt hatte, wie man bei der Erziehung der Kinder Stärke und Liebe miteinander in Einklang bringen könne:

»Sie müssen nur dein Lächeln sehen und sind schon zufrieden. Wenn du sie zurechtweisen musst, dann zieh kein langes Gesicht: Sag ihnen die Dinge mit einem Lächeln, und mach dir keine Sorgen. Wenn man wirklich liebt, kann man alles sagen, auch die härtesten Dinge.«

Und dann erzählte er, wie er in den fünfziger Jahren einem Mitglied des Werkes eine Zurechtweisung hatte erteilen müssen. Der Betreffende nahm sie sehr gut auf und sagte nichts. Nach einiger Zeit jedoch vertraute er ihm an, dass er sehr gekränkt gewesen sei, und er hatte auch noch den Mut hinzuzufügen, dass ihm das mit anderen – durchaus energischen, aber liebevollen – Hinweisen, die Josemaría Escrivá ihm erteilte, nicht so ging.

»Sie dagegen haben nicht einmal laut gesprochen, und doch war ich am Boden zerstört.«

»Das war für mich eine wichtige Lektion«, schloss Don Alvaro seinen Bericht.

Ich für meinen Teil vermag nicht zu sagen, wer hier übertrieben hat: der Protagonist der Episode mit seinem offenherzigen Geständnis oder Don Alvaro mit seiner Bescheidenheit. In jedem Fall war er, wie Javier Echevarría es in dem bereits erwähnten Interview mit Pilar Urbano formuliert hat, »ein Mensch ohne Falschheit, ohne Arg, transparent!«

20

Die Seligsprechung von Josemaría Escrivá

Einige von Don Alvaros Tugenden wie die Beharrlichkeit, das Organisationstalent und seine konstruktive Art, im Team zu arbeiten, traten auch bei der Vorbereitung der Dokumentation für den Seligsprechungsprozess von Josemaría Escrivá zutage. Zum Teil habe ich selbst beobachten können, wie er die verschiedenen Etappen plante, wie er die Personen auswählte, die sich mit den vielfältigen Aufgaben befassen sollten, und wie genau er den Fortgang der Arbeiten verfolgte, ohne die anderen deshalb einzuengen oder zu kontrollieren. Wahr ist, dass der feierlichen Zeremonie vom 17. Mai 1992 – bei der auch Giuseppina Bakhita seliggesprochen wurde, eine Nonne des Canossianerordens der Töchter der Nächstenliebe und, wie Johannes Paul II. es formulierte, ein leuchtendes Beispiel der Versöhnung und Vergebung im Sinne des Evangeliums – Tausende von Stunden gewissenhafter Arbeit vorangegangen waren, die sich in seitenlangen Berichten und Dutzenden von Bänden niederschlugen. Die von Papst Paul VI. und Johannes Paul II. im Sinne des Zweiten Vatikanischen Konzils durchgeführten Reformen führten zu einer Beschleunigung der Prozesse. Dennoch war das Zusammentragen und Studieren der Dokumente noch immer mühselig genug. Don Alvaro äußerte auch wiederholt, dass ein so rascher Abschluss ohne die moderne Technik undenkbar gewesen sei: Dank des Computers war ein viel schnelleres und besseres Arbeiten möglich geworden.

Am 17. Mai 1992 veröffentlichte Don Alvaro einen Artikel in der Madrider Tageszeitung *ABC*, der mit den folgenden Sätzen endete: »Ich erkenne an, dass die Schuld, in der ich persönlich beim seligen Josemaría stehe, niemals abgetragen werden kann. Ich habe das Privileg und bin mir der großen Verantwortung bewusst, vierzig Jahre lang Zeuge seines Strebens nach Heiligkeit gewesen zu sein. Viele Male habe ich den Herrn gebeten, dass er mir wenigstens ein bisschen von jener Liebe gewähren möge, die ich in seinem Herzen gesehen habe. In diesem Moment der Freude hoffe ich als nicht zahlungsfähiger Schuldner auf die Barmherzigkeit Gottes, die Anhänglichkeit und Treue der Mitglieder des Werkes und das Gebet der Kinder der Kirche.«

In gewisser Weise trug er diese Schuld seit 1975 ab, indem er die Lehren des Gründers und die private Verehrung des künftigen Seligen unermüdlich verbreitete und Tausenden von Seelen den Rat gab, Josemaría Escrivá beharrlich um seine Fürsprache zu bitten. Ein ums andere Mal predigte er, dass er allen, die vor Gott zu ihm riefen, nun vom Himmel aus noch mehr und noch wirkungsvoller helfen würde.

Diese Überzeugung wurde mit den Jahren immer stärker. Das konnte man spüren, wenn er im Zusammenhang mit den Gedenkmessen, die um den 26. Juni herum in Rom und Madrid, in Bogotá, Manila und Sydney gefeiert wurden, von Menschen hörte, die sich bekehrt oder ihre Liebe zu Gott wiedergefunden hatten. Dann traten ihm vor Rührung die Tränen in die Augen.

Außerdem brannte er im Hinblick auf den Kanonisierungsprozess vor Eifer, den Ruf der Heiligkeit des Gründers zu verbreiten: zum Beispiel, wenn wir Berichte über außerordentliche göttliche Gnadenerweise erzählten oder lasen; wenn die Erzählung mündlich war, drängte er darauf, sie niederzuschreiben. Wenn es sich um eine Krankenheilung handelte, versäumte er es nie, sich danach zu erkundigen, ob eine entsprechende medizinische Dokumentation dazu vorliege.

Was ihn am meisten bewegte, war die übernatürliche Reaktion Tausender von Menschen, die auf das Gebet vertrauten und den Gründer des Opus Dei als einen direkten und leichten Weg zu Gott betrachteten. Don Alvaro war davon überzeugt, dass Josemaría Escrivá in den Seelen wie eine Art *Lautsprecher* des Heiligen Geistes wirkte und ebenso die Lautstärke unserer Gebete vor dem Herrn vervielfachte. Diese Verehrung und insbesondere der Besuch in der Krypta der Villa Tevere führten dazu, dass viele Menschen sich entschlossen, das christliche Leben ernster zu nehmen oder sich, zuweilen nach vielen Jahren, in der Beichte wieder mit Gott zu versöhnen:

»Das sind die größeren Wunder«, machte Don Alvaro 1983 deutlich, »aber sie zählen nicht, sie haben keine Auswirkung auf die Seligsprechung.«

Immer wieder spornte er dazu an, das Beispiel und die Lehre des Gründers als *Werkzeug des Apostolates einzusetzen*:

»Sein ganzes Leben lang«, sagte er im November 1979, »war unser Vater ein getreues Werkzeug in den Händen Gottes; und er ist es noch jetzt und für immer und mit noch größerer Wirkung im Himmel. Und jetzt ist er überdies, weil er ein guter Vater ist, ganz entzückt davon, auch unser Werkzeug zu sein, denn wir können das Beispiel seines Lebens und den Reichtum seiner Lehre zu Hilfe nehmen, um den Menschen von der Größe ihres Gottes zu erzählen.«

Seit 1975 hatte Don Alvaro die Vorbereitung der erforderlichen Dokumente vorangetrieben und exakte Anweisungen gegeben, die Schriften, aber auch die Ereignisse und Anekdoten aus dem Leben des Gründers zu sammeln. Es galt, alle Vorbereitungen zu treffen, damit man nach dem Mindestzeitraum von fünf Jahren nach dem Tod, den die allgemeinen Vorschriften der Kongregation für die Selig- und Heiligsprechungen vorschreiben, so schnell wie möglich die nötigen Schritte in die Wege leiten konnte. In diesem Zusammenhang formulierte Don Alvaro einige zentrale Gedanken, die die Arbeit der folgenden Jahre wie eine Art Refrain begleiten sollten.

Das erste große Kriterium betraf die Lauterkeit der Absicht: Es war gut und richtig, wenn die Mitglieder des Opus Dei von der Seligsprechung ihres Gründers träumten und dabei das Wohl des Werkes im Auge hatten; doch das letzte und eigentliche Ziel war die Ehre Gottes und der Dienst an der Kirche in der Überzeugung, dass es von großem Nutzen für die Seelen sei, ihnen eine so liebenswürdige und so *aktuelle* Persönlichkeit als Modell der Heiligkeit vor Augen zu stellen.

Außerdem verlangte Don Alvaro, dass jeder Schritt sehr gut, so gut wie möglich, durchzuführen sei. Josemaría Escrivá hatte gelehrt und darauf gedrängt, niemals *stümperhaft* zu arbeiten. Man sollte also keine halben Sachen machen – erst recht nicht, wenn es um Dinge ging, die so direkt mit dem Gründer in Verbindung standen.

Und schließlich würde der Teufel Widerstand leisten: Man brauchte die Hilfe Gottes und sehr viel Demut. Das erläuterte er am 6. August 1978, fast zur selben Zeit, als eine Hand voll Opus-Dei-Mitglieder viele Kilometer entfernt die Diakonatsweihe empfingen: Wie die angehenden Diakone während der Zeremonie müssten sie alle sich auf dem Boden ausstrecken:

»Wir müssen unser ganzes Leben«, so fügte er hinzu, »in eine ununterbrochene Litanei verwandeln, eine Litanei der immerwährenden Bitte um Hilfe.«

Der formelle Antrag auf die Einleitung des Prozesses wurde der Kongregation für die Selig- und Heiligsprechungen 1980 vorgelegt. Don Alvaro konnte den Postulator nicht begleiten, obwohl er dies natürlich gerne getan hätte, doch an diesem Tag wurde ihm eine noch größere Freude zuteil: Der Heilige Vater empfing ihn in Audienz. Ein ermutigendes Detail, das Don Alvaro nicht entging, war die Tatsache, dass der Vorgang die Nummer 1339 erhielt: Mit diesen drei Zahlen – 1, 3, 9 – hatte Josemaría Escrivá in seinem vertraulichen Umgang mit den Personen der Allerheiligsten Dreifaltigkeit immer *gespielt*. Als er die Neuigkeit im Römischen Kolleg vom Heiligen Kreuz verkündete, betonte er erneut, man solle demütig sein und kein Aufheben machen:

»Uns kommt es zu, unbemerkt zu bleiben, und wir können uns dessen sicher sein, dass unser Vater nicht will, dass wir uns für wichtig halten.«

Etwas Ähnliches geschah ein Jahr später, als Kardinal Ugo Poletti, der Vikar des Papstes für die Diözese Rom, das Dekret für die Einleitung des Verfahrens unterzeichnete und das Datum für die Bildung des Tribunals festlegte.

Er war auf mögliche Angriffe vorbereitet. Es erschien ihm ganz natürlich, dass es dazu kommen würde: Wenn wir nichts tun würden, würde auch der Teufel sich ruhig verhalten; umgekehrt wären die Schwierigkeiten ein Signal dafür, dass man auf dem richtigen Weg sei: »wie eine Nagelprobe«, fügte er scherzend hinzu und erzählte, dass ihm, gleich nachdem einige Pamphlete in Umlauf gebracht worden waren, ein Bischof geschrieben habe, um ihn zu beglückwünschen: »Dasselbe ist uns Salesianern passiert, als wir den Seligsprechungsprozess von Johannes Bosco eingeleitet haben; es gab einige entsetzliche Verleumdungen gegen den Heiligen und seine Söhne. Jetzt, da der Heilige Stuhl den Seligsprechungsprozess des Gründers des Werkes eingeleitet hat«, so der gute Bischof, »ist es ganz natürlich, dass der Teufel sich regt. Meinen Glückwunsch!«

Am 12. Mai 1981 fand im Lateranpalast die Eröffnungssitzung des Verfahrens statt, bei der Kardinal Poletti den Vorsitz führte. Eine Handvoll Personen füllte den Saal. Es war ein feierlicher und ernster Akt, voll von übernatürlichem Sinn und Geist des Gebets, wie der Kardinalvikar in seiner Ansprache hervorhob.

Sechs Tage später, am 18. Mai, berief Kardinal Tarancón, der Erzbischof von Madrid, das Tribunal für die Befragung der spanischsprachigen oder in Spanien wohnhaften Zeugen ein. Zum Vorsitzenden bestimmte er P. Rafael Pérez, einen sehr angesehenen Augustiner, der viele Jahre lang Glaubensanwalt – *Anwalt des Teufels* – beim Heiligen Stuhl gewesen war: Er stand zu Recht in dem Ruf, sehr streng zu sein und den Dingen auf den Grund zu gehen. Tag für Tag gingen die Arbeiten in langen abendlichen Sitzungen voran, bis schließlich am 26. Juni 1984 unter Leitung des Madrider Erzbischofs, Angel Suquía, der feierliche Schlussakt stattfand.

Ich hatte Gelegenheit, am 8. November 1986 beim Abschluss des Verfahrens in Rom in der *Sala della Conciliazione* im Lateranpalast dabei zu sein (demselben Ort, an dem 1929 die Lateranverträge unterzeichnet worden waren). Unter dem Vorsitz von Kardinal Poletti fanden sich dort Kardinäle, Bischöfe, beim Heiligen Stuhl akkreditierte Botschafter und an die tausend weitere Personen ein.

Der Kardinalvikar von Rom verweilte ein wenig bei einem Gedanken, der ihm sehr am Herzen lag – Josemaría Escrivá sei »ein großer Gründer, der in der Kirche und insbesondere in der Stadt Rom eine unauslöschliche Spur hinterlassen hat«, gewesen –, und schloss mit einem Wunsch:

»Es ist unser aller Hoffnung, ihn bald als ein Vorbild christlichen Lebens für die gesamte Kirche zur Ehre der Altäre erhoben zu sehen. Beten wir zum Herrn um diese Gnade.«

Das Verfahren nahm seinen Lauf, und am 9. April 1990 veröffentlichte der Papst das Dekret, das den heroischen Tugendgrad des Ehrwürdigen Dieners Gottes Josemaría Escrivá anerkannte: die Heiligkeit seines Lebens und die Richtigkeit seiner Lehre. Als Don Alvaro in Villa Tevere die Neuigkeit verkündete, sagte er spontan:

»Ich bete zu Gott, dass wir nicht eitel werden: Die Erklärung über den heroischen Tugendgrad unseres Vaters darf kein Grund zur Eitelkeit sein, sondern muss uns zu einem noch größeren Verantwortungsgefühl anspornen. Sie muss dazu führen, dass die Zahl der Menschen, die im Werk heilig werden wollen, auf der ganzen Welt explosionsartig steigt.«

Ende April zelebrierte er eine Messe in der Kapelle des Zentrums Diego de León in Madrid. Zu Beginn seiner Predigt wandte er die Worte *Qui se humiliat, exaltabitur* auf den Gründer an: Nun, da der erhöht wird, der versucht hat, sein Leben lang verborgen zu bleiben, müssen wir Gott demütig danken und unsere persönliche Hingabe an den Herrn erneuern … Aus diesem Grund hatte er die Dankmesse zu Ehren der Allerheiligsten Dreifaltigkeit feiern wollen. In der Freude, die wir als treue Söhne mit gutem Recht empfanden, sollten wir – wie es auch Josemaría Escrivá getan hatte – jene Worte aus der Liturgie verinnerlichen – *Quid retribuam Domino pro omnibus, quae retribuit mihi? Calicem salutaris accipiam, et nomen Domini invocabo*: Wie soll ich dem Herrn all das vergelten, was er an mir getan hat? Den Kelch des Heils will ich nehmen und anrufen den Namen des Herrn –, um das Kreuz zu umarmen und mit Gottes Gnade Gottes Willen zu tun.

Aus Dankbarkeit für diese große Gunst, die Gott uns zuteil werden ließ, sollten wir versuchen, bessere Söhne zu sein und den Geist des Opus Dei in vollkommener Treue zum Vermächtnis des Gründers und mit Initiative so gut wie möglich leben. Und er ermunterte uns dazu, ihn nachzuahmen und das *Nunc coepi!* zu leben: Jetzt fange ich an!

Am 6. Juli 1991, also wenig mehr als ein Jahr später, veröffentlichte der Heilige Stuhl das Dekret *Super miro* über den Ehrwürdigen Diener Gottes Josemaría Escrivá: die Anerkennung des wundertätigen Charakters einer physischen Heilung, die auf seine Fürsprache zurückgeführt wurde. Mit diesem neuen Meilenstein begann logischerweise die Endphase des Verfahrens. Nun galt es nur noch, innerhalb des päpstlichen Zeitplans aus Reisen und Zeremonien einen geeigneten Tag zu finden, wobei auch die unumgänglichen organisatorischen Erfordernisse zu berücksichtigen waren, denn man erwartete einen großen Zustrom an Gläubigen. Das Datum sollte nach dem Sommer festgelegt werden: *post aquas*, wie Don Alvaro es mit dem für die vatikanische Kurie typischen Terminus formulierte.

»Vergesst mir nicht«, schrieb er am 7. Juli an die Zentren der Prälatur, »dass dieser Schritt ein neuer Glockenschlag unseres Gründers ist, damit wir uns dazu entschließen, heilig zu sein, damit wir darum kämpfen, Gott ganz zu gehören: ohne Abstriche und Vorbehalte.«

Vier Tage später, am 11. des Monats, erwarteten wir ihn in Madrid. Genau an diesem Tag erschien in einer Tageszeitung ein sehr ungenauer und ungerechter Artikel über den Gründer des Opus Dei. Jetzt kamen die negativen Reaktionen auf, vor denen er uns schon Jahre zuvor gewarnt hatte. Am Ende desselben Monats erschien ein weiterer, eher unglücklicher Bericht. Don Alvaro empfand Mitleid mit den Verfassern – »möge Gott ihnen vergeben«, wiederholte er mehrfach – und Schmerz über den Schaden, der der Kirche und den Seelen dadurch womöglich zugefügt wurde. Gleichzeitig stellte er wieder einmal als treuer Sohn sein Feingefühl gegenüber dem Heiligen Stuhl unter Beweis. Um diesen Informationen den Wind aus den Segeln zu nehmen, hatte ich die Möglichkeit angesprochen, einen positiven Gegenbericht zu verfassen. Doch Don Alvaro zog es vor zu warten: Er wollte nicht den Eindruck erwecken, dass wir Druck auf den Heiligen Stuhl ausübten, um zu erreichen, den Termin für die Seligsprechung vorzuziehen.

In diesen Julitagen des Jahres 1991 erhielt er aber auch eine Nachricht, die für ihn als Madrilenen eine besondere Freude war: Don Antonio Astillero – einer der Bischofsvikare in Madrid, der mit dem Abschluss der Bauarbeiten an der zukünftigen Almudena-Kathedrale betraut war – hatte ihm die Möglichkeit eröffnet, dass nach der Seligsprechung durch den Papst eine der Seitenkapellen Josemaría Escrivá gewidmet werden könnte. Don Alvaro beglückte diese Vorstellung, und er erzählte uns immer wieder, wie der Gründer vor dem Bild der Almudena außerhalb der Stadt, gegenü-ber der Cuesta de la Vega, gebetet hatte. Das sollte uns inspirieren, wenn wir über einen geeigneten Entwurf für besagte Kapelle nach-dachten.

Die folgenden Schritte auf dem Weg zur Seligsprechung erfüll-ten Don Alvaros Herz mit immer größerer Dankbarkeit. Als er das vom Heiligen Stuhl festgelegte Datum erfuhr, vertraute er den Zentren der Prälatur die ersten Regungen seiner Seele an: »Danke, Herr, habe ich wieder und wieder gesagt, denn du bist gut und erhöhst die, die sich selbst erniedrigen wollten. Sein ganzes Leben lang war unser Vater bestrebt, sich zu verbergen und zu verschwin-den, damit allein Gott ins Licht tritt; und jetzt will der Herr ihn zur Ehre der Altäre erheben und ihn den Christen als Vorbild der Tugend und Fürsprecher in allen Notlagen vor Augen stellen.«

Seit der öffentlichen Bekanntmachung dieses Datums regte sich – paradoxerweise – in einigen mehr oder weniger laizistischen Medien Widerstand gegen die päpstliche Entscheidung. Don Alva-ro verzieh, entschuldigte und hielt alle zu Gebet und Arbeit an. Er bewies Stärke und Gelassenheit, versäumte es andererseits jedoch nicht, liebevoll und deutlich die Wahrheit zu sagen, wenn er es für notwendig hielt.

So veröffentlichte beispielsweise eine nordamerikanische Wochenzeitung im Januar 1992 so unglaubliche Meldungen wie die, Josemaría Escrivá sei im Begriff gewesen, die katholische Kirche zu verlassen und zur Orthodoxie zu konvertieren oder er habe Hitlers Holocaust entschuldigt. Der ersten Falschmeldung maß Don Alvaro keine besondere Bedeutung bei, doch was den zweiten Punkt betraf, so hielt er es für angebracht, eine formelle Erklärung abzugeben: »Es ist der Wahrheit vollständig entgegengesetzt, etwas Derartiges von einer Person zu sagen, die das jüdische Volk aus tiefstem Herzen geliebt und jede Art von Tyrannei immer energisch verurteilt hat. Ich habe mich, gleich nach der Zeitungslektüre von heute mit der israelischen Botschaft und mit Vertretern der jüdischen Gemeinde in Verbindung gesetzt und sie meiner Solidarität sowie meiner Empörung über derartige Lügen versichert. Ich weiß, dass ich damit nichts anderes tue, als den Schmerz von Josemaría Escrivá über den Holocaust zu teilen, den das jüdische Volk durch die kriminelle Politik der Nationalsozialisten erlitten hat.«

In jenen Tagen, nämlich am 9. Januar 1992, wäre Josemaría Escrivá 90 Jahre alt geworden. Aus diesem Anlass veröffentlichte der Erzbischof von Madrid, Kardinal Angel Suquía, auf der dritten Seite der Tageszeitung *ABC* einen ausführlichen Artikel, in dem er seine Freude darüber zum Ausdruck brachte, dass dieser spanische Priester zur Ehre der Altäre erhoben werden würde, »der hier, in der Diözese Madrid, den klaren Ruf des Herrn empfing, eine Botschaft von universaler Bedeutung in die Tat umzusetzen und zu verbreiten«. Am selben Tag erinnerte der Bischof von Barbastro, Ambrosio Echebarría, im *Heraldo de Aragón* an die Worte, die er Paul VI. 1976 über den Gründer des Opus Dei hatte sagen hören: »ein über alles geliebter Sohn der Kirche«. Außerdem schrieb Simón Hassán Benasayag, Präsident der jüdischen Gemeinde in Sevilla, im dortigen Lokalteil der Zeitung *ABC*: »Es hatte den Anschein, als könnte man nichts Neues mehr über das Opus Dei sagen, und die Erfindung von einer angeblich nazistischen oder antisemitischen Einstellung des Gründers ist nun wahrhaft der Gipfel der Phantasie.«

Don Alvaro sprach sich dafür aus, diese hanebüchenen Verleumdungen mit aller Deutlichkeit richtigzustellen. Gleichzeitig traf er die letzten Vorbereitungen für die Seligsprechung. In jenen Januartagen verbrachte er auf dem Rückweg von Valencia, wo er am Begräbnis des verstorbenen Erzbischofs der Diözese, Miguel Roca Cabanella, teilgenommen hatte, zwei oder drei Tage in Madrid. Er nutzte seinen Aufenthalt in der spanischen Hauptstadt dazu, um sich an einem Vormittag auf die Baustelle der zukünftigen Almudena-Kathedrale zu begeben und die Kapelle, die dem angehenden Seligen vielleicht geweiht werden würde, *in situ* zu besichtigen. Die Almudena war voller Staub, es herrschte eine eisige Kälte, und es war alles andere als einfach, sich vorzustellen, wie die Kirche einmal aussehen würde. Bei seiner Rückkehr zitierte er belustigt ein altes Sprichwort: Der Schwiegermutter, der Schwägerin und der Ehefrau zeigt man keine halbfertigen Sachen.

Anfang April schrieb Don Alvaro einen Brief an die Zentren der Prälatur, der, wie es der liturgischen Zeit entsprach, um die Betrachtung des Kreuzes und der Auferstehung Christi kreiste. Gegen Ende nahm er kurz Bezug auf »diese Kampagne von Verleumdungen und Dummheiten, die einige organisieren«: »Betet für sie, erneuert eure Sühneakte gegenüber dem Herrn für die Beleidigungen, die sie ihm zufügen, und lasst uns keinen Augenblick lang den Frieden verlieren. So wollen wir uns Tag für Tag verhalten, um das Böse in überströmender Güte zu ertränken und unermüdlich die Wahrheit zu verbreiten.«

Antonio Prieto unternahm in diesen Apriltagen eine kurze Reise nach Rom. Die Methoden der Kampagne erwiesen sich als drastisch. Wieder äußerte sich Don Alvaro dahingehend, dass man das Böse mit einem Übermaß an Gutem ersticken, gleichwohl das Nötige tun und sich vor Traurigkeit und Pessimismus hüten solle. Tatsächlich wurden zu Beginn der Karwoche weitere Intrigen gesponnen, deren Ergebnisse am Palmsonntag mit großer Aufmachung in der meistgelesenen Tageszeitung erschienen. Wir, die wir uns mit diesen Angelegenheiten beschäftigten, waren verständlicherweise betroffen, aber auch sehr ruhig. Die Energie und der

Friede von Don Alvaro gaben uns Kraft. Am Gründonnerstag erhielt Tomás Gutiérrez, der Regionalvikar der Prälatur in Spanien, zwei Briefe aus Rom: einen von Don Alvaro und einen von Don Javier Echevarría.

Don Alvaros Zeilen waren von der Identifikation mit Christus geprägt: Seine Nachfolger seien wie ihr Meister dazu berufen, »Unverständnis und Leid zu erdulden«. So war es in der Geschichte der Kirche immer gewesen, und die Verleumdungen und Intrigen würden die Heiligkeit des Gründers nur noch deutlicher zutage treten lassen. In der Mitte dieser dicht beschriebenen Seite schrieb Don Alvaro: »Seid froh, heiter, lebt *in laetitia*, mit dem kleinen Kreuz, das wir nun zu tragen haben. Denkt an das, was unser Vater immer gesagt hat: Wenn der Herr sein Werk krönen wollte, drückte er das Siegel des Heiligen Kreuzes darauf, den göttlichen Stempel, der, wenn das denn überhaupt nötig war, seine Echtheit bewies. Außerdem möchte ich euch in Erinnerung rufen, dass unser Gründer in den vierziger Jahren und später, als die Verfolgung heftiger wurde, immer voller Humor zu bemerken pflegte, dass *ich in diesem meinem Spanien ein Spucknapf war, in den hineinzuspucken sich alle für berechtigt hielten*. Seine Großmut im Angesicht des Widerspruchs, seine Freude, die *kreuzförmige Wurzeln hatte*, hat das Werk ausgebreitet. Jetzt, in diesen Zeiten der Prüfung für die Kirche, lässt die Dreieinigkeit es zu, dass einige wenige – sehr wenige! – das heilige Gedächtnis unseres Vaters auch weiterhin wie einen Spucknapf behandeln: Wir wollen heiter arbeiten, denn auch diese Episode wird Gott zu größerer Ehre gereichen.«

Und unmittelbar ehe er den Brief beendete, fügte er lakonisch hinzu: »Was die dummen Behauptungen über das Verfahren angeht, macht euch keine Sorgen: Es ist alles vorschriftsmäßig und mit großer Genauigkeit vonstatten gegangen.«

Don Alvaros Stärke erfüllte seine Umgebung mit Frieden. Jordi Miralbell war aus Barcelona zum UNIV-Kongress gereist, der in jenem Jahr zum 25. Mal stattfand. Am letzten Tag besuchte er die Villa Tevere und erfuhr, dass Fernando Valenciano, ein unmittelbarer Mitarbeiter von Don Alvaro, eine Ischialgie erlitten hatte. Er entschloss sich, kurz bei ihm vorbeizuschauen. In der Zimmertür traf er auf den Prälaten, der dem Kranken eine ganze Weile Gesellschaft geleistet hatte und nun im Gehen begriffen war. Er sprach Jordi mit seinem Taufnamen an und küsste ihn auf beide Wangen – Jordi war völlig überwältigt von seinem in sich ruhenden Auftreten:

»Mitten in dieser überaus schweren Zeit der Verleumdungen war Don Alvaro vollkommen heiter, kümmerte sich um seinen kranken Sohn, nahm sich Zeit für ihn und war erfüllt von Frieden und Herzlichkeit. Das hat mich ungeheuer beeindruckt.«

Wenige Tage später, am 27. April, richtete Don Alvaro einen kurzen Brief an die Zentren der Prälatur: Bei den Vorbereitungen der Seligsprechungszeremonie hatte nun, so drückte er sich aus, der Endspurt begonnen. Er schrieb ihnen einige Empfehlungen für die nun unmittelbar bevorstehenden Tage der Pilgerschaft: Vor allem wünschte er sich, dass sie im Geist der alten Rompilger in die Ewige Stadt kämen: intensiv betend, innig mit der Gottesmutter vereint und bereit, alle Strapazen und Schwierigkeiten, unter denen sie während der Reise vielleicht zu leiden haben würden, großherzig aufzuopfern.

Zwischen dem 9. und dem 11. Mai erschienen in einer ganzen Reihe von Tageszeitungen Interviews mit Don Alvaro. Gleichzeitig gingen die Kurzbiographie des seligen Josemaría Escrivá, die Bücher mit den Messtexten (für die Seligsprechung und für die feierlichen Dankmessen) und verschiedene Informationsbroschüren zu Reisemöglichkeiten und Veranstaltungen in Druck. Unter den zahlreichen – und natürlich nicht immer positiven – Zeitungsmeldungen und Artikeln ragten der bereits erwähnte kurze und gehaltvolle Artikel von Don Alvaro sowie eine ausführliche offizielle Notiz der Kongregation für die Selig- und Heiligsprechungen heraus: Dort wurde noch einmal darauf hingewiesen, wie gründlich und genau das Verfahren entgegen einigen bis zuletzt verbreiteten Verleumdungen durchgeführt worden sei.

Am 17. Mai verfolgte ich die Feier von Madrid aus am Fernsehen. Obwohl ich damit gerechnet hatte, war ich überwältigt von den Bildern des Petersplatzes, der noch ein ganzes Stück in die Via della Conciliazione hinein voller Menschen war, ohne dass man irgendwo eine *Lücke* gesehen hätte. Die zutiefst andächtige Atmosphäre, die in diesem Gedränge herrschte, war bei der Übertragung schon etwas schwieriger zu erfassen (die Mikrophone schienen nicht eingeschaltet zu sein), doch man konnte sie an der Strenge der Liturgie erahnen: insbesondere gegen Ende des Seligsprechungsritus, als die Bilder der neuen Seligen enthüllt wurden. Die beeindruckende innere Sammlung dieser großen Menschenmenge, die von ihrer tief empfundenen Freude herrührte, war ebenfalls zu spüren.

Am folgenden Morgen berichtete die Madrider Presse ausführlich und auf den ersten Seiten. Alles in allem waren die Berichte innerhalb der Möglichkeiten oder gemessen an der Ausrichtung der jeweiligen Zeitung sehr positiv: Ich schloss daraus, dass selbst diejenigen, die voreingenommen waren, von der außergewöhnlichen Atmosphäre überrascht waren, die sie mit ihren eigenen Augen auf dem Petersplatz hatten beobachten können. Und ähnlich verhielt es sich – trotz des größeren zeitlichen Abstands – auch mit den Meldungen der Folgetage.

Don Alvaro aber machte sich darüber keine Gedanken, sondern wies darauf hin, dass die Seligsprechung »für alle Christen ein starker Anreiz« gewesen sei, »den Ruf Jesu zu hören, der *will, dass alle Menschen gerettet werden und zur Erkenntnis der Wahrheit gelangen* (1 Tim 2,4)«. Und an die Gläubigen der Prälatur gerichtet sagte er, das »auch wenn jede Zeit eine Zeit der Bekehrung ist, der Herr uns jetzt einlädt, auf dass sich in uns – in jedem und jeder Einzelnen – ein wahrhaftiges *Nunc coepi!* vollziehe«.

Am 3. Juni wurde er in Audienz vom Papst empfangen, der ihm ausdrücklich sagte, dass er Gott für die Seligsprechung des Gründers danke und dass ihn die große Beteiligung bei den Feiern auf dem Petersplatz sehr bewegt habe. In dem Brief, den Don Alvaro noch am selben Tag an die Zentren der Prälatur schrieb, drückte er es so aus: »Auch wenn wir viele waren, war doch jeder Einzelne für den Stellvertreter Christi ein Grund zur Freude und ein Instrument des Apostolats: Seien wir also unserer immer aktuellen Berufung treu, dann wird der Herr uns segnen.

Ich fühlte einen heiligen Stolz, ein Sohn unseres Vaters und euer Vater zu sein: In meinem Fall sehe ich sehr deutlich, dass *il sangue del soldato fa grande il capitano*, das Blut des Soldaten den Ruhm des Hauptmanns ausmacht! Ich danke euch allen, und ich bitte euch mit den Worten unseres Vaters: Mehr! Mehr! Mehr!

Betet viel für den Papst und seine Anliegen und für seine Mitarbeiter.«

21

Kultur und öffentliche Meinung

Don Alvaro war mit den kulturellen oder gesellschaftlichen Strömungen und Veränderungen wohlvertraut. In den Zeiten des Beisammenseins kam die Sprache relativ häufig auf kürzlich erschienene Bücher oder aktuelle Themen. Nichts erschien ihm gleichgültig: zum einen wegen seines wachen Intellekts, zum anderen aus brennendem Eifer für das Wohl der Seelen. Insbesondere interessierte ihn alles, was die Gläubigen in ihren Überzeugungen und in ihrer religiösen Praxis positiv oder negativ beeinflussen konnte. Deshalb drängte er auch darauf, dass die Mitglieder des Opus Dei im Rahmen ihrer jeweiligen persönlichen Situation und ihrer Position in der Welt eine gründliche kulturelle und theologische religiöse Bildung erhielten, die sie mit den Sichtweisen eines gut durchdachten Glaubens und den vielfältigen Pfaden des Denkens, der Kunst und der Zivilisation unserer Epoche vertraut machen sollten. Ein konsequent christliches Leben erfordert Studium, Zeit zum Nachdenken und intellektuelle Anstrengung, um die allgemeinen Grundsätze auf die alltäglichen Gegebenheiten der beruflichen Arbeit, der Kultur oder des öffentlichen Lebens zu übertragen.

»Es wird immer wichtig sein, die Lehre zu vermitteln, denn es steht außer Zweifel, dass es Epochen wie die gegenwärtige gibt«, so schrieb er zu Beginn des Jahres 1985, »in denen diese Pflicht besondere Bedeutung erlangt.«

Beharrlich spornte er zum persönlichen Apostolat an, hob darüber hinaus aber auch hervor, dass alle Christgläubigen im Rahmen ihrer jeweiligen und durchaus vielfältigen Möglichkeiten für die Mitgestaltung der öffentlichen Meinung verantwortlich seien: angefangen bei Leserzuschriften an die Zeitungen oder andere Medien bis hin zur Veröffentlichung von Artikeln und Büchern.

Er fühlte und verkündete »den Drang, mehr zu tun, eine dauerhafte Christianisierung der Gesellschaft und insbesondere der Bereiche und Arbeitsfelder zu erreichen, die am weitesten von Gott entfernt sind«. Und er wurde nicht müde, wie er es vom Gründer gelernt hatte, auf das Beispiel der »Christen der ersten Jahrhunderte« hinzuweisen, »normaler Männer und Frauen, die aber vom Heiligen Geist erfüllt und mit Gottes Hilfe in der Lage waren, die gesamte heidnische Gesellschaft zu verwandeln, sie christlich und damit menschlicher zu gestalten«.

Er erwartete, dass die Gläubigen der Prälatur mit spiritueller Kühnheit und mit Verständnis, aber ohne Komplexe, faule Kompromisse und fruchtloses Lamentieren handelten; mit laikaler Gesinnung und ohne jedes Anzeichen von Klerikalismus: »Vereint mit den Bemühungen anderer guter Christen müssen wir danach trachten, dass es keinen Bereich in der Gesellschaft gibt, in dem das Licht Christi nicht erstrahlt: Berufsschulen, Gewerkschaften, politische Parteien, kommunale und nationale Regierungsorgane … Die Welt, die vor Gott davonläuft, wieder zu ihm zurückzuführen, ist ein immens wichtiger Teil des Sendungsauftrags, den wir erhalten haben. Führt ihn aus, meine Töchter und Söhne, mit der Gnade des Herrn und eurem selbstlosen Einsatz, und nehmt dabei immer eure persönliche Freiheit und Verantwortung sowie eure Rechte und Pflichten als Bürger wahr.«

Als großer Liebhaber der Kultur und des Wissens wünschte er, dass die Mitglieder des Werkes den vom Gründer entworfenen Studienplänen genau folgten, denn sie sollten Männer und Frauen mit einem lebendigen und gebildeten Glauben und keine ›Fideisten‹ sein, die die Vernunft und die Philosophie ablehnen oder geringschätzen. Um die intellektuelle Beschäftigung mit den unergründlichen Reichtümern des Mysteriums Christi auf eine solide Basis zu stellen, veranlasste Don Alvaro – in seiner Eigenschaft als Großkanzler der Universität Navarra –, zu den großen philosophischen und theologischen Themen gute Handbücher zu erarbeiten: Sie sollten die Auseinandersetzung mit den neuen Problemen der Gegenwart auf die Grundlage der bleibenden katholischen Tradition, der Beiträge des Zweiten Vatikanischen Konzils und der neuartigen Spiritualität des Opus Dei stellen – »alt wie das Evangelium und wie das Evangelium neu«, um es mit den Worten des Gründers zu sagen. Ich erinnere mich noch, wie glücklich Don Alvaro war, als er den ersten Band der entsprechenden Reihe in Händen hielt, die von der Universität Navarra herausgegeben wird.

Des Weiteren interessierte er sich vor allem für die an der theologischen Fakultät der Universität Navarra herausgegebene Volksbibel. Dieses Projekt hatte Josemaría Escrivá selbst als erster Großkanzler der Universität initiiert. Für Don Alvaro war es eine große Freude, zu sehen, wie sich die Arbeit an der Übersetzung und Kommentierung entwickelte, auch wenn er sich einen rascheren Fortgang gewünscht hätte.

Mehr als einmal habe ich ihm Anekdoten von Gläubigen der Prälatur erzählt, die an den öffentlichen Universitäten Spaniens unterrichteten. Er sprach damals häufig darüber, wie gut es wäre, wenn sich viele junge Menschen für diesen Beruf entschieden, der für die Seelen von so großer Bedeutung ist. Er hatte tiefen Respekt vor der Freiheit jedes Einzelnen, wollte aber nichtsdestoweniger darauf hinweisen, dass es sich lohnt, auf prestigeträchtige Positionen oder höhere Einkünfte zu verzichten, wenn man stattdessen die Chance bekommt, zahllosen Menschen das Licht des Christentums zu bringen, indem man sich selbstlos und auf hohem wissenschaftlichem und akademischem Niveau seiner Arbeit an der Universität widmet. Was ihn dagegen schmerzte, war die Tatsache, dass die Gläubigen in einigen Ländern zu apathisch sind, um sich um Lehrstühle oder Arbeitsstellen in der Universitätsverwaltung zu bemühen; ihn verdross diese Zurückhaltung guter Leute, die sich das Leben nicht kompliziert machen wollen.

Ich hatte verschiedentlich Gelegenheit, gemeinsam mit Don Alvaro *Videos* von informativem oder theologischem Interesse zu sehen. Er schätzte dieses ausgezeichnete Medium der Wissensvermittlung und hielt es für wichtig, dass recht viele Menschen mit gutem Urteilsvermögen und den entsprechenden Fähigkeiten – natürlich nur, wenn dies ihrem eigenen freien Willen entspricht – die nötigen technischen und ethischen Qualifikationen erwerben, um einer Tätigkeit in diesem Bereich nachgehen zu können. Dann würden sie aufgrund ihrer eigenen Verdienste – weil sie in ihrem Beruf gut sind – die Chance erhalten, an den verschiedensten Aktivitäten mitzuwirken. Zuweilen waren seine Kommentare zu den audiovisuellen Medien durch negative Meldungen oder Programme veranlasst. Bei solchen Gelegenheiten sagte er mit bekümmerter Miene, dass wir viel mehr beten und die Menschen dazu bewegen müssten, zu reagieren und die Initiative zu ergreifen: oder sich wenigstens nicht an gewisse unverantwortliche und schamlose Frivolitäten zu gewöhnen.

In diesem Zusammenhang erinnerte er uns eines Tages an den Vers aus dem Epheserbrief: *redimentes tempus, quoniam dies mali sunt* – nutzt die Zeit, denn diese Tage sind böse (Eph 5,16) und wies darauf hin, dass die Schwierigkeiten für die Kirche im ersten Jahrhundert mit den ersten Irrlehren und Verfolgungen begonnen hätten. Doch – so fügte er mit Worten Josemaría Escrivás hinzu – weil die Zeiten schlecht sind, sind sie gut: Gott gibt immer die geeigneten und nötigen Gnaden dazu. Und die Christen – so hatte es der Opus-Dei-Gründer viele Jahre zuvor ausgedrückt – dürfen sich nicht an eine Planke klammern, das heißt sich unter Missachtung der anderen zu retten versuchen, sondern müssen mit aller Entschlossenheit darum kämpfen, allen zu helfen.

Im August 1992 endeten die Olympischen Spiele von Barcelona. Gemeinsam mit Don Alvaro dachten wir aus diesem Anlass über den Einfluss der audiovisuellen Medien nach: Wie zuvor bei der Eröffnungsfeier saßen auch jetzt Millionen Menschen auf der ganzen Welt vor den Fernsehgeräten, um die Abschlussveranstaltung zu sehen. Don Alvaro träumte davon, diesen so entscheidenden Sektor apostolisch zu nutzen, auch wenn man, was den Glauben und die katholische Lehre betraf, dort praktisch bei Null anfangen musste.

Doch diese ehrgeizigen apostolischen Wunschvorstellungen verfolgten keineswegs den Zweck, die individuellen Initiativen im Bereich der öffentlichen Meinung *kollektiv zu organisieren*: Jedes Mitglied des Opus Dei sollte auf eigene Rechnung handeln und entscheiden, ganz so, wie es der Gründer gelehrt und man es von Anfang an gelebt hatte. Die Bildung, die die Angehörigen der Prälatur erhalten, dient nur dem Zweck, durch die Auffrischung und Aktualisierung der allen Gläubigen gemeinsamen Lehre ihr christliches Urteilsvermögen zu stärken und sie in die Lage zu versetzen, Ereignisse und Denkweisen zu analysieren, damit sie in jedem Augenblick und Umstand mit allergrößter Freiheit und Klugheit urteilen und handeln können.

Don Alvaro erinnerte überdies daran, dass die Prälatur – nach dem Willen ihres Gründers – in diesem Bereich der menschlichen Aktivität keine Rolle spiele noch jemals eine Rolle spielen werde, weil ein Informationsunternehmen in diskutierbaren Fragen zwangsläufig Partei ergreifen müsse. Mithin sei klar, dass hier freie persönliche Entscheidungen, nicht aber das kollektive Apostolat des Opus Dei gefordert sei; deshalb schließen die Statuten der Prälatur ausdrücklich jede Möglichkeit aus, im Namen des Werkes Tageszeitungen oder Publikationen anderer Art herauszugeben (vgl. Nr. 89, § 3).

Doch Freiheit ist nicht dasselbe wie Gleichgültigkeit. Don Alvaro liebte die aktive Spontaneität der Mitglieder des Opus Dei. In den ersten Julitagen des Jahres 1993 veröffentlichte die spanische Presse ausführliche Informationen über eine Ausstellung anlässlich des 50-jährigen Bestehens des Poesiepreises ›Premio Adonais‹. Daraufhin erinnerte sich Don Alvaro an die großen Hoffnungen, die Florentino Pérez Embid – ein 1974 verstorbenes Mitglied des Werkes – in dieses Projekt gesetzt hatte, das in den spanischen Kulturmedien zu Recht hohes Ansehen genießt. Und dann erwähnte er andere Aspekte im Kontext von Forschung und Universität, die die Möglichkeit böten, die verschiedenen Lösungswege christlich zu gestalten, wenn man nur über eine profunde berufliche Kompetenz verfügt.

Seine Intellektualität zeigte sich auch in seiner Leidenschaft für Bücher. Seit 1976 fragte er mich, wann immer ich einige Tage an seiner Seite verbrachte, früher oder später nach den Lesegewohnheiten der jungen Leute. Wie viele Intellektuelle und Kulturschaffende war er darüber besorgt, dass der wachsende Einfluss der audiovisuellen Medien sich negativ auf die kulturelle und menschliche Bildung der neuen Generationen auswirken könnte. Deshalb äußerte er gewisse differenzierte Vorbehalte gegenüber der Vorherrschaft des Audiovisuellen. Er hielt es für notwendig, diese »fast krankhafte Abhängigkeit von dem kleinen Bildschirm« zu überwinden, an der so viele Menschen in allen Gegenden der Welt leiden.

Er betonte, dass das Lesen die Fähigkeit zur Analyse begünstige, die Persönlichkeit bereichere und einen überdies in die Lage versetze, das Fernsehen in angemessener und positiver Weise zu nutzen: nicht passiv, sondern mit einem wachsamen und kritischen Geist. Überdies hielt er das Lesen für ein wichtiges Mittel, um den eigenen Ausdruck zu verbessern und präzise, deutlich und in gutem Stil zu reden und zu schreiben.

Das unterstrich er im August 1990 vor den Teilnehmern eines Sommerkurses in Los Robles (Asturien). Einer der Studenten hatte eine ziemlich realitätsferne Frage gestellt, und Don Alvaro machte deutlich, dass das Fernsehen Traumwelten vermittelt. Wenn man sich daran gewöhnt, nicht mehr selbständig zu denken, gerät man leicht in eine Abhängigkeit, und so schloss er:

»Die Vernunft zu gebrauchen ist ein wesentliches Kennzeichen der Person. Manche wollen, dass wir nicht nachdenken, sie wollen uns zu Marionetten machen, die man leicht lenken kann. Benutzt euren Verstand!«

Die *Fernsehsucht* bereitete ihm Sorgen: in kultureller Hinsicht, aber auch im Hinblick auf die Einheit und das Vertrauensverhältnis innerhalb der Familien. Mit Schmerzen beobachtete er, dass die Unterhaltungen bei Tisch oder die Zeiten des Beisammenseins durch Fernsehprogramme ersetzt würden und viele Familien auseinanderbrächen. Oft gebe es sogar mehrere Fernsehgeräte im Haus … Er zog die Atomenergie zum Vergleich heran, die dazu dient, Kranke zu heilen, aber auch ganze Nationen vernichten und sogar die Menschheit ausrotten könnte. Das Heilmittel besteht darin, dass die Menschen es lernen, bei sich zuhause vernünftig mit dem Fernsehen umzugehen, damit die Atmosphäre einer christlichen Familie nicht verlorengeht.

Gleichzeitig erwartete er, dass die Eltern ihre Rechte wahrnehmen und sich nach Kräften in der großen Schlacht – der Liebe, des Friedens – engagierten, um die Erziehung ihrer Kinder zu fördern und auszuüben. Natürlich hatte er eine Reihe von Vorschlägen in den Bereichen Gebet, Freundschaft und Geduld anzubieten, die von einer durchaus realistischen Einschätzung ausgingen:

»Man muss bedenken«, erklärte er im Mai 1983 in Mexiko, »dass die Kinder zwar Kinder ihrer Eltern, aber gleichzeitig auch Kinder ihrer Zeit sind, und diese Zeit ist sehr verworren.«

Man kann sich vorstellen, dass Don Alvaro an allem, was mit der öffentlichen Meinung und den Medien zu tun hatte, auf sehr intensive und zugleich sehr natürliche Weise Anteil nahm. Wenn es um sein eigenes Leben ging, interessierte ihn sein *Image* nicht im Geringsten, er erfüllte seine Pflicht als Prälat des Opus Dei, ohne dabei irgendwelche persönlichen Ziele zu verfolgen: »Er war kein Mann für die Galerie«, wie es Bischof Ambrosio Echebarría am 24. März 1994 zusammenfasste.

Ich habe diese Einstellung bei verschiedenen Anlässen aus nächster Nähe beobachten können. 1986 erhielt er an seinem Geburtstag einen Anruf von Manuel Antonio Rico, einem Journalisten des Radiosenders COPE, der für die erste Nachrichtensendung des Tages, die von Madrid aus ausgestrahlt wurde, ein Kurzinterview mit ihm machen wollte. Don Alvaros erste Sätze waren so spontan und so ungewöhnlich, dass der Journalist ihn bat, sie zu wiederholen:

»72 Jahre. Das sind nicht nur ein paar Tage, das sind eine ganze Reihe von Jahren, Gott sei Dank. Helfen Sie mir, Gott für all diese Lebensjahre zu danken, die er mir geschenkt hat, und ihn für all das um Verzeihung zu bitten, womit ich ihn beleidigt habe, und dass unser Herr mir helfen möge, in der Zeit, die mir noch zum Leben bleibt, gut und treu zu sein.«

»Ich denke doch, dass Sie das eher für uns tun sollten, denn der Leiter des Opus Dei ist Gott näher, als wir es sind.«

»Es gibt viele Menschen, die für mich beten; doch ich trage eine große Verantwortung vor Gott; das heißt, dass ich es bin, der wie ein Bettler die Hand ausstreckt, um Sie um die Almosen ihres Gebets und ihrer Zuneigung zu bitten.«

»Das ist sehr schön, was Prälat del Portillo da sagt.«

»Es kommt nicht darauf an, es mit mehr oder weniger schönen Worten zu sagen, sondern unserem Herrn treu zu sein. Das ist es, was zählt. Ich wünsche Ihnen und allen Zuhörern alles Glück, alle Zuversicht und Gottes Gnade, die Freude, denn wir Christen müssen froh sein, was immer auch geschehen mag.«

Das Gespräch dauerte noch zehn Minuten und brachte Don Alvaros natürliche und herzliche Art und die grenzenlose Weite seiner priesterlichen Seele auf authentische Weise zum Ausdruck.

Einige Jahre später begab er sich während eines Asturienaufenthalts im August 1990 zum erzbischöflichen Palais von Oviedo, um Erzbischof Gabino Díaz Merchán zu beglückwünschen, der den 25. Jahrestag seiner Bischofsweihe beging. Sie waren gute Freunde. Sie duzten sich sogar, und da sie beide am 19. Februar Namenstag hatten, pflegten sich ihre Gratulationsbriefe an diesem Tag immer zu kreuzen. Er traf dort mit einem Team des spanischen Fernsehsenders *Televisión Española* zusammen, das gerade ein Interview mit dem Erzbischof aufgezeichnet hatte. Sie nutzten die Gelegenheit, um auch Don Alvaro zu filmen und ihm Fragen zu stellen. Noch am selben Tag strahlten sie einen Teil seiner Antworten in den Regionalnachrichten aus, und am Abend sah man ihn sogar in den landesweiten Nachrichten – allerdings ohne dass der Kontext näher erläutert wurde, wodurch das Ganze eher merkwürdig wirkte. Don Alvaro maß dem keinerlei Bedeutung bei, bemerkte aber, dass der Beitrag ziemlich verwirrend sei, da man gar nicht habe erkennen können, in welchem Zusammenhang er sich geäußert habe.

Seine Spontaneität ging einher mit dem unabdingbaren Maß an Zurückhaltung. Die Rechte und Pflichten im Bereich der Information waren mit dem Respekt vor der Privatsphäre zu vereinbaren:

»Die privaten Dinge gehören einem selbst: Man muss sie nicht erzählen, man muss sie nicht vor sich herflattern lassen wie eine

Fahne im Wind. Doch im Apostolat muss man sagen: Ich bin vom Opus Dei, und das Opus Dei ist das und das … Hier darf man nichts geheim halten.«

Natürlich ließ er sich von Schwierigkeiten nicht einschüchtern. Wir haben bereits über den juristischen Weg des Opus Dei und die Seligsprechung des Gründers gesprochen. Im Grunde seiner Seele war Don Alvaro von menschlichen Urteilen ganz unabhängig: Wie der heilige Paulus wusste er, dass der Herr es ist, der uns richtet: *Qui iudicat me, Dominus est* (1 Kor 4,4). Was auch geschah, er ging mit unvermindertem apostolischem Eifer voran, ohne sich von dem Gedanken an das, *was die Leute sagen*, beeinflussen zu lassen, wie er im November 1986 schrieb: »Sie kritisieren? Sie verleumden? Sie missverstehen unsere Beweggründe? Sie brechen rufschädigende und lügnerische Kampagnen vom Zaun? Wir wollen mit der Hilfe des Herrn immer nur daran denken, dass er es ist, der uns richtet, und dann wollen wir weiter voranschreiten, ohne uns auch nur einen Zollbreit von dem Kurs abbringen zu lassen, den Gott uns vorgegeben hat, und wir wollen die, die uns diese Steine in den Weg legen, von ganzem Herzen lieben.«

Am 12. Juli 1980 wurde die Universität von Navarra mitten in der Festwoche *Sanfermines* Opfer eines schweren terroristischen Anschlags. Don Alvaro hielt sich zu dieser Zeit gerade in Greystanes im Norden von London auf. Als er davon erfuhr, mahnte er zu großer Ruhe, Gelassenheit und Vergebungsbereitschaft und kündigte an, dass er einen Brief schreiben werde. Als Briefträger fungierte der Rektor der Universität höchstpersönlich: Alfonso Nieto, der gerade einige Tage in England verbrachte. Bei seiner Rückkehr nach Pamplona war er tief bewegt von der Liebe, die Don Alvaro ihm und der Universität am Tag nach dem Anschlag erwiesen hatte. Er hob hervor, dass er ihm immer wieder gesagt habe, man müsse den Tätern vergeben, für sie beten und die Arbeit an der Universität mit neuem Schwung wiederaufnehmen. Außerdem müsse man sich an möglichst viele Personen und Einrichtungen wenden, die bei der Reparatur der Schäden behilflich sein könnten.

Die spanische Presse berichtete über den Vorfall, und mehrere Zeitungen brachten Leitartikel, die den Anschlag verurteilten und ihre Solidarität mit der Universität bekundeten. Don Alvaro freute sich sehr über die spontanen Reaktionen der einfachen Leute in Pamplona: Ein Arbeiter kam und spendete seine Sonderzulage, die er im Juli bekommen hatte; andere waren nicht in der Lage, Geld zu geben, boten aber an, unentgeltlich Schreiner- oder Elektrikerarbeiten zu übernehmen. Viele Briefe trafen ein; häufig enthielten sie einen Scheck oder die Ankündigung, sobald wie möglich Geld zu überweisen. Ein Großteil der Unterstützung kam natürlich von Studenten, Studenteneltern und Graduierten der Universität.

Don Alvaro fragte nur nach dem Dienst, den man der Kirche erweisen konnte, und nicht nach dem Widerstand der öffentlichen Meinung, dem er schon im Vorfeld mit übernatürlichem Sinn begegnete:

»Die Schwierigkeiten und das Unverständnis kommen uns zupass, denn dadurch wird klar, dass wir nicht arbeiten, um Beifall zu ernten, sondern allein für Gott. Gewiss gibt es viele Menschen, die das Werk lieben und das, was wir tun, für sehr gut halten; doch zu sehen, dass andere die guten Dinge, die wir tun, falsch interpretieren, verpflichtet uns dazu, noch stärker an Gott und nicht an das menschliche Wohlwollen zu denken und unsere Absichten ständig zu prüfen.«

Im Übrigen arbeitete er mit Freude, Optimismus und ohne sich groß zu sorgen weiter. Im November 1985 hatte er dies im Hörsaal von *Netherhall House* (London) einem Journalisten gegenüber mit großem Nachdruck deutlich gemacht: Die religiöse Unwissenheit verpflichte die Gläubigen zu einem noch ausgeprägteren katechetischen Apostolat, um »der erloschenen Intelligenz das Licht zu bringen«. Natürlich »ohne schulmeisterlich zu sein« und »mit großer Herzlichkeit und Liebe, ohne jemanden zu kränken oder zu demütigen«.

Und mit Humor. Während seines Australienaufenthalts im Januar 1987 hatte er ein Beisammensein mit Tausenden von Menschen im *Auditorium Clancy* an der Universität von New South Wales. Paul, ein Mitarbeiter des Opus Dei, der in Tasmanien lebte, meldete sich zu Wort:

»Bei alledem, was ich erlebt habe und jetzt mit all diesen Menschen hier erlebe, kann ich mich nur wundern über das, was manche über das Opus Dei sagen. Seit ich das Werk kenne, hatte ich nie den Eindruck, dass es irgendwelche Geheimnisse gibt. Vater, gibt es Geheimnisse?«

Don Alvaro antwortete lächelnd und mit Worten, die der Gründer zuweilen benutzt hatte:

»Wenn du irgendjemanden von einem Geheimnis reden hörst, dann bitte ihn, mir davon zu erzählen, denn es geht ja nicht an, dass ich als Prälat des Opus Dei seine Geheimnisse nicht kenne!«

22

Die Bischofsweihe

1982 war das Opus Dei als Personalprälatur errichtet worden. Fast neun Jahre später, am 6. Januar 1991, weihte Johannes Paul II. Don Alvaro zum Bischof, was der juristischen und hierarchischen Struktur der Prälatur durchaus entsprach. Bei dieser Gelegenheit traten erneut seine Klugheit und Demut zutage. Als Johannes Paul II. sich entschloss, ihn zum Bischof zu ernennen, machte Don Alvaro deutlich, dass dies im Hinblick auf das Werk eine große Freude für ihn sei. Als er die Neuigkeit am 7. Dezember 1990 in der Villa Tevere bekanntgab, sprach er von sich sogar in der dritten Person:

»Ich möchte euch mitteilen, dass der Papst sich entschlossen hat, den Prälaten des Opus Dei zum Bischof zu ernennen: Die Nachricht ist heute um zwölf bekanntgegeben worden. Der Prälat wird die Fülle des Weihesakraments empfangen: Der Heilige Geist wird neu über den, der an der Spitze des Werkes steht, und kraft der Gemeinschaft der Heiligen in gewisser Weise auch über das gesamte Opus Dei ausgegossen werden.«

Als Motto für sein bischöfliches Wappen wählte er einen der Sätze, den der Gründer immer benutzte, um die apostolische Zielsetzung des Opus Dei zu verdeutlichen: *Regnare Christum volumus!* Don Alvaro dachte dabei nicht an seine Person, sondern an den Dienst an der Kirche, »den einzigen Grund unseres Daseins und des Daseins unserer Prälatur«, wie er immer wieder sagte. Nach wie vor hatten in seiner Seele die Kontinuität und die Treue zum Gründer des Werkes oberste Priorität. Am Tag nach seiner Weihe zelebrierte er ein Pontifikalamt in der Basilika Sant'Eugenio und verwendete einen Großteil seiner Predigt darauf, Gott und Josemaría Escrivá aus tiefstem Herzen und in der Überzeugung zu danken, dass sich das Schriftwort erfüllt hatte: »Wer den Vater ehrt, erlangt Verzeihung der Sünden« (Sir 3,3).

Don Alvaro dachte nicht an sich selbst – schon gar nicht an solchen geschichtsträchtigen Tagen in seinem Leben und im Leben des Opus Dei. Das konnte ich in den Tagen vor dem 1. September 1991 beobachten, an dem er zum ersten Mal als neu geweihter Bischof Mitgliedern des Opus Dei das Sakrament der Priesterweihe spenden durfte. Kurz vorher bat Don Alvaro uns Anwesende, sehr intensiv zum Heiligen Geist zu beten, damit sich seine Spuren den Seelen der Neupriester, aber auch seiner eigenen Seele einprägten, weil er doch der Kanal sei, durch den der Heilige Geist ströme.

Tief im Innern seines Herzens hatte er diese zentrale Vorstellung, ein Werkzeug zu sein, die er in jenen Tagen mit immer anderen Worten oft wiederholte. Er bat alle, dafür zu beten, dass die Neugeweihten das Sakrament mit tiefem Glauben empfingen, aber auch dafür, dass er es mit großer Frömmigkeit spendete. In Torreciudad trat dann offen zutage, wie sehr er Gott für all das Gute dankte – das sagte er immer wieder mit lauter Stimme – und wie dankbar er auch für die kontinuierliche Gegenwart des Gründers war: Unablässig betonte er, dass dies alles nur durch dessen heroische Treue zu dem von Gott empfangenen Geist möglich gewesen sei:

»Meine Gedanken gehen notwendigerweise und noch häufiger als sonst«, so sagte er zu Beginn der Predigt, »zu unserem geliebten und heiligmäßigen Gründer zurück, der mit seiner vorbildlichen Hingabe an Gott das, was wir jetzt betrachten, ermöglicht hat.«

In diesen Situationen, in denen auch auf ihn ein gewisser menschlicher Glanz hätte fallen können, sah er sich noch mehr als sonst als den Schatten des Gründers, einen Schatten, der von seinem Körper, seiner Person nicht zu trennen war.

Kurze Zeit später, am 7. September, zelebrierte er auf die Bitte der Universitätsleitung ein Pontifikalamt in der Universität Navarra. Ehe er die Predigt hielt, die er schriftlich vorbereitet hatte, sagte er spontan:

»Bevor ich mit der Predigt beginne, erlaubt mir, dass ich einen Augenblick lang mein Herz zu Gott erhebe und ihm dafür danke, dass ich diese vielen Menschen sehen darf, Männer und Frauen, die Gott lieben und deshalb zu einer Messe gekommen sind, die keinem anderen Zweck dient als dem, Gott zu loben, Gott zu preisen und ihn um die vielen Gnaden zu bitten, die wir noch benötigen.«

Don Alvaro war immer bestrebt, das, was er tat, und die Gegenstände, die er gebrauchte, zum Herrn in Beziehung zu bringen. So konnte ich zum Beispiel feststellen, dass er seinen Bischofsring und das Brustkreuz benutzte, um sich im Laufe des Tages immer wieder auf sein kontemplatives Zwiegespräch mit Gott zu besinnen.

Am Ende einer Audienz bei Johannes Paul II. bat er ihn um den Gefallen, einmal kurz seinen Bischofsring anzuziehen. Später vertraute er ihm an:

»Dieser Ring macht mir die Gegenwart Gottes sehr bewusst, denn er ist das Symbol meiner Einheit mit dem Opus Dei; er bedeutet, dass ich aus Liebe zur Kirche und zum Papst ein Sklave, ein Diener des Werkes bin. Doch jetzt, da Sie, Heiliger Vater, ihn getragen haben, macht er mir auch die Gegenwart des Papstes sehr bewusst.«

Viele Male habe ich beobachtet, wie er ihn kurz und unauffällig an die Lippen führte: Er war wie ein Wecker, um seine Liebe zu erneuern und seine Hingabe zu verjüngen.

Durch seine Weihe wurde Don Alvaro Mitglied des Bischofskollegiums. Von diesem Moment an lebte er auch im sakramentalen Sinne in vollkommener Einheit mit den Bischöfen, wie er es in seinen Jahren an der Seite des Opus-Dei-Gründers gelernt und im Laufe seines Lebens immer großzügiger gepflegt hatte.

Nachdem ich einige Male im Sommer eine Zeitlang mit Don Alvaro zusammen gewesen war, fehlte es nicht an Personen, die mich nach meinen Eindrücken fragten oder Episodisches hören wollten. In einem Jahr benutzte ich daraufhin als Zusammenfassung die Formulierung des heiligen Paulus: *Sollicitudo omnium Ecclesiarum* – die Sorge für alle Gemeinden (2 Kor 11,28): Wenn man einige Wochen an seiner Seite verbrachte, dann eignete man sich wahrhaftig eine universale Sichtweise an, weil man automatisch an den unendlich vielen Neuigkeiten, Freuden und Sorgen der Kirche in zahllosen Regionen der Welt teilnahm. Ein Beispiel: Mitte August 1992 strahlte er vor Glück über die so rasche Genesung Johannes Pauls II. In diesem Zusammenhang wies er auf das große Leiden des Papstes hin, der wenige Tage vor dem chirurgischen Eingriff über die Situation der Kirche in einem bestimmten Land beunruhigt war. Und dann skizzierte er sehr feinfühlig und klug in großen Zügen einige schwerwiegende Probleme, mit denen die Kirche in den Ländern der verschiedenen Kontinente zu kämpfen hatte. Seine Beobachtungen und Kommentare – die von der Bitte, sehr viel mehr zu beten, eingeleitet und begleitet wurden – machten seine innige Verbundenheit mit den Bischöfen auf der ganzen Welt in anschaulicher Weise deutlich.

Ein Jahr später – als seine Gesundheit infolge der Staroperationen sehr angegriffen war – schrieb ich in mein Notizbuch:

»Auch wenn er erschöpft wirkt, kommen doch seine *sollicitudo omnium Ecclesiarum* und die beständige Sorge um seine Kinder und um das Werk in seinen einfachen und alltäglichen Bemerkungen, die er zum Familienleben macht, unverkennbar und mit der allergrößten Natürlichkeit zum Ausdruck.« Tatsächlich hatte er uns an jenem Tag im Juli gebeten, dafür zu beten, damit man bei einem Priester der Prälatur, der beunruhigende Symptome zeigte, nichts Ernstes diagnostiziere; er hatte sich lobend zu einer priesterlichen Initiative von Don Victorio Lorente, dem Herausgeber der weit verbreiteten *Oraciones del cristiano* (Gebete des Christen) geäußert; und er hatte uns vor allem – nach dem gewaltsamen Tod des Kardinals von Guadalajara (Mexiko) und des Militärbischofs von El Salvador – verschiedene Dinge aus dem Leben der Kirche in Amerika und, anlässlich der jüngsten Reise Johannes Pauls II., auch in Spanien berichtet. Diese Themen kamen ganz spontan zu jeder beliebigen Zeit während der Unterhaltung auf, weil sie ihm als treuem Sohn der Kirche so sehr am Herzen lagen.

Seit ich ihm auch räumlich näher war, lernte ich die Herzlichkeit zu schätzen, mit der er von den Bischöfen sprach, und seine innere Freude darüber, dass die Mitglieder des Werkes – insbesondere die Leiter – ihnen nach dem Vorbild von Josemaría Escrivá Verehrung und Zuneigung entgegenbrachten. Dieser wesentliche Zug in Don Alvaros Leben ist zusammenfassend in einem Abschnitt des Briefs ausgedrückt, den er am 7. August 1976 an die Mitglieder des Werkes richtete, die in Madrid zu Priestern geweiht werden sollten: »Bleibt immer auf das Engste mit dem Römischen Pontifex vereint, dem Gemeinsamen Vater der Gläubigen und Stellvertreter Christi auf Erden – dem Vize-Christus, wie unser Vater ihn liebevoll nannte –, und ebenso dem Bischof in jeder Diözese, mit tiefer Zuneigung und großem Respekt. Macht euch die unermessliche Liebe – als göttliche wie auch als menschliche Tugend – bewusst, die unser geliebter Gründer für die Diözesanbischöfe hegte. Er hat uns mit seinem heiligen Leben gelehrt, sie zu lieben und ihnen in allem, was den Bereich ihres ehrwürdigen Lehramts betrifft, als den rechtmäßigen Hirten zu gehorchen, die sie sind. Tausende Male hat er uns auf sehr anschauliche Weise gesagt, dass wir *den Wagen* in dieselbe Richtung *ziehen* wie sie; dass unser Apostolat in ihren Diözesen, die wir lieben, Früchte trägt; dass wir uns in allen Diözesen, in denen wir arbeiten – wie unser Gründer gerne sagte – als Diözesanpriester fühlen und das auch sind; und dass die Bischöfe mit ihrem Hirtenkreuz bereits eine große Last zu tragen haben und wir nicht berechtigt sind, ihnen noch weitere Kreuze aufzuladen.«

Ein weiterer Grund dafür, dass er die juristische Lösung für das Opus Dei vorantrieb, war der, dass er den Ortskirchen durch die geistliche Betreuung der Diözesanpriester noch besser dienen wollte. Die ersehnte kirchenrechtliche Form der Prälatur würde den so genannten doppelten Gehorsam ein für allemal und unmissverständlich ausschließen: Die Assoziierten und Supernumerarier der Priestergesellschaft vom Heiligen Kreuz – die untrennbar mit der Prälatur Opus Dei verbunden ist – haben keinen anderen Oberen als ihren Diözesanbischof.

Ich habe bereits erwähnt, wie seine Freundschaften mit vielen Bischöfen und kirchlichen Würdenträgern entstanden. Einige von ihnen waren seine Theologieprofessoren gewesen – wie der Erzbischof von Sevilla und spätere Kardinal Bueno Monreal. Im August 1987 erfuhr Don Alvaro aus der Zeitung, dass dieser mit einer sehr ernsten Diagnose in die Universitätsklinik von Navarra eingeliefert worden war. Im Beisammensein äußerte er sich mit großer Herzlichkeit über ihn und kam dann auch auf einige andere spanische Bischöfe zu sprechen. Man spürte, dass er sie liebte, für jeden Einzelnen von ihnen betete und wirklich bestrebt war, *den Wagen* in die Richtung zu *ziehen*, die diese Hirten in ihren jeweiligen Diözesen angeben. Wenig später teilte man ihm mit, dass Kardinal Bueno gestorben sei. Sofort betete er ein Responsorium für seine Seele. Dann erinnerte er an Szenen aus seinem Leben im Dienst der Kirche und an sein herzliches Verhältnis zu Josemaría Escrivá, das er voll und ganz auf Don Alvaro übertragen hatte.

Ein weiteres Beispiel: Am 8. Januar 1992 kam der Erzbischof von Valencia, Miguel Roca, bei einem Autounfall ums Leben. Die Nachricht schmerzte mich sehr, und ich dachte auch an die enge Beziehung, die Don Miguel zu Josemaría Escrivá und zu seinen Brüdern und Neffen im Opus Dei gehabt hatte. Dennoch hatte ich nicht damit gerechnet, dass Don Alvaro am 10. Januar nach Madrid kommen würde: Er war auf dem Weg nach Valencia, wo er trotz seiner hohen Arbeitsbelastung an der Beerdigung teilnehmen wollte. Ich hatte mir nicht bewusst gemacht, wie stark sein Sinn für Freundschaft war, der ihn schon einige Jahre zuvor zu den Exequien für Kardinal Höffner eigens nach Köln hatte reisen lassen.

Von Don Alvaro lernte ich, die Bischöfe noch mehr zu lieben. Kein noch so kleines Detail war ihm gleichgültig. Jedes Problem, das die Ortskirchen betraf, machte er sich sofort zu eigen. Im August 1988 las er in der Zeitung eine Meldung über den Prozentsatz der spanischen Bürger, die in ihrer Steuererklärung den Wunsch geäußert hatten, einen Teil ihrer Abgaben der katholischen Kirche zukommen zu lassen: Die Zahl war niedriger als erwartet und erhofft. Das schmerzte ihn, und er spornte uns an, den apostolischen Eifer der Mitglieder des Opus Dei zu verstärken, damit sie ihren Teil dazu beitrügen, diese Situation zu verändern, die sicherlich mit der Bildung der Gläubigen und der tatsächlichen religiösen Praxis zusammenhing.

Die Bischöfe waren – wie könnte es anders sein – dankbar für die apostolische Arbeit des Opus Dei in ihren Diözesen. Ich habe Don Alvaro mehr als einmal von seiner Dankbarkeit gegenüber dem Bischof von Ponce und Vorsitzenden der puertoricanischen Bischofskonferenz, Juan Fremiot Torres Oliver, sprechen hören, als er die karibische Insel 1988 im Rahmen einer Pastoralreise besuchte. Der Bischof war so gastfreundlich gewesen, dass er Don Alvaro sogar sein erstes Bischofskreuz geschenkt hatte. Als er erfuhr, dass es in San Juan ein *Beisammensein* für Priester geben würde, verfasste er eine Mitteilung an den Rektor des Priesterseminars von Ponce: »Ich erkläre den morgigen 22. Februar für vorlesungsfrei, damit alle Seminaristen, die dies wünschen, an der Versammlung teilnehmen können, die der Prälat des Opus Dei in San Juan mit den Priestern von Puerto Rico abhalten wird. Der Besuch von Bischof del Portillo ist eine Quelle geistlicher Gnaden für die gesamte Insel.«

Viele Bischöfe bekundeten öffentlich ihre Freundschaft mit Don Alvaro, als sie die Nachricht von seinem Tod erhielten. Sie machten deutlich, dass Don Alvaros aufrichtige Zuneigung von Bischöfen auf allen fünf Kontinenten mit tiefer Dankbarkeit erwidert wurde. So brachte der Erzbischof von Chicago, Kardinal Joseph Bernardin, seine Dankbarkeit für die spirituelle und moralische Unterstützung zum Ausdruck, die er von ihm erhalten hatte, als er in den vorangegangenen Monaten Opfer ebenso falscher wie ungerechter Anschuldigungen geworden war. Der Erzbischof von Manila, Kardinal Jaime L. Sin, unterstrich Don Alvaros Sinn für Humor: Bei seinen Romaufenthalten hatten sie häufig zusammen gegessen und die Zeit so angenehm verbracht und so viel gelacht, dass jemand, der sie nicht kannte, sie womöglich für *verrückt* gehalten hätte ...

Es genügt, die dicht gedrängten Seiten des Amtsblatts der Prälatur *Romana* zu lesen, die einen Überblick über die von unzähligen Bischöfen auf der ganzen Welt gefeierten Gedenkmessen für Don Alvaro vermitteln. In ihren Predigten haben praktisch alle an Momente erinnert, die sie in ganz unterschiedlichen Situationen mit ihm gemeinsam verbracht haben. »Für mich«, so fasste der Erzbischof von Washington D. C., Kardinal James Hickey, zusammen, »waren diese Begegnungen eine Quelle der Inspiration«. Und der Kardinal Primas von Mexiko, Ernesto Corripio Ahumada, gab in der Basilika von Guadalupe einen kurzen Abriss über Don Alvaros Leben und schloss mit den Worten: »Das Ergebnis von alledem war ein fruchtbarer Dienst an der Weltkirche und ihrem sichtbaren Oberhaupt, dem Römischen Pontifex, vereint mit einer von Herzen kommenden engagierten Mitarbeit in den Teilkirchen und mit ihren jeweiligen Bischöfen, die er brüderlich liebte und stets großzügig unterstützte.«

Es war tatsächlich so, wie Don Alvaro fünf Tage vor seiner Bischofsweihe an die Zentren des Opus Dei geschrieben hatte: »Die ganze Prälatur – und ich werde nicht müde, daran zu erinnern – soll der Weltkirche und jeder Teilkirche dienen, und zwar sowohl denjenigen, in denen wir bereits arbeiten, als auch denjenigen, auf die unsere apostolische Arbeit sich erst mit der Zeit ausdehnen wird. Deshalb lastet jetzt und immer auf dem Prälaten eine echte *sollicitudo omnium Ecclesiarum*: eine liebevolle Sorge um den Mystischen Leib Christi, die auf der Tugend der Caritas gegründet ist. Seine Bischofsweihe verleiht dieser Sorge eine neue sakramentale Kraft, denn als Mitglied des Bischofskollegiums – der Nachfolgeinstitution des Apostelkollegiums – trägt jeder Bischof – *cum Petro et sub Petro* – eine besondere Verantwortung für die gesamte Kirche (vgl. II. Vatikanisches Konzil, Dogm. Konst. *Lumen gentium*, Nr. 22; Dekr. *Christus Dominus*, Nr. 2).«

23

Das Wohlwollen Johannes Pauls II.

Am 16. Oktober 1978 wurde der Erzbischof von Krakau, Kardinal Karol Wojtyla, zum Papst gewählt. Don Alvaro hatte ihn in den Jahren des II. Vatikanischen Konzils kennengelernt: Ein anderer polnischer Bischof, Andrzej Maria Deskur, hatte sie einander vorgestellt:

»Als wir unsere Arbeitssitzungen im Petersdom hatten«, erzählte er 1983, »gingen wir in den Pausen ein wenig durch die Seitenschiffe spazieren. Bei einer dieser Gelegenheiten fragte mich Bischof Deskur – wir waren beide bei verschiedenen Konzilskommissionen als Sekretäre tätig –: Soll ich dir den Erzbischof von Krakau vorstellen, der ein sehr guter Freund von mir ist? Er kam uns gerade mit noch einem Begleiter entgegen. Ich sagte ihm, dass ich ihn sehr gerne begrüßen würde, und Bischof Deskur bat ihn, zu uns zu kommen. Wir begegneten uns – ich erinnere mich noch genau an die Stelle – vom Hauptportal aus gesehen im rechten Seitenschiff in der Nähe der Reliquien eines östlichen Heiligen: des heiligen Josaphat. Dort lernte ich den zukünftigen Papst kennen, der damals ein junger Bischof war, hochgewachsen, kraftvoll ...«

Nach dem Ausgang des Konklaves brachte Don Alvaro der Presse gegenüber seine Freude zum Ausdruck, »denn wir, die gesamte Menschheit, haben von Gott ein großes Geschenk erhalten«. Und er erklärte, dass es ihn sehr bewegt habe, »Seine Heiligkeit Johannes Paul II. auf der Loggia von Sankt Peter zu sehen, mit der Last Petri auf den Schultern, wie er zum Herrn rief und zwei Mal seine Zuflucht zur Seligsten Jungfrau Maria nahm«.

Am ersten Tag des Pontifikats besuchte Don Alvaro Bischof Deskur, der kurz zuvor einen Schlaganfall erlitten hatte und dessen Zustand sehr ernst war. Niemand konnte damit rechnen, dass Johannes Paul II. an seinem ersten Tag als Papst den Vatikan verlassen würde, um seinen guten Freund Andrzej Maria Deskur zu besuchen. Dieses glückliche Zusammentreffen erlaubte es Don Alvaro, einige Momente mit dem Papst zu verbringen, der ihn umarmte und ihn – wie es in Polen und auch in Italien Sitte ist – auf beide Wangen küsste, während er einige herzliche Worte an ihn richtete.

Im Lauf der Jahre häuften sich die Details, durch die Johannes Paul II. Don Alvaro immer wieder seine Liebe und Zuneigung zeigte. Wie Javier Echevarría in der Madrider Zeitschrift *Época* vom 2. Mai 1994 zu Pilar Urbano sagte, war unverkennbar, wie »natürlich, vertraulich und spontan« Johannes Paul II. ihm begegnete: »Der Papst betrachtete Don Alvaro als einen treuen und ehrlichen Sohn, der ihm die Dinge sagte, wie sie waren.«

Der Heilige Vater wusste auch, dass die einzige Macht, die Kraft des Opus Dei das Gebet war. Wie Don Javier ebenfalls in der erwähnten Zeitschrift berichtete, hatte ihn ein Brief beeindruckt, »den Prälat del Portillo ihm 1978, zu Beginn seines Pontifikats, vom Wallfahrtsort Mentorella aus geschrieben hatte. In diesem Brief bot er ihm den einzigen Schatz des Werkes an: das Gebet und die täglichen Messbesuche seiner Mitglieder, deren Zahl damals um die 60.000 betrug …«

Als die Karwoche des Jahres 1979 herannahte und anlässlich des UNIV-Kongresses das internationale Studententreffen stattfand, teilte Johannes Paul II. mit, dass er den Kongressteilnehmern eine Audienz gewähren würde, wie Paul VI. es getan hatte. Die Ovationen, die man Johannes Paul II. entgegenbrachte, veranlassten den Heiligen Vater zu spontanen Improvisationen, nachdem er zunächst überrascht gewesen war, als er in seiner Rede das Bußsakrament erwähnte und daraufhin spontaner Beifall losbrach. Im weiteren Verlauf der Audienz hielt er immer wieder inne, um die Themen zu kommentieren und zu rekapitulieren, die den Beifall ausgelöst hatten. Und als er gegen Ende einen Artikel von Kardinal Luciani über die Heiligung der alltäglichen Arbeit erwähnt hatte, die sich in ein »tägliches Lächeln« verwandle, sagte er:

»Zählen wir noch einmal durch: der erste Applaus war für die

Beichte; der zweite für das Dienen; der dritte für die Freude; der vierte für Papst Luciani; der fünfte für das Lächeln.«

Dann fuhr er in seiner Ansprache fort:

»Zuletzt bitte ich die seligste Jungfrau, *Sedes Sapientiae* ...«

Da sprangen die Anwesenden auf und applaudierten begeistert. Nur mit Mühe konnte der Papst seine Rede zu Ende bringen. Dann schloss er glücklich:

»Der sechste und größte Applaus: für die *Sedes Sapientiae* ...«

Diese Audienz war, wie ein spanischer Korrespondent danach titulierte, »fast ein Beisammensein«. Und dieser Titel erwies sich als prophetisch, denn ein Jahr später führte der Papst am Ostersonntag die Sitte ein, die Teilnehmer des UNIV-Kongresses im *Cortile di San Damaso* zu einem *informellen Treffen* zu empfangen, das aus Fragen und Antworten, Neuigkeiten und kurzen Kommentaren von Seiten des Papstes, Liedern, Beifallsbekundungen, Spontaneität und tiefen Emotionen bestand. Johannes Paul II. wirkte dabei sehr froh; man hatte fast den Eindruck, als ob er sich nach den Anstrengungen der Karwoche nun von seiner Erschöpfung erholte. Und man spürte, wie sehr Johannes Paul II. dem Opus Dei und seinem Prälaten zugetan war.

Am 7. Februar 1980 schickte Johannes Paul II. einen Brief, in dem er Don Alvaro, dem Opus Dei und insbesondere den Frauen des Werkes aus Anlass ihres 50-jährigen Jubiläums seinen Apostolischen Segen erteilte. Er erinnerte an »die unvergessliche Persönlichkeit des Gründers, Prälat Josemaría Escrivá, dessen priesterliches Herz vor Eifer für die Kirche und gleichzeitig für die gesamte Menschheit brannte«. Des Weiteren hob er die spirituelle und apostolische Fruchtbarkeit der Arbeit der Frauen des Opus Dei hervor und ermutigte sie, »in unverminderter Treue zu Christus und seiner Kirche, im Geist der Normen und Richtlinien des verehrten Gründers, in loyaler und aufrichtiger Mitarbeit mit der Amtskirche auch weiterhin ein beständiges und wachsendes Zeugnis eines aufrechten und starken christlichen Glaubens in der Gesellschaft zu geben«.

In diesen Kontext der kindlichen Zuneigung zum Papst ordnet

sich auch Don Alvaros Reaktion auf das Attentat ein, das am 13. Mai 1981, dem Fest Unserer Lieben Frau von Fatima, auf dem Petersplatz auf den Papst verübt wurde. Sofort begab er sich zur Gemelli-Klinik, in die der Heilige Vater eingeliefert worden war. Erschüttert rief er vom ersten Moment an mit Nachdruck zu Gebet und Vergebung auf. In jenen Tagen versuchte er sich jeden Tag die Zeit für einen Abstecher nach Sankt Peter zu nehmen: Auf dem Hinweg betete er einen Teil des Rosenkranzes, auf dem Platz – häufig ohne das Auto zu verlassen – ein Glaubensbekenntnis, wobei er den Blick mit großer Intensität auf das Zimmer des Heiligen Vaters gerichtet hielt; den zweiten Teil des Rosenkranzes auf dem Rückweg und den dritten zuhause. Er betete um die Genesung des Papstes und veranlasste alle, dasselbe zu tun.

Nachdem sich zunächst alles sehr positiv entwickelt hatte, traten Komplikationen auf, und am 20. Juni musste der Papst erneut in die Gemelli-Klinik gebracht werden. Don Alvaro bat die Mitglieder des Opus Dei ausdrücklich darum, noch mehr für den Papst zu beten. Das war seine allergrößte Sorge, wie ich es Ende Juli 1981 selbst habe beobachten können. Er sprach ständig vom Papst. Und nachdem er am 5. August erfahren hatte, dass Johannes Paul II. ein weiteres Mal operiert werden musste, wurden seine Bitten noch eindringlicher:

»Betet für den Papst, damit es nicht zu Komplikationen kommt«, wiederholte er unaufhörlich, während wir angespannt die Radio- und Fernsehmeldungen verfolgten. Erst als die Nachrichten zufriedenstellender wurden, beruhigten sich seine Bemühungen. Ich werde nie seine tiefe Ergriffenheit vergessen, als er am 15. August die Stimme des Heiligen Vaters im Radio hörte: Er kniete nieder, um seinen apostolischen Segen andächtig zu empfangen. Und ich erinnere mich noch an seinen Jubel, als er sich bei der Fernsehübertragung des Angelus aus Castelgandolfo am 23. August selbst von der deutlich verbesserten körperlichen Verfassung des Heiligen Vaters überzeugen konnte.

Ein Jahr später – er war gerade aus Rom gekommen – zeigte er uns die Fotos von der Audienz, die der Papst ihm kürzlich gewährt hatte. An der Art, wie er sie zeigte, ohne jede Eile, konnte man seine große Zuneigung, Dankbarkeit und kindliche Treue erkennen.

Am 15. Januar 1984 kam Johannes Paul II. im Rahmen seines Plans, jeden Sonntag eine Pfarrei der Diözese Rom zu besuchen, in die Pfarrei *San Giovanni Battista al Collatino* in der Vorstadt Tiburtino, die Priestern der Prälatur anvertraut ist. Seit ihrer Einweihung durch Paul VI. am 21. November 1965 – einem für Josemaría Escrivá besonders bewegenden Tag – waren keine zwanzig Jahre vergangen. Beim Abschied hatte Paul VI., ehe er in den päpstlichen Wagen einstieg, den Gründer lange und herzlich umarmt und dabei zu ihm gesagt:

»*Tutto, tutto qui è Opus Dei!*« (Alles hier ist Opus Dei.)

Als Johannes Paul II. nun, 1984, seinen Besuch in der Pfarrei, der Safi-Schule und dem Zentrum Elis beendete, blieb er einige Minuten lang bei den Regionalvikaren des Opus Dei aus aller Welt stehen, die gerade zu einer Arbeitstagung in Rom weilten. Er begrüßte jeden Einzelnen von ihnen und sprach abschließend einige spontane Worte, mit denen er die Mitglieder der Prälatur – vertreten durch den Prälaten und seine Vikare – ermunterte, »in allen Bereichen der Welt immer mehr Opus Dei zu sein und immer mehr das Opus Dei zu tun«. Don Alvaro war davon tief ergriffen – weshalb, das erklärte er in seinem Brief, den er an den Papst schrieb, um ihm für seinen Besuch in Tiburtino zu danken:

»Eure Heiligkeit hat genau das wiederholt, was unser Gründer immer zu uns gesagt hat.«

1985 bat er, für eine der Pastoralreisen des Heiligen Vaters zu beten, und bemerkte:

»Wir wollen sehr mit dem Papst vereint sein, wer auch immer es ist. Es spielt keine Rolle, ob er aus Polen oder aus Kotschinchina stammt, ob er groß oder klein, jung oder alt ist: Er ist der gemeinsame Vater aller Christen. Ich bin älter als der Papst, und trotzdem habe ich mich seit dem Tag seiner Wahl als sein Sohn gefühlt. Und so ergeht es uns allen kraft des Glaubens, den Gott uns schenkt.«

Ähnlich sollte er sich auch gegen Ende desselben Jahres äußern, als Teile der internationalen Presse anlässlich der zum 20. Jahrestag des II. Vatikanischen Konzils einberufenen außerordentlichen Synode ihre Angriffe gegen den Papst verschärften:

»Wir müssen fortfahren wie bisher: fest mit dem Papst vereint, mit Johannes Paul II. ebenso wie mit seinen Vorgängern und seinen Nachfolgern, denn der Papst ist Christus auf Erden. Vielleicht werden sie uns sagen, das sei *Papolatrie* … Das lässt uns kalt. Wir sind stolz darauf, uns als Kinder Gottes und Kinder des Papstes zu fühlen, der der Gemeinsame Vater der Christen ist.«

Der Tag, an dem ich Don Alvaros Hingabe an den Heiligen Vater am intensivsten erlebt habe, war der 12. Juli 1992, ein Sonntag. An diesem Tag kam er erst am späten Nachmittag in Zubiarte (Navarra) an. Er war am Morgen von der Schweiz aus aufgebrochen, wo er seine Söhne besucht hatte – vor allem den schwer erkrankten Priester Augusto Costa (er starb einige Monate später, am 13. Februar 1993). Vom Flughafen Barcelona aus war er mit dem Auto gefahren. Er war sichtlich müde. Als ich ihn begrüßte, wunderte ich mich, dass er die Gesundheit des Papstes nicht erwähnte: Er hatte an jenem Morgen beim Angelus öffentlich darum gebeten, dass man für ihn beten solle, weil er sich im Poliklinikum Gemelli einigen medizinischen Untersuchungen unterziehen musste.

Mir wurde klar, dass er es noch gar nicht wusste, denn sie hatten während der Fahrt die Sender am Autoradio nicht neu eingestellt. Also schickte ich mich an, es ihm zu sagen, was mir allerdings schwerfiel, denn ich hatte ihn noch nie so erschöpft gesehen. Ehe er in die Kapelle ging, um sein Nachmittagsgebet zu halten, sah er sich im Wohnzimmer ein gerade erst erschienenes Buch mit der Chronik der Seligsprechung des Opus-Dei-Gründers an, das beeindruckende Fotos enthielt: Er blätterte die Seiten durch und äußerte sich voller Bewunderung und Liebe über den Papst und den seligen Josemaría. Dabei schien er sich nahezu vollständig zu erholen, und ich brachte es nicht übers Herz, ihn zu unterbrechen.

Schließlich überbrachte ich ihm die schmerzliche Neuigkeit um acht Uhr abends. Er reagierte aufrichtig besorgt und mit dem

Wunsch, Genaueres zu erfahren: Aufmerksam verfolgten wir die Neun-Uhr-Nachrichten, die aber dem, was ich ihm bereits berichtet hatte, nur wenig hinzufügten. Kurz danach rief Francisco Vives mit ausführlicheren Informationen aus der Ewigen Stadt an.

Es vergingen fast zwei Stunden, die wir mit großer menschlicher und geistlicher Intensität erlebten: Don Alvaro war entsetzlich müde und überarbeitet, strahlte jedoch große Ruhe und Gottvertrauen aus; er war wirklich um die Gesundheit des Papstes besorgt, überließ sich jedoch andererseits und voller Zuversicht dem Willen Gottes; seine Unruhe angesichts der Situation der Kirche ging einher mit unverkennbarem übernatürlichem Frieden; man fühlte förmlich, dass er in diesem Anliegen betete, seit er davon erfahren hatte. Wir setzten uns eine Weile in den Garten. Alejandro Cantero, ein Arzt, trug, ausgehend von den wenigen verfügbaren Daten, einige Erklärungen und Möglichkeiten bei. Immer wieder stockte die Unterhaltung, und wir schwiegen eine Weile.

Noch am selben Abend entschloss sich Don Alvaro, unverzüglich nach Rom zurückzukehren: Ein Sohn müsse bei seinem kranken Vater sein, erklärte er uns, auch wenn er medizinisch gut versorgt sei. Es war noch nicht elf Uhr, als wir die verschiedenen Flüge bereits telefonisch reserviert hatten. Am folgenden Morgen reiste Don Alvaro von Pamplona über Barcelona nach Rom. An seine sichtbare Müdigkeit und Erschöpfung verschwendete er keinen Gedanken mehr. Ignacio Font erinnert sich noch daran, dass er ihn bei seinem Zwischenstopp in Barcelona kurz gesehen hatte. Als er sich von ihm verabschiedete, fühlte er sich verpflichtet, ihn darauf hinzuweisen, dass er sich schonen müsse. Don Alvaro sah ihn liebevoll an und antwortete:

»Es ist wahr, mein Sohn: Ich bin sehr müde; aber wir haben nur unsere Pflicht getan.«

Nach seiner Ankunft in Rom begab er sich direkt zur Gemelli-Klinik, um sich nach der Gesundheit Johannes Pauls II. zu erkundigen, auch wenn er ihn natürlich nicht besuchen konnte.

Neun Tage später kehrte er nach Zubiarte zurück, was ein untrügliches Zeichen dafür war, dass sich der postoperative Zustand des Papstes sehr gut entwickelte. Er verfolgte die Nachrichten aus Rom sehr aufmerksam und mit dem dringenden Wunsch, dass Johannes Paul II. schon bald wieder in der Lage sein möge, seinen normalen Aktivitäten nachzugehen. Und uns spornte er mit Nachdruck an, für seine vollständige Genesung zu beten. Schon bald konnten wir in den Abendnachrichten Bilder des Papstes sehen, der das Poliklinikum Gemelli aus eigener Kraft verließ: abgemagert, aber anscheinend gesund. Don Alvaros Freude war unbeschreiblich. Immer wieder sagte er mit lauter Stimme:

»Gott sei Dank!«

Bei der Leitung des Opus Dei hielt sich Don Alvaro selbstverständlich treu an das Lehramt und die Weisungen des Papstes: sowohl was die lehrmäßigen Dokumente als auch was die ganz konkreten Seelsorgerichtlinien betraf. Voller Eifer übermittelte er den Gläubigen der Prälatur jedes Wort, das der Heilige Vater an die Christen richtete. Diese Tatsache ist so unverkennbar, dass wir sie nicht ausführlicher darstellen müssen. Ich will mich daher darauf beschränken, das Engagement hervorzuheben, mit dem er die *Kämpfe* des Papstes um den Frieden in der Welt unterstützte.

Schon als ganz junger Mann, sogar noch ehe er selbst unter der Bitternis des spanischen Bürgerkriegs zu leiden hatte, war seine Seele von der Sehnsucht nach Eintracht unter den Völkern erfüllt gewesen. Als neu geweihter Priester feierte er 1944 am Fest des heiligen Irenäus seine erste feierliche Messe. Er verehrte diesen Heiligen unter anderem deshalb, weil die Liturgie an seinem Tag ein Gebet um Frieden beinhaltet, das er auswendig kannte:

»*Da nobis illam quam mundum dare non potest pacem.* Gib uns jenen Frieden, so haben wir zum Herrn gebetet, den die Welt nicht geben kann. Weshalb? Weil der Friede, den Gott schenkt, Gelassenheit ist: Gelassenheit im Sinne von Unterordnung, Kindschaft, Liebe zum Herrn …«

1986 richtete Johannes Paul II. dringende Appelle an die Verantwortlichen zahlloser Konflikte. Konkret bat er sie in einer am 4. Oktober in Lyon gehaltenen Ansprache, »wenigstens den gesamten 27. Oktober über einen vollständigen Waffenstillstand in den Kämpfen« einzuhalten. An diesem Tag sollte in Assisi ein ökumenischer und interreligiöser Gebetstag für den Frieden stattfinden. Aus diesem Grund schrieb Don Alvaro am 11. des Monats einen Brief an die Zentren der Prälatur, der ein sehr klares Ziel formulierte: »Wir müssen dafür sorgen, dass unser Beten und Fasten wie ein großer Schrei nach Frieden in der Welt zum Himmel emporsteigt.«

Für mich war es ergreifend, diesen Tag am Zentralsitz des Opus Dei mitzuerleben und an der heiligen Messe *pro pace et iustitia servanda* teilzunehmen, die Don Alvaro angeordnet hatte. Zu jener Zeit ermutigte er uns auch von neuem, Maria, die Königin des Friedens, um ihre Fürsprache zu bitten: Er gab zu bedenken, dass »der Friede ein Gut von unschätzbarem Wert und notwendige Voraussetzung dafür ist, dass die Personen und Völker auf eine Weise leben und vorankommen können, die des nach dem Abbild Gottes und Gott ähnlich geschaffenen Menschen würdig ist. Stattdessen gibt es so wenig Frieden in der Welt! So viel Unrecht, so viel Hass, so viel Spaltung!«

1989 bat Johannes Paul II. die Bischöfe, einen Tag des Gebets für den Libanon anzusetzen. Als Ordinarius des Opus Dei ordnete Don Alvaro an, dass die Mitglieder der Prälatur über das hinaus, was der Bischof ihrer jeweiligen Diözese verfügte, den 7. Oktober, das Rosenkranzfest, diesem besonderen Gebet für den Libanon widmeten.

Monate später drängte er darauf, zu beten, damit es am Persischen Golf nicht zum Krieg komme. Als die Feindschaften dennoch ausbrachen, teilte er den Gläubigen der Prälatur seinen Wunsch mit, dass sie vereint mit den Anliegen des Heiligen Vaters weiterhin um Frieden beten sollten. Dasselbe geschah Anfang 1993 und im Januar 1994 im Hinblick auf den Frieden in den Balkanländern.

Und so war es bis zum Ende seiner Zeit auf Erden: Don Alvaro pflegte die Bilder und Postkarten der Gottesmutter – unter den verschiedensten Anrufungen –, die man ihm auf seinen Reisen schenkte oder in Briefen zuschickte, eine Weile zu behalten; er legte sie eine Zeitlang auf seinen Schreibtisch, nutzte sie als Ansporn für die Gegenwart und den persönlichen Umgang mit Maria und ersetzte sie schließlich durch andere. Die letzten, die auf seinem großen Schreibtisch lagen, waren ein Bild Unserer Lieben Frau von Bonaigua (Barcelona) und das Andachtsbild, das der Heilige Stuhl zum Gebetstag für den Frieden in Bosnien herausgegeben hatte.

Der Tod überraschte ihn 1994 nach seiner Rückkehr aus dem Heiligen Land. »In diesen Tagen«, schrieb Javier Echevarría, »hatte er pastorale Begegnungen mit zahllosen Gläubigen gehabt und sie dazu ermuntert, Menschen des Friedens zu sein: Der soziale Friede ist eine Folge des inneren Friedens, der aus der persönlichen Antwort auf die Gnade Gottes erwächst, aus dem Kampf eines jeden gegen die Spuren der Sünde, die wir in unserer Seele tragen.«

Am 19. März gab es ein Beisammensein in Bethlehem, an dem Christen verschiedener Konfessionen, Palästinenser und Israelis, Diplomaten aus mehreren Ländern und sogar eine Gruppe deutscher Seminaristen teilnahmen, die sich gerade im Heiligen Land aufhielten. Jemand fragte ihn auf Arabisch, was die Christen tun könnten, um zum Frieden beizutragen und Herz und Arme weit für die anderen offen zu halten:

»Du musst alle lieben. Du musst denken, dass du keine Feinde hast, auch wenn manche Leute sich falsch zu verhalten scheinen. Denk an Jesus Christus: Er ist am Kreuz gestorben, um alle zu erlösen, die ganze Menschheit, ohne Ausnahme. Jesus Christus hielt niemanden für seinen Feind: Er liebte die ganze Welt.«

Am Morgen des 23. März telefonierte Javier Echevarría um halb sieben mit Stanislaw Dziwisz, dem Privatsekretär von Johannes Paul II., er möge den Heiligen Vater von Don Alvaros Tod in Kenntnis setzen, ehe der Papst mit der Messfeier begänne. Prälat Dziwisz versicherte ihm, dass er den Papst sofort informieren und er in der Messe für ihn beten werde. Schon bald sollte Don Javier erfahren, dass er nicht nur die Messe für Don Alvaro gefeiert, sondern auch alle Konzelebranten aufgefordert hatte, sich dieser Intention anzuschließen. Später traf ein herzliches und ausdrucksvolles Telegramm mit dem Beileid und dem Segen des Heiligen Vaters am Sitz des Opus Dei ein.

Kurz vor Mittag informierte der Präfekt des Päpstlichen Hauses, Bischof Dino Monduzzi, Javier Echevarría, dass der Papst den Vatikan am Abend gegen sechs Uhr verlassen werde, um vor den sterblichen Überresten des Bischofs und Prälaten des Opus Dei zu beten. Er kam zur angekündigten Zeit in der Begleitung von Kardinalstaatssekretär Angelo Sodano, Bischof Monduzzi und Prälat Dziwisz. Etwa zehn Minuten betete er kniend im Mittelschiff der Prälaturkirche; um ihn herum herrschte ein eindrucksvolles Schweigen. Als er sich erhob, schlug man ihm vor, ein Responsorium zu beten, doch er zog es vor, das *Salve Regina* und drei *Ehre sei dem Vater* anzustimmen; dann betete er: *Requiem aeternam dona ei, Domine* und *Requiescat in pace* und besprengte Don Alvaros Leichnam mit Weihwasser. Danach kniete er noch einmal auf der Kniebank nieder. Bevor er ging, erteilte er den Anwesenden seinen Segen.

Als Don Javier ihm im Namen der Prälatur für sein Kommen dankte, erwiderte Johannes Paul II.:

»*Si doveva, si doveva* …« (Ich mußte es doch tun …)

Und er fragte, wann genau Don Alvaro seine letzte Messe im Heiligen Land gefeiert habe.

In der Predigt der Totenmesse, die vor der Beisetzung ebenfalls in der Kirche *Unsere Liebe Frau vom Frieden* gefeiert wurde, sagte der Generalvikar des Opus Dei: »Ich kann euch anvertrauen, dass er sein Leben Gott unablässig für den Papst und für die Heilige Kirche aufgeopfert hat. Ich hatte gestern die Gelegenheit, dies dem Heiligen Vater Johannes Paul II. zu sagen, als er kam, um vor den sterblichen Überresten des Vaters zu beten. Ich habe ihm gesagt – weil es die reine Wahrheit ist –, dass er die letzte Messe seines Lebens in der Abendmahlskirche in Jerusalem wie immer für den Papst und seine Anliegen gefeiert hat.«

24

Marianische Zeit

Don Alvaro bewegten die Gesten und Worte der Päpste, die er im Laufe seines Lebens kennengelernt hatte. An Johannes Paul II. bewunderte er vor allem seine Marienverehrung und den Geist des Gebets. Im September 1979 fühlte er sich ihm besonders nahe, als er eine Bußwallfahrt zur Muttergottes von Tschenstochau unternahm. Er wollte für die Kirche und den Heiligen Vater beten und – wie er es schon an vielen anderen Wallfahrtsorten und Pilgerstätten überall auf der Welt getan hatte – die Weihe des Opus Dei an das Liebenswerte Herz Mariens erneuern, indem er das Werk der Gottesmutter von Tschenstochau anvertraute. Wie er es in italienischer Sprache zusammenfasste, als er den Primas von Polen, Kardinal Wyszynski, in Warschau besuchte:

»*Siamo venuti per pregare, pregare, e poi pregare.*« (Wir sind gekommen, um zu beten, zu beten und nochmals zu beten.)

Nach Rom zurückgekehrt, erzählte er, dass sie eigentlich beabsichtigt hatten, von Warschau nach Düsseldorf zu fliegen. Doch bei ihrem Zwischenstopp in Frankfurt erwartete sie der Regionalvikar des Werkes in Deutschland, und sie setzten ihre Reise mit dem Auto fort. Am darauf folgenden Tag wandte sich Hans Thomas an die Luftfahrtgesellschaft, um sich den Betrag für den nicht in Anspruch genommenen Flug erstatten zu lassen, bat jedoch darum, die Tickets ihrer historischen Bedeutung wegen als Souvenir behalten zu dürfen. Die Angestellte habe gedacht, es handele sich um die Unterzeichnung eines wirtschaftlich bedeutenden Vertrags. Don Alvaro meinte dazu:

»Das stimmt: Wir haben einen Vertrag mit der Gottesmutter geschlossen. Wir gehen zu ihr und sagen ihr: Das ganze Opus Dei ist für dich und jeder von uns genauso; für dich sind unsere Gebete, unsere Abtötungen, unsere Arbeit, damit du sie an Gott weiterleitest. Dafür nimmt sie uns unter ihren Mantel, beschützt uns, erleuchtet uns und bringt uns voran.«

Das Opus Dei beging damals gerade ein internes marianisches Jahr: Am 2. Oktober 1978 hatte man den 50. Jahrestag der Gründung gefeiert, und Don Alvaro war der Ansicht, dass das Werk dieses Jubeljahr gemeinsam mit Maria begehen sollte. Diese Idee war ihm am Nachmittag des 31. Dezember 1977 in den Sinn gekommen, während er in der Krypta am Grab des Gründers betete: »Ohne Wundergeschichten«, wie er klarstellte, als er in der Villa Tevere davon erzählte. Kurze Zeit später schrieb er einen ausführlichen Brief an die Zentren, in dem er seine Hoffnung zum Ausdruck brachte, dies werde eine Zeit der Danksagung und großer Segnungen für die Gläubigen des Opus Dei werden, da sie – jeder auf seine persönliche Weise – in sehr viel größerer Verbundenheit mit der Mutter Gottes und unserer Mutter leben würden. »In allem und für alles mehr auf Maria setzen«, fasste Don Alvaro zusammen. Er erwartete, dass es für die Mitglieder des Werkes auf diese Weise in ihrem Leben zu einem deutlichen »Qualitätssprung« kommen werde. Er wünschte sich, dass dies ein Jahr der Dankbarkeit, aber auch der Erneuerung im Hinblick auf die Bußgesinnung, den spirituellen Kampf und das Apostolat werde.

Ohne Zweifel hat sich die Verehrung der Gottesmutter bei den Gläubigen der Prälatur unter Don Alvaros Leitung intensiviert, zumal er das marianische Jahr auch auf 1980 ausdehnte, als das Werk erneut ein Jubiläum begehen durfte. Im Lauf dieses Trienniums besuchte er zahlreiche Marienwallfahrtsorte. Mit Ausnahme von Fatima waren diese Pilgerfahrten keine aufsehenerregenden Großereignisse, sondern stets Momente der Stille, des Gebets und der Buße.

Das Jahr 1981 endete und das Jahr 1982 begann jeweils mit dem Besuch eines Gnadenbilds. Nach wie vor legte er die juristische Lösung für das Werk in die Hände Mariens und dankte ihr im Voraus, weil sich alles sehr gut entwickelte. Und er betete für die Kirche, den Papst, die Bischöfe, das Opus Dei, jedes einzelne seiner Mitglieder und um die spirituelle Wirksamkeit der verschiedenen apostolischen Initiativen. Insbesondere wandte er sich an die Gottesmutter, um ihr die Heiligkeit der Mitglieder des Werkes und ihre Treue zu ihrer christlichen Berufung anzuempfehlen.

Als ich Don Alvaro am 2. August 1976 zum ersten Mal nach Covadonga (Asturien) begleitete, wurde ich selbst Zeuge dieses marianischen Geistes. Sobald die Türme der Wallfahrtskirche in der Ferne aufragten, stimmte er ein *Salve Regina* an. Wir ließen die Autos auf der Esplanade ganz in der Nähe der Galerie stehen, die zur Heiligen Grotte führt. Don Alvaro ging sogleich durch, kniete sich auf einen Betschemel neben dem Eingang zur Sakristei und begann zu beten.

Es war nicht leicht, sich zu konzentrieren, denn die kleine Kapelle war voll, und noch immer drängten Leute herein; außerdem begann ein Priester die Messe zu lesen. Sofort stand Don Alvaro auf und ging hinaus: Er schlug vor, in die Stiftskirche zu gehen, um dort den Rosenkranz zu beten. Er steuerte auf die Sakramentskapelle zu, doch auch dort wurde gerade eine Messe gefeiert. Er hielt einen Augenblick inne, um den Herrn zu begrüßen, trat aber nicht ein, weil er den Priester nicht stören wollte. Also beteten wir den Rosenkranz im Mittelschiff. Anschließend gingen wir noch einmal in die Kapelle, um Jesus im Tabernakel aufzusuchen. Dann kehrte Don Alvaro wieder ins Hauptschiff zurück, um die Gottesmutter erneut mit einem *Salve Regina* zu ehren: Er wollte sich mit dem Gebet der Gläubigen der Prälatur vereinen, die diese marianische Antiphon in der Kirche *Unsere Liebe Frau von den Engeln* in Cavabianca sangen (in jenen Tagen waren gerade einige Ornamente fertiggestellt worden, auf die man lange hatte warten müssen).

Während dieser Besuche bei der Gottesmutter, die sein Leben so überreich gesegnet hatte, legte Don Alvaro jegliche Sorge oder Unruhe in die mächtigen und sanften Arme seiner Mutter nieder. Neben mehr oder weniger aktuellen Fragen, die die Kirche im Allgemeinen oder das Opus Dei betrafen, hatten alle seine Gebete gleichsam einen gemeinsamen Nenner: Er sprach mit der Gottesmutter – der Fürbittenden Allmacht – über die Kirche, ihre Hirten, das Volk Gottes, die Welt; darüber, wie man ein Leben in tiefer Frömmigkeit führt und lernt, den Irrtum von der Wahrheit, das Gute vom Bösen zu unterscheiden; über den Frieden und die Treue in den Herzen; darüber, wie man das eigene Leben in Gebet, Brandopfer und Hingabe verwandelt, um durch das liebenswerte Herz Mariens zum Herzen ihres Sohnes zu gelangen.

Was mich immer beeindruckt hat, war Don Alvaros Fähigkeit zur inneren Sammlung, die er vor allem an den sehr belebten Wallfahrtsorten bewies. Davon konnte ich mich in Lourdes überzeugen. Im Juli 1978 reiste er von Torreciudad aus in dreieinhalb Autostunden dorthin. Unverzüglich begab er sich zur Erscheinungsgrotte und betete dort auf Knien den Rosenkranz. Trotz der Menschen, die kamen und gingen und sich von einer Seite zur anderen bewegten, war er sehr konzentriert. Ende 1984 kam Don Alvaro erneut nach Lourdes. Es war halb sechs Uhr am Abend, es regnete stark, und alles war überfüllt. Wir drangen nur langsam zur Grotte vor. Dort beteten wir im Stehen und von den mitgebrachten Regenschirmen nur notdürftig geschützt mit ihm gemeinsam den Rosenkranz, das *Salve Regina* und das Gebet zu Josemaría Escrivá. Es regnete mit unverminderter Heftigkeit, doch Don Alvaro ließ sich nicht ablenken und hatte keine Eile. Zum Abschluss sprach er mit lauter Stimme ein kurzes Gebet: Dies sei kein Abschied, denn wir blieben alle dort, *consummati in unum!*, im Herzen der Gottesmutter, um mit dem gesamten Werk vereint für die Anliegen des Prälaten zu beten und die apostolische Arbeit im Dienst an der Kirche zu vervielfältigen.

Natürlich verwandelte er auch seine Tage in eine echte marianische Zeit, um es mit den Worten zu sagen, die er in seinem Brief vom 8. Dezember 1980 verwendete, als die marianischen Jahre zu Ende gingen, mit denen das Opus Dei das fünfzigjährige Gedenken der Gründungstage 1928 und 1930 in aller Stille begangen hatte: »Sie haben uns die tiefe Überzeugung ins Herz gesenkt, dass unsere ganze Zeit auf Erden – und später mit Gottes Gnade in der wunderbaren Ewigkeit des Himmels – sich in eine marianische Zeit verwandelt hat.«

Don Alvaro vertraute alle seine Projekte der Himmelskönigin an, damit – wie ich ihn oft habe sagen hören – der Wohlgeruch ihrer lieblichen Mutterhände sie der Heiligsten Dreifaltigkeit angenehm mache. Und immer empfahl er uns den uralten Brauch des Rosenkranzgebets. Wie der selige Josemaría pflegte er all seinen Besuchern Rosenkränze zu schenken. Dabei sprach er deutliche Worte:

»Ich gebe sie euch, damit ihr sie abnutzt; ihr sollt sie so oft gebrauchen, dass ihr sie zur Reparatur bringen müsst.«

1983 besuchte er erneut Wallfahrtsorte und Pilgerstätten auf der ganzen Welt, um der Gottesmutter für die Errichtung des Opus Dei als Personalprälatur zu danken. Wie dankbar er war, wurde vor allem bei Unserer Lieben Frau von Guadalupe deutlich. Sobald es ihm möglich war, besuchte er die *Villa* in Mexiko-Stadt. Seit seinem letzten Besuch im Mai 1970 gemeinsam mit Josemaría Escrivá waren dreizehn Jahre vergangen. Er kam am 27. April 1983 dort an, nachdem er zwei Tage in Kanada verbracht hatte. Noch am selben Abend bemerkte er:

»Unser Gründer hat gesagt, dass er, wenn er noch einmal nach Mexiko käme, über Monterrey fahren würde. Ich habe das nicht getan, weil ich nicht nach Mexiko gekommen bin, sondern zu Unserer Lieben Frau von Guadalupe, um ihr Dank zu sagen.«

Am darauf folgenden Vormittag ging er bereits zur *Villa*. Er erklärte jedoch, dass er seine Dank- und Bittnovene – bei der er sich von den Gläubigen der Prälatur überall auf der Welt begleitet fühle – erst am nächsten Tag, einem Freitag, beginnen wolle: Dieser Besuch bei der Jungfrau sei lediglich »ein Vorwort«.

Während der Novene folgte er den Spuren, die der Gründer 1970 hinterlassen hatte. Dabei begleiteten ihn Javier Echevarría, Joaquín Alonso und vier Personen aus Mexiko; er betete die drei Teile des Rosenkranzes, in die er immer wieder sein persönliches Gebet einfügte, mit dem er sich mit lauter Stimme an Unsere

Liebe Frau wandte. An einem der ersten Tage erklärte er, dass er das Geschenk der Muttergottes seinerseits mit einem Geschenk erwidern wolle: dem treuen Kampf seiner Söhne und Töchter.

Am 1. Mai konnte er eine ganze Zeitlang nahe am Gnadenbild der Jungfrau von Guadalupe beten, als die Kirche bereits geschlossen war. Dort wurde ihm der zarte und einmalige Augenausdruck Unserer Lieben Frau mit besonderer Klarheit bewusst. Nach dem Rosenkranz küsste er durch das schützende Glas hindurch die Hände und Füße des Bildes, hielt sich aber nicht für würdig, ihre Wangen zu küssen:

»Wie könnte ich, der ich ein Sünder bin, das Antlitz der Jungfrau küssen?«

Bis ihn dann Javier Echevarría feinfühlig daran erinnerte, dass sie ja unsere Mutter ist. Später bemerkte er, dass keine Reproduktion oder Fotografie Unserer Lieben Frau von Guadalupe, die er bisher gesehen habe, die Mütterlichkeit ihres Antlitzes und ihres Blickes wirklich einfange:

»Das Gesicht der Jungfrau, das fast keine Farbe hat, ist von äußerster Einfachheit und zeigt einen Ausdruck von Milde, Demut und von Keuschheit, Reinheit; und einen Blick voller Erbarmen und Zärtlichkeit, der aber gleichzeitig auch von Leiden spricht.

Ich denke, dass sie gelitten hat, als sie sah, dass sie nicht auf den armen Juan Diego hörten, und dass sie ihn deshalb voller Erbarmen und Zärtlichkeit ansah. Ich dachte an eure Sünden und an meine, und dass die seligste Jungfrau uns – weil sie unsere Mutter ist – so zärtlich, aber zuweilen auch wie mit Schmerzen ansieht … Fügen wir unserer himmlischen Mutter keine Schmerzen zu!«

»Was haben wir für ein Glück, was haben wir für eine *Suertasa* gehabt!« schloss er, wobei er das mexikanische Wort benutzte, das er als Kind von den Lippen seiner Mutter gehört hatte.

Schließlich begab er sich am Pfingstsonntag, dem 22. Mai, um neun Uhr abends in die *Villa*, um sich von der Jungfrau von Guadalupe zu verabschieden. Die Basilika war voller Menschen, die ihm Gesellschaft leisten wollten. Er kniete im Presbyterium vor dem Gnadenbild nieder und betete still etwa zehn Minuten lang.

Dann stand er auf, und Javier Echevarría stimmte das *Salve Regina* an. Nach dem Schlussgebet kniete er sich erneut nieder, nahm das eingeschaltete Mikrophon in die Hand und richtete im Namen des Opus Dei Worte der Liebe, der Dankbarkeit und der Hoffnung an die *Madrecita* de Guadalupe:

»Unsere Mutter, sieh uns mit diesen deinen Augen an, die voller Barmherzigkeit sind. Du siehst uns schon an. Das wissen wir. Wir fühlen es im Innersten unserer Seele, und wir lieben dich sehr. (…) Wir sind Kinder Gottes und deine Kinder, und du bist unsere Mutter. Sieh uns gütig an und verlass uns nicht! Wenn du uns verlässt, dann wird jeder von uns in die Irre gehen. Und wir wollen sehr treu sein.«

Dann stieg sein kindliches und vertrauensvolles Gebet für die Kirche und den Papst zur Gottesmutter empor:

»Gib, dass wir den Papst nicht enttäuschen, du unsere Mutter, weder Johannes Paul II. noch irgendeinen seiner Nachfolger bis ans Ende der Zeiten.«

Dann fuhr er fort mit Bitten für die Bischöfe, die Priester und Ordensleute, für das Volk, die Familien, für alle, damit sie treu blieben. Und praktisch am Ende seines Gebetes rief er aus:

»Und jetzt, unsere Mutter, sage ich dir, dass wir aus Rom gekommen sind, um vor deinem Bild zu beten, und dass wir alle, die wir hier sind, uns niemals von dir trennen werden. Wir sagen dir weder Lebwohl noch Auf Wiedersehen. Wir werden immer mit dir vereint bleiben, weil wir dich in unserem Herzen und in unserer Seele tragen. Du siehst uns an mit deinen Augen voller Milde, und du gießt uns Kraft ein mit deinem Blick. Gib, dass dein göttlicher Bräutigam, der Heilige Geist, dessen Fest wir heute feiern, uns seine Gaben und seine Früchte gewährt. Gib, dass wir immer gute Kinder sind und uns vertrauensvoll in die Hände Gottes geben. (…) Wir müssen Heilige sein und sind doch Sünder. Unsere Mutter, sieh uns voller Erbarmen an! Hilf uns! Gib, dass wir treu sind! Gib uns diese Zärtlichkeit, diese Liebkosung, um die wir, deine bedürftigsten Kinder, dich flehentlich bitten.«

Nach diesen Worten fügte er noch einen kurzen Satz hinzu:

»Und jetzt wollen wir dir diese Lieder über die menschliche Liebe singen, die so perfekt auf dich passen. Unsere Mutter, hör uns zu.«

Dann erklangen Gitarren und die ersten Akkorde jener Lieder, die dreizehn Jahre zuvor dort angestimmt worden waren, als der Gründer des Opus Dei sich von der Jungfrau verabschiedete: *Gracias por haberte conocido, La Morenita, María Elena* (»Danke, dass ich dich kennenlernen durfte, Morenita, Maria Elena«).

Nach dem letzten Lied kniete Don Alvaro sich erneut nieder und vertraute der Gottesmutter noch einmal seine Dankbarkeit und seine Bitten an. Er war sichtlich bewegt und trennte sich nur ungern:

»Ich lasse mein Herz hier, und niemand wird es von hier fortbringen. Ich lasse es hier zu deinen Füßen. Ich habe es gewagt, deine Füße, deine Hände und sogar dein Antlitz zu küssen. Betrachte dies als die Kühnheit eines Sohnes, der dich sehr liebt. Doch du, unsere Mutter, liebst uns noch viel mehr. Du bist der Grund unserer Freude. Du bist der Anlass unserer Hoffnung. Du bist die Magd des Herrn. Du bist … unsere Mutter! Wir bleiben bei dir, unsere Mutter, auch wenn wir jetzt gehen müssen. Segne uns!«

In diesem marianischen Danksagungsjahr durfte natürlich auch der Besuch bei Unserer Lieben Frau von Pilar in Saragossa nicht fehlen. Dort verschmolz die Liebe zu dieser Anrufung der Gottesmutter – die er bereits in seiner Schulzeit in Madrid schätzengelernt hatte – geradezu physisch mit der sehr emotionalen Erinnerung an den Gründer des Opus Dei. Im September 1983 besuchte er die *Basilica del Pilar* auf dem Weg von Torreciudad nach Madrid. Das Tor, durch das man die Kirche normalerweise betritt, war wegen Bauarbeiten geschlossen. Deshalb ging er durch die Hintertür, durchquerte das Seitenschiff bis zur Marienkapelle und kniete sich dort in die erste Bank, wo er etwa 15 Minuten im Gebet verharrte. Zur gleichen Zeit waren noch einige Mitglieder des Opus Dei anwesend, die unabhängig von Don Alvaro gekommen waren, um

Maria kurz ihre Aufwartung zu machen, was in Saragossa eine weit verbreitete Sitte ist. Ein Kanoniker der Basilika bemerkte Don Alvaro und begrüßte ihn, nachdem er sein Gebet beendet hatte. Dann fragte er ihn, ob er die Statue küssen wolle. Don Alvaro erwiderte, dass dies ja nicht möglich sei …

»Für Sie schon, Padre«, antwortete der Kanoniker und bereitete alles vor. Dann rief er ihn in die Sakristei, um ihm die Erinnerungen zu zeigen, die Johannes Paul II. 1982 dort gelassen hatte (sein Scheitelkäppchen, einen Rosenkranz), und bat ihn, sich ins goldene Buch einzutragen. Don Alvaro schrieb einen kurzen Satz: »Danke, Mutter, für all das, was du während seiner Zeit in Saragossa und sein ganzes Leben lang für unseren Vater, den Gründer des Opus Dei, getan hast! Gepriesen seist du! / Alvaro del Portillo, Prälat des Opus Dei / 06.09.83.«

Gegen Ende des Jahres 1983 machte er eine Entdeckung, die er am 27. November in Rom mit großer Schlichtheit beschrieb:

»Ich habe in Bezug auf die seligste Jungfrau immer gedacht, dass sie die Mutter Jesu und unser aller Mutter ist. Doch dann ist mir eingefallen, dass ich, wenn ich a *quattro occhi* mit Jesus Christus spreche, wie sie hier in Italien sagen, unter vier Augen, dass ich dann sagen kann: Jesus, unsere Mutter … Denn sie ist die Mutter von uns beiden: seine und meine.«

Daraus erwuchs ein neues Vertrauen zu Jesus Christus:

»Es ist so, als würden zwei Brüder sich über ihre Mutter unterhalten.«

Das Marianische Jahr, das die Weltkirche 1987 feierte, erlebte er verständlicherweise mit besonderer Intensität. Sobald der Heilige Vater es ausgerufen hatte, ermunterte er die Gläubigen der Prälatur, sich gründlich darauf vorzubereiten. Von neuem riet er dazu, in allem und für alles auf die Gottesmutter zu setzen, denn er war davon überzeugt, dass dies reiche Frucht bringen werde. Und am 31. Mai schrieb er einen ausführlichen Brief an die Zentren des Opus Dei. Darin schlug er unter anderem eine sehr konkrete Möglichkeit vor, dieses Jahr zu leben: indem man »ein kapillares Apostolat initiierte, um das Gebet des Rosenkranzes in den christlichen Familien zu verbreiten«; durch eine solche solide Verehrung hoffte er von Unserer Lieben Frau große Segnungen für die Kirche und für die Menschheit zu erwirken.

Man kann sich vorstellen, wie dankbar er in jener Zeit den Vorschlag von Father James Kelly aufgriff – der damals am Zentralsitz des Opus Dei arbeitete –, sich 1988 im Rahmen seiner Reise in die Vereinigten Staaten und nach Kanada erneut der Jungfrau von Guadalupe zu Füßen zu werfen. Vom 20. Januar bis zum 2. Februar hielt er sich in Mexiko-Stadt auf. Und in dem bewegenden Moment, da er sich erneut von der *Villa* verabschieden musste, sagte er mit lauter Stimme:

»Es war eine große Freude für mich, auf der Fahrt von Texas nach Kalifornien zur Guadalupe zu kommen und dich wissen zu lassen, wie sehr wir dich im Opus Dei lieben, wie sehr dich dieser Sünder liebt, der jetzt mit dir spricht. Wir sind, wie unser Vater immer gesagt hat, Sünder, die Jesus Christus lieben und die dich lieben, meine Mutter, mit aller Verrücktheit, zu der unsere Herzen fähig sind.«

Man muss kaum eigens erwähnen, dass Don Alvaro auch eine glühende Liebe zum heiligen Josef empfand: Wie der Gründer des Opus Dei konnte er ihn nicht von Maria trennen. Und er lebte die kraftvollen christlichen Andachtsformen, die er schon 1935 schätzen gelernt hatte. Darunter den alten Brauch der sieben Sonntage vor dem Fest des Heiligen am 19. März.

Er wandte sich häufig an den Heiligen, und nicht selten wählte er dabei den Weg über den heiligen Josemaría. Er war davon überzeugt, dass er ihm das, worum er ihn auf die Fürsprache von jemandem bat, der ihn auf Erden so sehr geliebt hatte, nicht verweigern würde. In gewisser Hinsicht war er der Auffassung, dass für den heiligen Josef, »allerdings auf einer anderen Ebene, dasselbe gilt, was man auch von der Gottesmutter sagt: dass er die Fürbittende Allmacht ist«. Das erklärte er so:

»Der heilige Josef hat so viel für Jesus getan. Er war ihm auf

Erden wie ein Vater und hat sich auf unglaubliche Weise für Christus aufgeopfert. Er hat sehr viel gelitten, schon ehe Jesus überhaupt geboren war, als er sah, dass Maria ein Kind erwartete. Er musste Furchtbares durchleiden; nicht weil er an der Jungfrau gezweifelt hätte – ich bin sicher, dass er das nicht getan hat –, sondern weil er dachte, dass er sich von ihr trennen müsste, weil etwas vor sich ging, das er nicht verstand. Er wird gedacht haben, dass es dort ein göttliches Geheimnis gab, dessen er nicht würdig war. Und wie viel hat er nachher für das Kind Jesus gelitten! Außerdem hat er ihn seinen Beruf gelehrt, mit dem er sich seinen Unterhalt verdienen konnte. Deshalb kann Jesus dem heiligen Josef einfach nichts abschlagen.«

Diese liebevolle Verbindung der verschiedenen Andachtsformen konnte ich besonders gut beobachten, wenn Don Alvaro sich in Torreciudad aufhielt. Vom Gründer des Opus Dei hatte er gelernt, Maria unter all ihren Namen zu lieben. Er hatte ihn zu unzähligen Wallfahrtsorten in Europa und Amerika begleitet. Doch er folgte dem Beispiel von Josemaría Escrivá auch in dem Empfinden, dass es »unter den zahlreichen Fotos geliebter Menschen, die man in einem Familienalbum aufbewahrt, einige gibt, die man besonders liebt. Weil sie objektiv schöner sind; weil sie verborgene Gefühle in der Seele wecken; weil sie an vergangene Emotionen erinnern, die man besonders intensiv erlebt hat. Und so hat jeder unter diesen Familienfotos seine Lieblingsaufnahmen.« Diese Erklärung, die Don Alvaro bei der Präsentation eines 1988 veröffentlichten Buches über Torreciudad abgab, ging der klaren Aussage voraus, dass Unsere Liebe Frau von den Engeln in Torreciudad »mir eine Reihe von Erlebnissen ins Gedächtnis ruft, die mich dazu veranlassen, sie als eines meiner Lieblingsbilder von meiner himmlischen Mutter zu betrachten«.

Mit besonderem Jubel erfüllten ihn die Nachrichten von der apostolischen Arbeit rund um die Pilgerstätte von Torreciudad. Ergriffen lauschte er, wenn man ihm von Menschen erzählte, die dort zur Beichte gingen, nachdem sie das Bußsakrament jahrelang nicht empfangen hatten, und die danach ihrer Freude öffentlich

Ausdruck verliehen. Besonders intensiv war diese Ergriffenheit – zumindest was die Gelegenheiten betrifft, die ich selbst habe beobachten können – um den 1. September 1991 herum. Es war gegen Abend, und er wollte in der alten Wallfahrtskirche den Rosenkranz beten. Dann wandte er sich an die Jungfrau und an den Gründer, um ihm für all das Gute zu danken, das er vom Himmel aus für das Werk getan hatte; er dankte ihm auch für seine Treue und seine Dankbarkeit, die Torreciudad und all das Wunderbare ermöglicht hatten, das man nun im Umfeld des Wallfahrtsortes beobachten konnte; und er bat die Gottesmutter für die Kirche, den Papst und seine Mitarbeiter, für das Werk und die Treue seiner Mitglieder. Zum Abschluss betete er das *Memorare* (›Gedenke, gütigste Jungfrau Maria‹) des heiligen Bernhard.

Mit ihr wollte er auch die letzte Strecke auf dem Weg zur Seligsprechung von Josemaría Escrivá durchlaufen. Am 1. Januar 1992, dem Fest der Gottesmutter Maria, erinnerte er daran, dass »der Schutz der Mutter Gottes und unserer Mutter alle Schritte, die wir unternommen haben, vorbereitet, begleitet und nachbereitet hat«. Und er beschloss, am 9. Januar, dem Geburtstag des Gründers, ein weiteres *marianisches Jahr* zu beginnen, das am gleichen Datum des Jahres 1993 enden sollte: »So werden wir uns an der Hand Mariens auf die Seligsprechung unseres Vaters vorbereiten und sie mit der Sehnsucht nach Erneuerung erleben, die der Herr von uns erwartet: als persönliche Bekehrung, damit wir das Opus Dei verwirklichen, indem wir wahrhaft Opus Dei sind.«

Diese Wünsche formulierte er jeden Tag neu – auch während seiner Besuche in verschiedenen europäischen Marienwallfahrtsorten, angefangen bei Fatima, wo er Dank sagte und Unserer Lieben Frau die Anliegen zu Füßen legte, die der selige Josemaría vom Himmel aus für das Werk hatte. Auf diese Weise vereinte er sich mit dem vertrauensvollen Gebet *Domina, ut sit!*, mit dem sich der Gründer in den zwanziger Jahren an die Gottesmutter gewandt hatte.

Vielleicht war dies auch der Grund, der ihn Monate vor der

Seligsprechung dazu bewog, an den Stadtrat von Saragossa zu schreiben, weil er nach alter aragonesischer Sitte einen Mantel für die Jungfrau stiften wollte. Der Stadtrat gab dem Gesuch statt, und am 23. Juni desselben Jahres wurde in einem zugleich schlichten und feierlichen Akt die Stiftung vorgenommen. Don Alvaro schickte ein Schreiben, das von Tomás Gutiérrez, dem Regionalvikar des Opus Dei in Spanien, verlesen wurde. In den Mantel war das Stoßgebet eingestickt, das der heilige Josemaría so häufig gebetet hatte und das er am 24. Mai 1924 in den Sockel einer Skulptur Unserer Lieben Frau von Pilar eingeritzt hatte: *Domina, ut sit!* Damit meinte der Gründer das Opus Dei, auch wenn er dies noch nicht kannte. Und nun bat Don Alvaro sie nach so vielen Jahren:

»Von neuem geben wir uns ganz in deine Hände, unsere Mutter: *Behandle uns als dein Eigentum*, und gib, dass wir deinen Sohn von Tag zu Tag mehr lieben: mit einer Treue zu Gott und zur Kirche, die der unseres Gründers gleicht.«

Zwei Tage später wurde am Hochaltar der Basilika die Messe zu Ehren des neuen Seligen gefeiert. Hauptzelebrant war der Erzbischof von Saragossa, Elías Yanes. Und in der Gnadenkapelle trug die Madonna del Pilar wie einen zusammenfassenden Ausdruck für das Leben des Gründers den Mantel, den sein Nachfolger, Don Alvaro, zum Zeichen seiner Dankbarkeit gestiftet hatte.

25

Dank sei Gott

Die letzte Zeit, die ich mit Don Alvaro zusammen verbrachte, war der Sommer 1993, als er sich wegen einer Linsentrübung an beiden Augen operieren lassen musste. Meine Eindrücke lassen sich in drei Sätzen zusammenfassen, die er damals häufig wiederholte:

»Gott sei Dank«;

»dann opfert man es auf, und die Sache ist erledigt«;

»da kann man nichts machen«.

In gewisser Weise fassen diese drei Redewendungen das zusammen, was ich Jahr für Jahr in einem unverkennbaren *Crescendo* beobachten konnte: Don Alvaro wurde von Tag zu Tag menschlicher und herzlicher, weil er die Ereignisse *sub specie aeternitatis* betrachtete. Es ging ihm allein um Gott und seine Herrlichkeit, und von dieser Warte aus hatte er auch die Bedürfnisse aller Menschen im Blick. Seine Worte und Handlungen verrieten die Sehnsucht und die Gefühle seiner Seele: Er hatte sich vollkommen in die Hände Gottes gegeben, während er gleichzeitig mit großem Eifer in seiner Gegenwart arbeitete. An ihm erfüllte sich das, was Josemaría Escrivá in *Die Spur des Sämanns* schreibt (801):

»Kein Menschenherz kann ›menschlicher‹ sein als eines, das übervoll ist vom Verlangen nach dem Göttlichen …«

Don Alvaro hatte vom Gründer gelernt, sich nicht bedienen zu lassen. Dennoch war es unvermeidlich, ihm den einen oder anderen Dienst zu erweisen, auch wenn dies nichts im eigentlichen Sinne Persönliches war. Nie werde ich sein dankbares Herz vergessen: Er dankte mir, auch wenn ich einfach nur eine unvermeidliche Pflicht erfüllt hatte wie ihm die Messe zu dienen, etwas zu einer Arbeit beizutragen oder beim monatlichen Einkehrtag einen Vortrag zu halten. Nie versäumte er es, sich zu bedanken: in jenem warmherzigen Ton, den man einem Menschen gegenüber anschlägt, wenn dieser einem einen nicht unbeträchtlichen Gefallen getan hat.

Und wie oft habe ich ihn »Gott sei Dank« sagen hören. Das kam ihm ganz natürlich über die Lippen: am Ende der Messe oder nach dem Gebet, wenn er eine Arbeit fertiggestellt hatte, nach einem Spaziergang oder gymnastischen Übungen oder wenn er Berichte über die spirituelle Fruchtbarkeit der Mitglieder des Opus Dei in den verschiedensten Gebieten der Welt hörte.

Diese Fähigkeit, Gott dankbar zu sein, fiel mir im August 1976 auf, als man ihm von der Priesterweihe erzählte, die einige Tage zuvor in Madrid stattgefunden hatte. Don Alvaro kommentierte den Bericht mit Zwischenrufen wie »Gott sei Dank«, »da ist unser Vater am Werk« oder »unser Vater ist sehr aktiv«. Zweifellos hatte er diese Wendungen schon vorher bei anderen Gelegenheiten benutzt, doch sie waren mir nicht aufgefallen. Seither war ich immer wieder davon beeindruckt, wie leicht und spontan ihm diese Danksagungen von den Lippen kamen.

Don Alvaro war davon überzeugt, dass im Opus Dei – wie er es in einem Brief aus dem Jahr 1977 formulierte – »alles ein Grund und eine Gelegenheit ist, das Herz zur Allerheiligsten Dreifaltigkeit zu erheben und ihr für die Barmherzigkeit zu danken, mit der sie unsere armseligen Bemühungen immer wieder mit Fruchtbarkeit segnet«. Und er endete mit den Worten: »Ich danke euch, meine Kinder, für eure Treue; und denkt daran: Mit der beste Ausdruck unserer Dankbarkeit ist es, anderen zu dienen.«

Im Juni 1985 erinnerte er ausführlich an die Gaben, die der Gründer des Opus Dei in den zehn Jahren seit seinem Heimgang erwirkt hatte: »Wahrhaftig, wir müssten uns auf den Boden werfen, mit dem Gesicht zur Erde, überwältigt von der göttlichen Großzügigkeit, und zeit unseres Lebens für diese Wohltaten danken und den dreimal heiligen Gott preisen, der uns so große Barmherzigkeit erwiesen hat. *Gratias tibi, Deus, gratias tibi!*«

Mit einem Danklied begann auch die Predigt der letzten feierlichen Messe, bei der ich ihn erlebte: 1993 in Torreciudad. »Danke, Herr, für den Glauben, den du uns geschenkt hast, und für die unendliche Großzügigkeit all deiner Wohltaten! Danke dafür, dass du immer bei uns bist und uns anspornst, dir aus nächster Nähe nachzufolgen und uns mit dir zu identifizieren! Danke für den großen Segen, den du mit der Weihe dieser neuen Priester heute über die Kirche ausgießt!«

Die Dankbarkeit war ein Zeichen seines kontemplativen Charakters. Viele Male versenkte er sich in die Betrachtung des Antlitzes des Gott-Menschen Jesus Christus und rief dazu auf, sich jene konkrete Frage zu stellen, die er so oft vom Gründer gehört hatte: »Wie würde Jesus dich ansehen?« Die Antwort fand er im Evangelium, wo Christus immer wieder Beispiele dafür gibt, wie man in allem Gott sehen kann: »In den Geschöpfen: *Seht die Lilien, die auf dem Feld wachsen … die Gott so prächtig kleidet* (vgl. Mt 6,28.30); in den unterschiedlichsten Situationen, auch im Schmerz (vgl. Joh 9,1), in Krankheit oder im Tod geliebter Menschen (vgl. Joh 11,4.15ff.).«

Dieser Blick des Herrn ist immer »voller Liebe zu den Seelen«, fügte Don Alvaro hinzu, ehe er eine weitere große Frage aufwarf, die sich diesmal an den Herrn selbst richtete: »Herr, wie würdest du auf die Personen und das Umfeld an meinem Arbeitsplatz, in der Familie, auf der Straße schauen? Bitte ihn darum, dass du immer alles mit seinen Augen siehst; dass seine Sichtweise durch deine Augen dringt.«

An seiner Seite – ich übertreibe nicht – vernahm man den Widerhall seiner Zwiesprache mit dem Herrn; und zuweilen ahnte man, dass er weit fort war, so als ob Don Alvaros Augen sich auf der Suche nach dem richtigen Blickwinkel emporgerichtet hätten. Seine Mitmenschen lagen ihm am Herzen, und gleichzeitig war er ganz und gar von Gott und den Dingen Gottes durchdrungen. Er war wirklich, um es mit den Worten des Opus-Dei-Gründers zu sagen, »im Himmel und auf Erden«: Inmitten der menschlichen Tätigkeiten führte er ein kontemplatives Leben.

Und das alles mit der Normalität des Heiligen Geistes, der in der Seele wirkt, wie Don Alvaro selbst es 1986 mithilfe einiger

Beispiele aus der Heiligen Schrift beschrieb: »Er ist wie der Tau, der die Erde befeuchtet und fruchtbar macht, wie eine kühle Brise auf dem erhitzten Gesicht, wie das Feuer, das das Haus erwärmt, wie die Luft, die wir einatmen, fast ohne uns dessen bewusst zu sein.«

Dennoch vernachlässigte er die kleinen Hilfen nicht, um das Bewusstsein der Gegenwart Gottes nicht zu verlieren oder es zu verstärken. So machte Javier Echevarría beispielsweise eines Tages gegenüber Florencio Sánchez Bella eine scherzhafte Bemerkung über seine uralte Armbanduhr; in diesem Zusammenhang erwähnte Don Alvaro das Zifferblatt der Uhr, die er damals in Gebrauch hatte: Es zeigte nicht nur das Datum, sondern auch den Wochentag an und erinnerte ihn auf diese Weise an das Gedenken des jeweiligen Tages:

»Heute ist Donnerstag«, erklärte er, »die Eucharistie …«

Im Zusammenhang mit der Frömmigkeit maß er den kleinsten Details – etwa der Sammlung und Andacht bei den gesprochenen Gebeten – allergrößte Bedeutung bei. Manchmal bekannte er öffentlich, dass er sich in seinem Partikularexamen gerade auf das gesprochene Gebet konzentriere, um es nach dem Beispiel des Gründers gut zu beten.

Ich glaube, es war 1978, als er begann, den Mitgliedern des Werkes – nicht als Verpflichtung, sondern in aller Freiheit – eine bestimmte Methode besonders ans Herz zu legen, die ihnen helfen sollte, ihre kontemplative Gesinnung stärker auszuprägen: Sie sollten sich für jeden Tag ein bestimmtes Stoßgebet wie eine Art Losungswort auswählen. Im Februar jenes Jahres erklärte er, wenige Tage zuvor sei sein Losungswort »die Betrachtung von *Tempus breve est!*: Die Zeit zu lieben ist kurz« gewesen, »worauf ich antwortete: *Ecce adsum!*, hier hast du mich, Herr. Denn das ist ein Losungswort: Sätze, die man beim Militär benutzt und auf die die Wachtposten reagieren, wenn sie das richtige Losungswort hören.« Und er fügte hinzu:

»Für uns kann das Losungswort der liebevolle Blick sein, den wir auf ein Bild der Gottesmutter richten; und das Gegenwort, die

Antwort, ein Stoßgebet, ein glühendes Kompliment für unsere Mutter, mit dem wir ihr unsere Liebe und Hingabe zeigen ... Was immer ihr wollt. Jedenfalls sollt ihr euch bemühen, euch der Gegenwart der seligsten Jungfrau bei allem, was ihr tut, mehr und mehr bewusst zu werden.«

Alles brachte ihn und er brachte alles zu Gott. Ohne seltsame oder auffällige Verhaltensweisen, aber mit einem übernatürlichen Sinn, den man geradezu mit Händen greifen konnte – wie jemand, der die menschlichen Gegebenheiten von einem göttlichen Blickwinkel aus betrachtet. Besonders beeindruckte mich sein Kommentar zum Tod eines irischen Opus-Dei-Mitglieds am 1. August 1980. Er war genau an dem Tag, an dem Don Alvaro in Dublin eintraf, bei einem Zugunglück ums Leben gekommen. Sie erzählten ihm, dass John vor seiner Abreise seiner Frau, die sich noch von ihrer letzten Entbindung erholte, das Frühstück ans Bett gebracht und danach einige Unterlagen vorbereitet hatte, um im Zug zu arbeiten.

»Ich glaube«, warf ein Priester des Werkes ein, »dass er bei der Arbeit gestorben ist.«

Seamus Timoney hörte das und fügte hinzu:

»Oder beim Gebet, was dasselbe ist.«

Und Don Alvaro ergänzte: »Oder im Schlaf. Wer arbeitet, hat auch das Recht, sich auszuruhen, meine Söhne. Der Schlaf muss eine Folge der Arbeit und eine Vorbereitung auf sie sein. Schlafen ist eine gute und heilige Sache.«

Als er im März 1988 nach Toronto kam, fiel ihm auf, dass die Nummernschilder der Autos die Aufschrift *Ontario. Yours to discover* trugen. Sofort wandte er diesen Slogan auf das geistliche Leben an:

»In dieser Stadt gibt es viele Dinge zu entdecken, aber Gott noch viel mehr. Der Herr hat sehr viel mehr Anlass als diese Stadt, zu jedem von uns zu sagen: *Yours to discover.*«

Bei seinem Keniabesuch im April 1989 lernte er ein Sprichwort der Kikuyu kennen, das er in seinem inneren Leben benutzte und mit dem er auch andere anspornte. Ich hörte, wie er es einige Tage später in Rom zitierte: »Wenn oben auf dem Berg ein Freund sitzt, dann kommt man leichter hinauf.« Don Alvaro verglich das Leben – mit Krankheiten, Unzulänglichkeiten und Unverständnis – mit dem Besteigen eines Gipfels:

»Oben auf dem Berg wartet Christus, unser Freund, der uns führt und uns zeigt, wie wir leichter auf den Gipfel gelangen, weil er auf uns wartet und uns hilft.«

Im Sommer 1989 begegnete er auf einem kurzen Strandspaziergang einem Fischer, der mit Angeln und anderen Ausrüstungsgegenständen zu den Felsen unterwegs war. Alejandro Cantero fragte ihn, ob es in dieser Gegend Barsche gebe.

»*Geben tut es sie schon*«, antwortete der Fischer prompt, »man muss sie nur finden.«

Lange Zeit später, an Heiligabend 1992, erinnerte sich Don Alvaro an diese einfache Begegnung, um die Notwendigkeit des Apostolats zu unterstreichen:

»Es gibt viele Seelen, die auf uns warten, auch wenn es mühsam ist, sie zu finden.«

Die Schlussfolgerung lag auf der Hand:

»Wir müssen sie suchen.«

Für ihn hatte alles einen übernatürlichen Bezug. Ohne es zu wollen, fühlte man die Intensität und Kontinuität seiner Zwiesprache mit dem Herrn, denn genau das war sein persönliches Gebet: »ein Gespräch zwischen Verliebten, in dem es keinen Raum für Täuschung oder Zerstreuung gibt. Eine Unterredung, die man ungeduldig erwartet, zu der man kommt, weil man sich danach sehnt, Jesus besser kennenzulernen und mit ihm Umgang zu haben. Eine Unterhaltung, die mit den Zärtlichkeiten einer verliebten Seele beginnt und mit dem erneuerten Wunsch endet, nur für den Herrn zu leben und zu arbeiten.«

Mit den Jahren fiel es ihm immer schwerer, nachts gut zu schlafen, auch wenn er sich an den Rat der Ärzte hielt und die vorgesehene Zeit im Bett verbrachte. Aufgrund der einen oder anderen zufälligen Beobachtung weiß ich, dass er diese Zeiten der Schlaflosigkeit nutzte, um zu beten. Er begann sehr früh zu beten, noch ehe er aufstand. Und er ging früh in die Kapelle, noch ehe die halbstündige Betrachtung vor der Feier der heiligen Messe begann.

Die Intensität seiner Suche nach Gott zeigte sich an diesen äußeren Details: dass er morgens früher als nötig in die Kapelle ging; dass er die Gebetszeiten vorzog, wenn er wusste, dass er zu der eigentlich vorgesehen Zeit verreisen, aus dem Haus gehen oder etwas erledigen musste; dass er den Rosenkranz oder das Nachmittagsgebet nicht hinausschob, auch wenn es dringende Arbeiten gab, die er zu einem bestimmten Zeitpunkt fertiggestellt haben musste; seine Art, alle Sinne und Kräfte zu sammeln und sich ohne Ablenkungen ganz auf Gott zu konzentrieren; die Bemerkungen, die er den Tag über machte und die wie die Vorbereitung oder das Ergebnis seiner persönlichen Kontemplation wirkten; die Vertrautheit mit dem Leben Jesu Christi, die sich in seinen Predigten zeigte; und schließlich das nächtliche Schweigen von dem Augenblick an, da das letzte familiäre Beisammensein zu Ende gegangen war.

Seine innere Einstellung war für mich immer wieder bewundernswert: Seine übernatürliche Sichtweise ließ ihn gelassen und effizient arbeiten und die Dinge pünktlich zu Ende bringen. Er strahlte eine harmonische und anziehende Synthese aus Gebet und Aktion aus. Und er war der lebendige Beweis dafür, dass die Vibration einer kontemplativen Seele keineswegs Aufregung oder Nervosität hervorbringt, denn noch stärker als sein offenkundiger menschlicher Eifer war das Vertrauen, mit dem er sich in die Hände dessen gab, von dem alles kommt – ein Vertrauen, das sich letztlich in echtem priesterlichem Dienst verströmte. »Je mehr er von den Dingen Gottes durchdrungen war, desto weiter wurde sein Herz, das sich in echter Liebe zu jedem verzehrte, der mit ihm zusammen war«, wie Jess P. Stanislao im *Manila Bulletin* vom 10. April 1994 zusammenfasste.

Don Alvaros Unterhaltungen sprudelten auf sehr menschliche Weise von seinem beständigen Zwiegespräch mit Gott über. Deshalb predigte er mit Nachdruck das, was der Gründer ihn gelehrt hatte: Zwischen Gebet und Aktion kann es keinen Gegensatz geben

– nicht einmal in den Bereichen, in denen das Funkeln des Aktivismus das Gebet vielleicht altmodisch erscheinen lässt:

»Wenn es aus der Mode gekommen sein wird«, so erklärte er 1983 in Mexiko, »dass die Kinder ihre Väter lieben und sie Papa nennen und mit all der Zärtlichkeit, deren ein kleines Kind seinen Eltern gegenüber fähig ist, mit ihnen reden, dann – und erst dann – wird es aus der Mode gekommen sein, mit Gott unserem Vater zu sprechen.«

José Sebastián Laboa, damals Nuntius in Paraguay, der Don Alvaro seit 1954 kannte, fasste dies auf sehr prägnante Weise in der in Asunción erscheinenden Zeitschrift *abc* zusammen. In einem Artikel, der kurze Zeit nach Don Alvaros Tod veröffentlicht wurde, erinnerte er sich an den Ton, in dem der Prälat des Opus Dei einen Text des heiligen Paulus zitiert hatte: »Niemals werde ich vergessen, wie er einmal in einer sehr problematischen Situation in unnachahmlicher Art und mit heiterem Blick herausplatzte: Was kann uns scheiden von der Liebe Gottes? Denn ich bin gewiss: Weder Tod noch Leben (…) noch irgendeine andere Kreatur können uns scheiden von der Liebe Gottes, die in Christus Jesus ist, unserem Herrn.«

Am 23. März 1994 fragte ein Journalist Don Javier Echevarría nach den auffälligsten Eigenschaften von Bischof Alvaro del Portillo: »Der Friede, die Natürlichkeit, der übernatürliche Sinn, die Fähigkeit, andere zu lieben, die Bereitschaft, allen zu dienen, die enorme Arbeitskapazität und vor allem die Entscheidung, immer auf das zu achten, worum Gott ihn bat, durch Gebet und Abtötung: Niemals mied er die Abtötung, die eine andere Weise des Betens ist.«

Abgesehen von der Promptheit, mit der er selbst bei Krankheit oder an hektischen Tagen seine eigene Pflicht erfüllte, habe ich ihn immer wieder bei kleinen freiwilligen Abtötungen beobachtet, auch wenn das nicht einfach war, weil er mit großer Eleganz und Natürlichkeit vorging, zum Beispiel, wenn er sich hinsetzte, ohne die Beine übereinanderzuschlagen, oder wenn er eine ganze Weile darauf verzichtete, sich anzulehnen; wenn er den schlechtesten

Sitzplatz für sich selbst aussuchte oder bei großer Hitze ein Glas Wasser ablehnte. Ende August 1976 aßen wir in San Vicente de la Barquera zu Mittag. Dabei fiel mir auf, dass Don Alvaro – der das Meer so sehr liebte – sich mit dem Rücken zur Kantabrischen See gesetzt hatte, damit andere den schönen Blick auf die Küste genießen konnten.

Was er in seinem Interview *Über den Gründer des Opus Dei* über Josemaría Escrivá sagte, gilt auch für seine eigene Genügsamkeit bei den Mahlzeiten: Er hielt sich gewissenhaft an die Diät, die die Ärzte ihm verschrieben hatten, achtete jedoch genau darauf, dass die anderen genug aßen. »Wenn er Gäste hatte, bemühte er sich aus demselben Grund darum, dass seine Zurückhaltung nicht auffiel und sich seine Besucher wohlfühlten.« Außerdem »brachte er dem Herrn bei jeder Mahlzeit ein kleines Opfer, das ›Gewürz der Abtötung‹«. Die Personen, die für die Küche und das Esszimmer zuständig waren, richteten die Speisen liebevoll und mit großem Können an und ließen sich die erstaunlichsten Details einfallen, doch ein Teller mit gekochtem Gemüse ohne Salz oder eine andere schmackhafte Würzung verliert sein appetitliches Aussehen mit dem ersten Bissen, den man zum Mund führt … Ähnlich war es mit Fleisch- oder Fischgerichten, die in der Regel gebraten und mit einem Minimum an Beilagen serviert wurden. Oder mit den Nachspeisen: Ihr farbenfrohes Aussehen täuschte darüber hinweg, dass sie nichts enthielten, was ihnen einen guten Geschmack hätte geben können. Man könnte sagen, dass alles, was er zu sich nahm, im übertragenen Sinne *entkoffeiniert* war. Gewöhnlich trank er auch keinen Wein, zwang sich aber dazu, mehr Wasser zu trinken, als er eigentlich wollte, weil dies unter medizinischen Aspekten ratsam war. Natürlich wurde er bei Tisch zuerst bedient; doch er wartete, bis auch die Teller der anderen gefüllt waren und man das Tischgebet gesprochen hatte.

Ich habe ihn von der Abtötung beim Essen erzählen hören, die Josemaría Escrivá durch seinen Diabetes und dessen Folgeerscheinungen auferlegt worden waren. In Rom pflegten sie beide allein zu essen, damit die Jüngeren sich nicht *verpflichtet* fühlten, sich an eine so strenge Diät zu halten. Wenn man ihn so reden hörte, schien dies das Normalste von der Welt zu sein. Doch für ihn war es ein großes Opfer, dieselbe Schonkost zu sich zu nehmen, die die Ärzte dem Gründer verschrieben hatten.

1953 hielten sich – wie sich Juan Cabellos erinnert – Josemaría Escrivá und Don Alvaro in Porto auf. Als sie ihr Kommen ankündigten, bestellten sie auch das Menü: nur Gemüse, aber in ausreichender Menge und sehr pünktlich, weil Don Alvaro ihm eine Insulinspritze geben musste, die gewaltigen Appetit weckte. Sie aßen in diesen Tagen alle dasselbe. Xavier Ayala, der damalige Regionalvikar des Opus Dei in Portugal, hatte Don Alvaro gegenüber zwar von der Möglichkeit gesprochen, etwas anderes zu essen. Doch »er sagte, das sei nicht wichtig, und der Vater würde sich dann nicht als jemand fühlen, der eine Sonderbehandlung bekomme«.

Eine ähnliche Episode erzählt Dorotea Calvo von dem Tag, an dem sie aus Chile in Rom ankam, um an einem Generalkongress des Opus Dei teilzunehmen. Es muss im Jahr 1956 gewesen sein. Josemaría Escrivá rief sie sofort zu sich. Sie nahmen sich einige Minuten Zeit, um einander sehr herzlich zu begrüßen, und er sprach von der Notwendigkeit, den Heiligen Geist um viel Licht zu bitten. Bei diesem Gespräch war auch die damalige Zentralsekretärin des Werkes Encarnación Ortega anwesend. Am Ende der Unterredung wandte er sich an sie:

»Encarnita, ich werde in diesen Tagen fasten. Sag, dass sie mir ein Glas Milch bringen sollen.«

Ohne zu zögern fügte Don Alvaro hinzu:

»Und für mich auch eins.«

Viele Jahre später, nach Don Alvaros Tod, bemerkte Encarnación Ortega: »Niemand kannte seine kulinarischen Vorlieben; er passte sich immer an die der Menschen an, mit denen er zusammenlebte, und löste sich völlig von dem, was ihm vielleicht lieber gewesen wäre.«

Don Alvaro versuchte die Liebe zum Kreuz, so wie sie der Gründer gelebt und gelehrt hatte, zu praktizieren und an die Mitglieder des Werkes weiterzugeben. Vor allem im Februar 1990 drängte er darauf, diesen Geist zu verbreiten, um – kraftvoll – das *Gaudium cum pace*, die Freude mit Frieden zu erlangen. Er hielt dies für ein wichtiges Ziel der geistlichen Bildungsmittel – auch um die negativen Folgen moderner Mentalitäten zu konterkarieren, die die mehr oder weniger hedonistisch oder zumindest von persönlichem Egoismus geprägte Suche nach Wohlergehen an die erste Stelle setzen. Diese kraftvolle Klarheit würde überdies im bürgerlichen Zusammenleben zu einer *Aussaat des Friedens und der Freude* führen.

Er verbreitete dieses zutiefst christliche Leben auch unter jenen, die sich den traditionellen Forderungen der Askese verweigerten. Ende der achtziger Jahre wurden in einigen westlichen Ländern gelegentlich oberflächliche Reportagen veröffentlicht, die die Gläubigen des Opus Dei als merkwürdige Wesen darstellten, die Bußgürtel und Bußgeißel benutzen. Kurz bevor Don Alvaro im Februar 1988 dorthin reiste, war dies auch in Kanada geschehen. Und so erklärte er im Auditorium der Universität von Montreal auf die Frage einer Studentin aus Kenia mit feinem Humor:

»Vor kurzem kam ich nach Washington, und es war gerade Zeit zum *Lunch*. Da waren viele *Marines*, die Sport trieben, liefen, *Jogging* machten. Mir fiel ein, dass ich mich einmal mit Kardinal Ratzinger darüber unterhalten habe, und wir meinten: Wenn die Kirche als Abtötung tägliches Jogging vorschreiben würde, würde praktisch niemand gehorchen. Sie würden sagen, dass die Kirche sektiererisch und fanatisch sei. Dabei seht ihr, dass viele Menschen diesen Sport, der eine wirkliche Abtötung ist, täglich betreiben, um schlank zu bleiben, um beweglicher zu sein …«

Im September desselben Jahres wies er in Zürich darauf hin, dass diese Bußpraxis jahrhundertelang von Männern und Frauen geübt worden sei, die Gott näher kommen wollten. Natürlich wies er aber in diesem Zusammenhang auch darauf hin, dass dies nicht die einzigen Wege zur Heiligkeit seien:

»Ich denke jetzt an die Mütter und Väter vieler christlicher Familien, die niemals den Bußgürtel oder die Bußgeißel benutzt, aber alle Widrigkeiten des Lebens aus Liebe zu Gott und in gläubiger Freude angenommen haben.«

Die daraus erwachsende Opferbereitschaft führe sicherlich zur Heiligkeit, ohne dass man daneben auch körperliche Abtötungen praktizieren müsste. Doch Don Alvaro machte gleichzeitig deutlich:

»Sie sind aber auch nicht selbstzerstörerisch oder anachronistisch, mittelalterlich. Noch heute werden sie von vielen kontemplativen Seelen, Männern und Frauen, auf der ganzen Welt benutzt.«

Abgesehen von diesen Anekdoten oder gelegentlichen Situationen wollte er jedoch vor allem eins: dass alle ihren Blick und ihr Herz auf »den gekreuzigten Christus« richteten, »der sich bedingungslos, bis zum letzten Tropfen Blut und bis zum letzten Atemzug, für die Erlösung der Welt einsetzt«.

Seine Verehrung des Heiligen Kreuzes konnte ich im August 1977 während eines Besuchs in Santo Toribio de Liébana beobachten. Er durchquerte die Kirche, hielt sein Gebet vor dem *Lignum Crucis* und küsste schließlich die Reliquie. Beim Hinausgehen erzählte er, dass Carmelo Ballester, als er Bischof von León war, dem Gründer des Opus Dei ein Stück von diesem *Lignum Crucis*, das in Liébana verehrt wird, geschenkt hatte. Der heilige Josemaría hatte es auf der Brust getragen, und Don Alvaro machte es nun ebenso. Er knöpfte seine Soutane ein wenig auf und zeigte uns das Reliquiar: Dann küsste er es liebevoll und lud uns ein, dasselbe zu tun.

Immer wieder sprach er davon, dass man lernen müsse, das Kreuz, die Schwierigkeiten, die Widersprüche zu umarmen. Wenn Gott sie zulässt, so ist das eine Bestätigung dafür, dass man auf dem rechten Weg ist. Ein ums andere Mal erinnerte er mit Freude und Dankbarkeit an die Lehre des Gründers: »Gott segnet uns mit dem Kreuz.«

Er empfahl, das Leiden des Herrn im Gebet zu betrachten. Gelegentlich hörte ich ihn über das Turiner Grabtuch sprechen. Ohne ein vorschnelles Urteil zu fällen – die Kirche hat sich noch nicht offiziell zur Echtheit dieser außergewöhnlichen Reliquie geäußert – war er sehr interessiert an den wissenschaftlichen Informationen, die über das Grabtuch veröffentlicht wurden. Im Heiligen Jahr 1983 spielte er bei der Beantwortung einer Frage auf die Tatsache an, dass Jesus diesen Untersuchungen zufolge 1,80 Meter groß gewesen sei:

»Er war für die damalige Zeit sehr groß; ein athletischer Mann, der vierzig Tage und vierzig Nächte fasten und ganze Nächte im Gebet verbringen konnte, ehe er wichtige Entscheidungen traf wie etwa die Wahl der Apostel. Und jetzt stell dir vor, dass dieser so starke Mann nicht in der Lage war, das Kreuz alleine zu tragen: Sie luden es ihm auf, und er brauchte die Hilfe des Zyrenäers; und trotz allem fiel er dreimal zu Boden, ehe er am Kreuz starb …«

Don Alvaro ruhte in Gott und dankte ihm unablässig. Seine kontemplative Seele nahm alle Unannehmlichkeiten bereitwillig an oder schaffte zu erwartende Probleme mit einem einfachen »dann opfert man es auf, und die Sache ist erledigt« schon im Vorfeld aus der Welt. Und wenn man alles Menschenmögliche versucht hatte und dennoch schmerzliche Momente kamen, umarmte er den Willen Gottes freudig, wenn auch mit gebrochenem Herzen. Hin und wieder murmelte er: »Da kann man nichts machen«, maß der Sache aber ansonsten keine allzu große Bedeutung bei.

Er war das lebendige Spiegelbild der vom Gründer so anschaulich beschriebenen Wahrheit: »Die Freude hat kreuzförmige Wurzeln.« Und wie der Gründer schrieb er Jahr für Jahr auf die erste Seite seiner Epakta – einer Broschüre mit den liturgischen Angaben für jeden Tag des Jahres – ein Stoßgebet der freudigen Buße: *In laetitia, nulla dies sine cruce!* Das erklärte er 1993 so:

»*Ut iumentum, semper in laetitia*, wie die Eselchen, aber immer froh; auch wenn sie uns schlagen, was soll's! Wir gehen weiter voran, *semper in laetitia*.«

26

Die endgültige Begegnung
mit dem dreifaltigen Gott

Wer nicht an sich selbst denkt, verdient alles. Diese Worte kamen mir spontan über die Lippen, als ich am 11. März 1994, Don Alvaros 80. Geburtstag, in der Familie einen Trinkspruch ausbrachte. Nicht im Entferntesten hätte ich daran gedacht, dass Gottes väterliche Vorsehung seine Verdienste schon so bald annehmen würde. Der Tod ereilte ihn in einer Zeit innerster Freude, am Ende seiner lange ersehnten Pilgerfahrt ins Heilige Land. In Madrid hatten wir detaillierte Informationen über seine Besuche an den heiligen Stätten und seine Eucharistiefeiern erhalten: in Nazareth, auf dem Berg Tabor, in Jerusalem, in Bethlehem … Es war leicht gewesen, ihn im Geist zu begleiten und sich vorzustellen, wie er Tag für Tag in den Gegenden unterwegs war, die auch Jesu irdischem Wandel als Schauplatz gedient hatten. Nichts deutete darauf hin, dass der Herr ihn gleich nach seiner Rückkehr nach Rom zu sich rufen würde.

Wie Prälat Javier Echevarría am 24. März 1994 erklärte, »beendete in der Nacht ein Kreislaufkollaps das Leben von Alvaro del Portillo, dem Prälaten des Opus Dei. Kurz vor vier Uhr früh hatte er mich zu sich gerufen, um mir zu sagen, dass er sich nicht wohl fühle: Während der Arzt ihn behandelte, habe ich selbst ihm gemäß seinem wiederholt geäußerten ausdrücklichen Wunsch die Sterbesakramente gespendet.«

Der derzeitige Prälat des Opus Dei brachte bei allem Schmerz die Überzeugung zum Ausdruck, dass »die Umstände, die seinen Heimgang begleitet haben, das Siegel einer letzten väterlichen Liebkosung Gottes tragen«. Denn die Wallfahrt ins Heilige Land war »eine Woche des intensiven Gebets« gewesen, »in der er die Stationen des Lebens Jesu in innerster Sammlung nachvollziehen konnte«. Dabei dachte er vor allem an die Tatsache, dass Don Alvaro seine letzte Messe in der Abendmahlskirche in Jerusalem gefeiert hatte.

Als er zurückkehrte, war er glücklich. Kurz bevor sie Rom erreichten, vertraute er ihm an:

»Ich bin sehr froh, dass ich diese Reise gemacht habe; ich glaube, das war ein Geschenk des Herrn.«

Javier Echevarría hat viele Male von dieser Pilgerfahrt gesprochen, die sich seiner Seele tief eingeprägt hat: »Im Rückblick waren die heiligen Stätten ein unübertrefflicher Schauplatz für die letzte Etappe des Lebens, das eine lange Reise zu Gott ist.«

Von dem Moment an, da die Nachricht von seinem Tod bekannt wurde, riss der Strom der Menschen nicht mehr ab, die zur Prälaturkirche des Opus Dei kamen, um vor Don Alvaros sterblichen Überresten zu beten. Augenzeugen haben von den Emotionen berichtet, die sich in den ergriffenen und dankbaren Mienen spiegelten – ebenso wie die Überzeugung, am Leichnam eines Heiligen zu beten, der mit der Kraft seines großzügigen Herzens bei Gott Fürbitte einlegen werde. Die Gläubigen der Prälatur hatten besonderen Grund zur Dankbarkeit und außerdem die Gewissheit, dass das Opus Dei auch weiterhin der breiten Spur der Kontinuität und Treue zum Vermächtnis des Gründers folgen würde, die Don Alvaro seit 1975 gegangen war.

Die Nähe des Heiligen Vaters und des Weltepiskopats war ohne Zweifel ein großer Trost: Johannes Paul II. kam persönlich, um am aufgebahrten Leichnam zu beten; begleitet wurde er dabei von Kardinalstaatssekretär Angelo Sodano. Vor und nach diesem außergewöhnlichen Besuch erwiesen zahlreiche Kardinäle, Prälaten und Obere kirchlicher Institute Don Alvaro die letzte Ehre.

Auch Johannes Paul II. war davon ergriffen, dass der Herr ihn gleich nach seiner Rückkehr von den heiligen Stätten zu sich gerufen hatte. Das unterstrich er während der Audienz mit den Teilnehmern des UNIV-Kongresses in der Karwoche 1994. »In diesen Tagen ist die Erinnerung an das Heilige Land für euch auch mit der Person von Bischof Alvaro del Portillo verknüpft. Denn ehe er ihn zu sich rief, hat Gott ihm die Gnade gewährt, an die Orte zu pilgern, wo Jesus sein Erdenleben verbracht hat. Es waren Tage des intensiven Gebets, die ihn innig mit Christus verbunden und ihn so praktisch auf die endgültige Begegnung mit der Allerheiligsten Dreifaltigkeit vorbereitet haben.«

Auf allen fünf Kontinenten erfuhr die Prälatur einstimmige Beweise der kirchlichen Gemeinschaft und Solidarität. Unzählige Oberhirten örtlicher Kirchen wollten die Gedenkmessen für Don Alvaro in ihren Diözesen persönlich zelebrieren. In einem damals veröffentlichten Interview brachte Tomás Gutiérrez, der Regionalvikar des Opus Dei in Spanien, seine Dankbarkeit zum Ausdruck: »Für mich war es bewegend mitzuerleben, wie viele spanische Erzbischöfe und Bischöfe von den frühen Morgenstunden des 23. März an ihre Zuneigung zu ihrem Bischofskollegen, dem Prälaten des Opus Dei, bekundet haben.«

In dieser Situation wurde – in der Prälaturkirche und in vielen Kathedralen und Kirchen auf der ganzen Welt – der universale Charakter der Liebe deutlich, die Don Alvaro von Tausenden und Abertausenden ganz unterschiedlicher Menschen erwiesen wurde. Unter den unzähligen Episoden, die sich in diesem Zusammenhang ereigneten, habe ich die ausgesucht, die Rachel E. Khan zu Beginn ihres Artikels in der *Business World* (Manila, 30. März 1994) erzählt: Am vergangenen Samstag habe ich eine Freundin zu einer Totenmesse in die Kathedrale von Manila begleitet. Wir fuhren mit dem Taxi, und sie konnte ihre Tränen nicht zurückhalten. Das machte mich ein wenig nervös, und so sagte ich dem Fahrer, der Vater meiner Freundin sei gestorben. Ich wollte ihr Verhalten entschuldigen, weil ich dachte, dass er es seltsam finden könnte. Doch dann war ich diejenige, die sich wunderte:

»Ist ihr Vater in Manila gestorben«, fragte er auf Tagalog.

»Nein«, antwortete meine Freundin, »in Rom.«

»Dann muss ihr Vater Bischof Alvaro del Portillo sein«, sagte der Taxifahrer und fügte hinzu:

»Er ist auch mein Vater.«

Ein Pressekorrespondent fragte Javier Echevarría, was Don Alvaro im Hinblick auf die Möglichkeit seines eigenen Todes gedacht und welche Ratschläge er ihm gegeben habe. Javier Echevarría bekannte, dass er ihm keinen besonderen Rat erteilt habe, und fügte hinzu:

»Natürlich haben wir auch über den Tod gesprochen, denn im Opus Dei sind wir daran gewöhnt, den Tod als Leben zu betrachten. Wir haben keine Angst vor dem Tod, wir warten auf ihn wie auf einen geliebten Bruder. Er war davon überzeugt, dass dieser Augenblick kommen würde, wann, wie und wo der Herr es will, und dass er ihm dann willkommen sein würde. Kurz, er war sehr gut vorbereitet. Ich kann sagen, dass er vom Tod in gewisser Weise wie von einer vertrauten Sache sprach, wie von der Rückkehr eines Sohnes in das Haus des Vaters, wo der Herr ihn erwartet, um ihn in einer ewigen Umarmung an sich zu ziehen.«

Ganz sicher war es so. Wenn ich mir die vielen gemeinsam mit Don Alvaro verlebten Zeiten ins Gedächtnis rufe, so hat sich paradoxerweise gerade die Schlichtheit seiner Hingabe für mich als das herauskristallisiert, was mir an ihm am meisten aufgefallen ist: Seine Treue und die Natürlichkeit, mit der er immer wieder versuchte, unbemerkt zu bleiben und sich nicht unnötig in den Vordergrund zu spielen. Er fühlte sich verantwortlich für den Ruf, den er 1935 von Gott erhalten hatte, und dieses Gefühl der Verantwortung verhalf ihm zu immer größerer Rechtschaffenheit. Seine Demut aber veranlasste ihn dazu, an seinen Geburtstagen oder an den Jahrestagen der wichtigsten Stationen auf seinem Weg auszurufen:

»Herr, danke! Vergib mir! Hilf mir auch weiterhin!«

Sein ganzes Leben kreiste – wie schon gesagt – selbst in den alltäglichsten Situationen um Gott. Einmal legte er in Solavieya ein Exemplar der ersten Auflage eines iberoamerikanischen Volksmessbuchs heraus, um es Justo Sabadell zu schenken, der ihn zum Mittagessen eingeladen hatte. Ich sehe ihn noch heute, wie er fast schon im Hinausgehen auf dem großen Tisch im Esszimmer im Stehen eine kurze Widmung hineinschrieb: »*Faciem tuam, Domine, requiram semper et in omnibus!*«, was gut zum Tag passte, denn es war das Fest der Verklärung des Herrn. Als er ihm das Missale überreichte, sagte er:

»Das ist das Programm, das wir jeden Tag erfüllen müssen: in allen Situationen unseres Lebens das Antlitz Jesu suchen.«

Am selben Tag bemerkte er bei einer anderen Gelegenheit, dass er dies vom Gründer gelernt habe: Jesus Christus inmitten der Welt immer und in allen Dingen zu suchen.

Andererseits fühlte er sich wahrhaftig und ohne falsche Bescheidenheit vor dem Herrn verantwortlich, weil er so viel Zeit an der Seite des heiligen Josemaría gelebt hatte. Das brachte er in seiner südländischen Deutlichkeit in offenem, lächelndem, vertraulichem Ton an seinem Geburtstag 1977 zum Ausdruck:

»Er wird von mir genaue Rechenschaft über diese Jahre verlangen. Betet für mich! Gott sei Dank war ich ihm immer treu; doch der Vater hat mir sicherlich viele Male vergeben müssen – dafür, dass ich es an Einsatz fehlen ließ, dafür, dass ich so wenig gearbeitet habe, und für viele andere Dinge!«

Dann wandte er die biblische Szene von der Sünderin, die Jesus die Füße wäscht, auf sein eigenes Leben an, und sagte abschließend:

»Weil mir unser Vater also mehr vergeben musste als euch, muss ich ihn auch mehr lieben, und deshalb wird er mich – wie sie in Italien sagen – mit einem *occhio di riguardo* ansehen: Er wird angesichts meiner Unzulänglichkeiten ein Auge zudrücken und mir weiterhin helfen, besonders an einem Tag wie heute.«

Den 15. September 1982, an dem sich der Tag seiner Wahl zum Nachfolger von Josemaría Escrivá zum siebten Mal jährte, verbrachte er in Molinoviejo. Nach der Danksagung am Ende der heiligen Messe gratulierten wir ihm, und er sagte mit großer Selbstverständlichkeit, dass nun sieben Jahre vergangen seien – Sieben: die Zahl der Fülle und Vollendung – und Gott ihn vielleicht zu sich rufen würde; deshalb sei dies für ihn auch ein Tag der besonderen Gewissenserforschung:

»Ich habe schon damit angefangen«, fügte er hinzu.

Doch selbst im Angesicht des Todes dachte Don Alvaro nicht an sich selbst. Als er 1984 siebzig Jahre alt wurde, bat er: »Betet für mich, damit ich, wenn ich vor den Herrn trete – wann er es will: noch heute oder erst in zwanzig Jahren –, ihm Perlen, Brillanten, Smaragde, Amethyste anbieten kann: die Treue meiner Söhne und meiner Töchter, die ich mit Gottes Gnade bewahren helfen durfte. Seid treu: Lasst nicht zu, dass ich mit leeren Händen vor dem Herrn stehe.«

Kurz zuvor hatte er geschrieben: »Den Schritten unseres Vaters folgend will auch ich nur sieben Jahre alt werden, immer klein sein – jeden Tag kleiner –, und auf diese Weise einen guten Platz in den Armen von Maria und Josef und ganz nahe bei unserem Jesus finden.« Denn das Einzige, worum es ihm letztlich ging, war, dass er anderen helfen konnte, zum Himmel zu gelangen: »Das ist das Ziel all unseres Strebens, die Richtung all unserer Schritte, das Licht, das unseren irdischen Weg immer erleuchten muss.«

Als eine Frau, die an der Nationalen Autonomen Universität von Mexiko arbeitete, ihn 1983 bat, von der Liebe Gottes und dem Lohn zu sprechen, den er für alle bereithält, die in seiner Liebe bleiben, kam seine Antwort sehr spontan:

»Du bittest mich darum, dir vom Himmel zu erzählen, aber das kann ich nicht. Wenn der heilige Paulus, der in einer Vision dorthin entrückt wurde, sagt, dass es keine menschlichen Worte gibt, um dies zu beschreiben, was soll ich dir dann sagen? *Kein Auge hat es gesehen, und kein Ohr hat es gehört, keinem Menschen ist es in den Sinn gekommen: das Große, das Gott denen bereitet hat, die ihn lieben.* Wenn wir diese Welt verlassen, dann erwartet Gott uns, um uns fest an sich zu drücken, damit wir sein Antlitz schauen für immer, für immer, für immer. Und weil unser Gott unendlich groß ist, werden wir in alle Ewigkeit immer neue Wunder zu entdecken haben. Er wird uns sättigen, ohne dass wir satt werden, und wir werden seiner grenzenlosen Anmut niemals überdrüssig werden.«

Zu diesen Wundern, die uns im Himmel erwarten, zählte er auch die Gottesmutter, und er endete mit den Worten:

»Was für eine Freude, zu kämpfen, um zu diesem unendlichen Glück zu gelangen. Es lohnt sich, meine Kinder, es lohnt sich!«

Am 25. Juni 1993 spielte jemand auf Don Alvaros Priesterjubiläum an, das genau ein Jahr später sein sollte:

»Bis dahin ist es noch ein Jahr, und in einem Jahr kann viel passieren. Ich bitte den Herrn, mir zu helfen, damit ich Minute für Minute, Tag für Tag treu sein kann. So bereite ich mich auf mein Priesterjubiläum vor, wenn ich es noch erlebe …«

Und obwohl Don Javier liebevoll protestierte, fuhr Don Alvaro fort:

»Und wenn nicht, dann erlebe ich es eben im Himmel. Wo Gott will. Es ist bequemer, zu gehen. Zu bequem. Ich will, was der Herr will.«

Danach sprach er weiter davon, die Pflicht jedes Augenblicks treu zu erfüllen und den Ratschlag des Gründers *Age, quod agis (was du tust, tu es ganz)* großzügig umzusetzen.

Noch kurz vor seinem 80. Geburtstag fühlte er sich vor Gott »als ein armes Menschlein mit leeren Händen«, wie er am 1. Februar 1994 an die Zentren der Prälatur schrieb, um seine Töchter und Söhne zu bitten:

»Ich flehe euch an, mir die Liebe eures täglichen Gebets für mich und meine Anliegen niemals zu entziehen!«

Zur gleichen Zeit erwartete er zu seinem 80. Geburtstag und zu seinem goldenen Priesterjubiläum von den Gläubigen der Prälatur ein sehr bezeichnendes Geschenk: die Erneuerung ihres Strebens nach persönlicher Heiligkeit und apostolischem Eifer.

Und im März richtete er die folgenden Worte an sie: »Ich flehe euch an: Wenn ihr für mich betet, dann bittet den Herrn, dass er mir jeden Tag in größerem Übermaß jene Weisheit des Herzens und des Verstandes gewähren möge, in der das wahre Streben nach Heiligkeit besteht: Dass der Wunsch, ihm zu gefallen, den ich in meinem Herzen hege und den ich mit Gottes Gnade jeden Tag viele Male zu erneuern versuche, Funken sein mögen, die sich an seiner Liebe entzünden und all mein Elend verbrennen, mich läutern und mich mehr und mehr in dem Wunsch entbrennen lassen, mich voll und ganz mit meinem Gott zu vereinen und allen Geschöpfen von ihm zu erzählen.«

An seinem Geburtstag, dem 11. März 1994, feierte er die heilige Messe in der Prälaturkirche *Unsere Liebe Frau vom Frieden*. Dieses Mal waren nur Töchter von ihm zugegen, und er richtete eine kurze Predigt an sie, die wie eine Zusammenfassung seines Lebens wirkte:

»Meine Töchter, ich will nur einige wenige Worte sagen, damit ihr mir helft, Gott zu danken.

Seit einiger Zeit bereite ich mich auf dieses Datum vor. Es ist mir ein Bedürfnis, mich immer mehr mit unserem heiligen Gründer zu vereinen, und deshalb betrachte ich mehr und mehr seine liebenswürdige Gestalt, seinen Einsatz für seine Söhne und Töchter zu allen Zeiten, und ich hege den Wunsch, den vielen Erleuchtungen, die ich aus seinem Leben empfangen habe, zu entsprechen. Ich weiß, dass ich der Allerheiligsten Dreifaltigkeit näher komme, wenn ich unseren Vater liebe und mich mit seinen Anliegen identifiziere. Und ich rate euch, dasselbe zu tun.

Ich erinnere mich noch wie heute daran, wie er sich auf seinen 70. Geburtstag vorbereitete. Schon mehrere Monate zuvor hatte er begonnen, Gott nicht nur zu danken, sondern den Herrn außerdem zu bitten, dass er ihn innerlich kleiner machen möge, damit er mit Jesus am Herzen der heiligen Maria Zuflucht suchen könne. Der Herr erhörte ihn zunehmend. Wir sind Zeugen seiner beständigen Fortschritte auf dem Weg zur geistlichen Kindheit gewesen, die in seinen letzten Lebensjahren verstärkt zu beobachten waren. Am 9. Januar 1972 erklärte er mit jenem Sinn für Humor, der für seinen vertrauten Umgang mit Gott so typisch war, dass er nur *sieben* Jahre alt werde: Er habe, so sagte er uns, die Null unterwegs verloren und nur die Sieben übrig behalten. Älter wollte er nicht mehr werden, denn danach verlieren die Kinder ihre Einfalt, und unser Vater sehnte sich danach, vor Gott immer ganz klein zu sein.

Durch die Güte Gottes werde ich heute achtzig Jahre alt. Die

Wunder, die ich im Laufe dieser Zeit habe schauen dürfen, sind nicht zu zählen. Ich habe zahllose Geschenke von Gott und unendlich viele Liebkosungen von meiner Mutter, der Jungfrau, erhalten. Es ist nur natürlich, dass mein Herz heute ganz besonders vor Dankbarkeit überströmt und dass ich alle meine Töchter und alle meine Söhne bitte, mich bei dieser Danksagung zu begleiten.

Ich danke Gott für die Gabe des Lebens und dafür, dass ich in eine christliche Familie hineingeboren wurde, in der ich lernte, Maria wie eine Mutter und Gott wie einen Vater zu lieben. Ich danke ihm auch für die Bildung, die ich von meinen Eltern erhalten habe – keine Frömmelei, sondern echte Frömmigkeit – und die mich auf die providentielle Begegnung mit unserem geliebten Gründer vorbereitet hat. Diese Begegnung hat meinem Leben seine Richtung gegeben. Damals war ich 21 Jahre alt. Wie viele Beweise für die Güte Gottes habe ich seit jenem Tag im Juli 1935 empfangen! Die Berufung zum Werk, die Formung durch die Hände unseres Gründers; danach jene Monate des Bürgerkriegs – extrem schwierige Jahre –, in denen der Herr es mir aufgrund eines besonderen göttlichen Plans erlaubte, unserem Gründer besonders nahe und Zeuge seiner Heiligkeit und seiner Einheit mit Gott zu sein ... Später dann die lange, lange Zeit immer an seiner Seite, wie ein Schatten, der sich niemals vom Körper trennt. Und die Priesterweihe vor fast fünfzig Jahren ...

Ich verdanke Gott unendlich viel Gutes, meine Töchter. Achtzig Jahre sind viel und doch wenig, weil – das bekenne ich ohne Umschweife und ohne falsche Bescheidenheit – ich mit leeren Händen hier stehe und nicht in der Lage bin, meinem Herrn und meiner Mutter, der Jungfrau, all ihre Großzügigkeit zu vergelten ... Begreift ihr, weshalb ich auf euer Gebet, eure Danksagung, eure Treue, eure Freude angewiesen bin?

Danke, Herr! Vergib mir meine mangelnde Bereitschaft, doch hilf mir auch weiterhin. Und ihr, meine Töchter, betet, dass ich die Leerräume in meinem Leben ausfüllen und mehr Liebe in alles hineinlegen kann. Heute erwecke ich nicht nur aufrichtige und zugleich frohe Zerknirschung in mir, sondern nehme mir überdies vor, mit noch größerem Nachdruck jenes *Nunc coepi!* auszusprechen, *Jetzt fange ich an!*, das das Lebensmotto unseres Vaters war. Ja; jetzt, noch in diesem Augenblick, fange ich mit Gottes Hilfe neu an, den Weg der Heiligkeit, den Pfad, der zur Liebe führt, mit neuem Schwung – dem Schwung, den eure Gebete mir erwirken – zu beschreiten. Lasst mich nicht allein, denn ich brauche euch alle, jede Einzelne und jeden Einzelnen von euch! Ich brauche eure Loyalität, eure Treue zu eurer Berufung; ich brauche euer immerwährendes Gebet; ich brauche eure Arbeit, die ihr gut zu Ende bringt und aus Liebe tut; ich bin darauf angewiesen, dass ihr mir als Frucht eures unablässigen Apostolats Töchter und Söhne – mehr Berufungen, mehr Beharrlichkeit! – bringt.

Ich komme zum Schluss. In meinem Herzen brennt, Gott und der Fürsprache unseres Vaters sei Dank, ein kraftvolles Feuer der Liebe. Dadurch fühle ich mich sehr jung und bin es auch wirklich. Außerdem fühle ich mich mit heiligem Stolz sehr als der Sohn unseres Gründers und wünsche euch, dass ihr das auch tut. Die Jugendjahre sind etwas rein Physisches, das nicht weiter von Bedeutung ist; das, worauf es wirklich ankommt, ist die innere Jugend, die wir, Töchter und Söhne Gottes im Opus Dei, haben und immer haben sollen. Die Jugend dessen, der verliebt ist – verliebt in Gott – und sich um immer größere Liebe bemüht.

Ad Deum, qui laetificat iuventutem meam! Damit diese Jugend des Geistes und des Herzens von Tag zu Tag wächst, treten wir nun sehr gut vorbereitet zum Altar Gottes, zur Heiligen Eucharistie. Aus der Hand der Gottesmutter Maria und des heiligen Josef und im Vertrauen auf die Fürsprache unseres geliebten und heiligmäßigen Gründers suchen wir die Vertrautheit und Einheit mit diesem Gott, der unser Gut und unsere Liebe ist. Ich will euch dies mit den Worten nahe legen, die unser Vater einmal an seinem Geburtstag am Ende der Messe an diesem selben Ort zu uns gesprochen hat: ›Geht voll Verlangen zur Kommunion, auch wenn euch nicht danach ist, auch wenn ihr innerlich kalt seid. Sagt ihm, dass ihr ihm eure Liebe und euren Glauben bekunden wollt, weil Christus in der Hostie wahrhaft gegenwärtig ist: mit seinem Leib, mit seinem Blut, mit seiner Seele, mit seiner Gottheit.‹ Vertraut Jesus an, so fuhr unser Gründer fort, ›dass wir ihn wahrhaft lieben, dass wir ihm dafür danken, dass er bei uns geblieben ist: Sagt es ihm mit eurem Herzen: einem Herzen, das jung ist, voller Träume und voller Liebe‹.

Meine Töchter, Gott segne euch.«

Salvador Bernal

Msgr. Josemaría Escrivá de Balaguer
Aufzeichnungen über den Gründer des Opus Dei

362 Seiten, Leinen
ISBN 3-920007-48-4

Unter den zahlreichen Lebens-
beschreibungen Josemaría
Escrivás sind diese Aufzeichnungen von Salvador Bernal die
erste umfassende Darstellung
mit weltweiter Verbreitung.
Die Frische und Dichte seiner
Biographie lebt aus der geistlichen Nähe zum Gründer des
Opus Dei, aus einer Fülle von
Zeugnissen über ihn und aus
dem Reichtum seiner Lehre, die
Bernal dem Leser kompetent
und lebendig zu vermitteln
weiß.

Adamas Verlag
Info@AdamasVerlag.de
www.AdamasVerlag.de

Alvaro del Portillo
Über den Gründer des Opus Dei
Ein Gespräch mit Cesare Cavalleri

Klappenbroschur, 261 Seiten
ISBN 3-925746-71-4

Als engster Mitarbeiter und Vertrauter Josemaría Escrivás nahzu 40 Jahre lang zeichnet Alvaro del Portillo, erster Nachfolger des Gründers des Opus Dei, in diesem Interviewband ein facettenreiches, lebensvolles Bild eines geistlichen Pioniers der Kirche. Dabei kann sich del Portillo wie kein anderer in diesem beeindruckenden Lebensresümee Escrivás auf eigene Erfahrungen, Erlebnisse und Beobachtungen stützen. 2002 wurde der Opus Dei-Gründer in Rom heilig gesprochen.

Adamas Verlag
Info@AdamasVerlag.de
www.AdamasVerlag.de

Josemaría Escrivá

Der Weg: das früheste Werk Escrivás, ein geistlicher Klassiker, in mehr als fünf Millionen Exemplaren weltweit verbreitet: 999 aufrüttelnde Maximen für ein Leben mit Gott.

Gebunden, 292 Seiten
ISBN 978-3-920007-67-0

Die Spur des Sämanns: Mit der Einseitigkeit des Verliebten, des „Rebellen aus Liebe" sucht der Gründer des Opus Dei den Christen ganz für Christus zu gewinnen: mit Seele und Leib, aus der Tiefe des Gebetes wie aus der Stärke natürlicher Tugenden.

Leinen, 372 Seiten
ISBN 978-3-925746-01-7

Im Feuer der Schmiede: Die Größe der Berufung jedes Christen: diese Einsicht durchzieht all die Beunruhigungen, Anregungen und Ermutigungen, mit denen Josemaría Escrivá den Leser auf seinem Weg zu Gott begleiten will.

Leinen, 368 Seiten
ISBN 978-3-925746-03-1

Adamas Verlag
Info@AdamasVerlag.de
www.AdamasVerlag.de